U0589892

数字贸易师能力
等级认证培训教程

梅雪峰 ◎ 主 编

清华大学出版社
北 京

内 容 简 介

本书全面介绍了数字贸易的内涵特征及世界主要国家数字贸易发展现状,通过学习本书,读者对数字贸易发展趋势以及与数字贸易密切相关的一些知识有一个比较清晰的了解。

全书共七章,主要包括数字贸易概论、数字贸易标准和规则、数字物流、数字营销、eWTP 数字化平台、信息技术、数字技术等内容。

本书在知识的选择上进行了深入的思考,无论是数字技术与贸易领域的初学者还是具备一定相关知识的读者,都能从书中得到一定的收获或启发,同时本书还适合高等院校的国际经济与贸易、国际商务、电子商务、跨境电子商务等专业高年级学生及相关从业人员阅读。

图书在版编目(CIP)数据

数字贸易师能力等级认证培训教程 / 梅雪峰主编 . —北京:清华大学出版社,2021.9
ISBN 978-7-302-58801-6

Ⅰ. ①数… Ⅱ. ①梅… Ⅲ. ①国际贸易－电子商务－高等学校－教材 Ⅳ. ① F740.4-39

中国版本图书馆 CIP 数据核字 (2021) 第 157509 号

责任编辑:张 伟
封面设计:汉风唐韵
责任校对:王荣静
责任印制:朱雨萌

出版发行:清华大学出版社
　　　　　网　　址:http://www.tup.com.cn,http://www.wqbook.com
　　　　　地　　址:北京清华大学学研大厦 A 座　　　　邮　编:100084
　　　　　社 总 机:010-62770175　　　　　　　　　　邮　购:010-62786544
　　　　　投稿与读者服务:010-62776969,c-service@tup.tsinghua.edu.cn
　　　　　质 量 反 馈:010-62772015,zhiliang@tup.tsinghua.edu.cn
印 装 者:北京嘉实印刷有限公司
经　　销:全国新华书店
开　　本:185mm×260mm　　　印　张:13.5　　　字　数:265 千字
版　　次:2021 年 9 月第 1 版　　印　次:2021 年 9 月第 1 次印刷
定　　价:49.00 元

产品编号:093873-01

编写委员会

主　任：任锦群　梅雪峰

副主任：方美玉　贾新明　吴　晓

委　员：王　阳　匡　锦　彭　静　卢琪蓓　卞凌鹤

　　　　杨炳麟　张　剑

前 言

信息及通信技术的快速发展在全世界范围内掀起了一场"数字革命",正广泛而深刻地影响着社会经济各领域。大数据、云计算、人工智能、物联网、区块链等数字技术在贸易各个领域快速地渗透融合,与传统贸易活动相比,数字贸易突破了地理空间的限制,参与主体更多,涉及的区域范围更广。数字技术与产业深度融合导致产业的发展基础、产业之间的关联、产业组织形态、产业布局以及制造业的生产方式等发生根本性的变化,它在"改变贸易方式、重塑贸易体系、深化国际分工、促进传统产业转型升级、推动智能制造"等方面的作用更加凸显。

在数字贸易快速发展的同时,人才缺乏成为制约产业发展的一个痛点,究其原因,在于高校对于数字贸易的内涵及外延认识不完全清晰。对于其学科属性及专业属性缺乏统一认识,教育部本、专科的专业目录中至今未设置相应的专业,高校无法系统开展数字贸易人才培养。针对这种情况,浙江省商务厅培训认证中心与浙江外国语学院合作编写本书,就数字贸易、数字贸易标准和规则、数字物流、数字营销、数字平台、信息技术、数字技术等领域的基础知识向学员开展培训。希望本书的出版,能够促进数字贸易人才的培养,为数字贸易产业的发展提供人才支撑与智力支持。

本书突出市场需求导向,坚持理论与实践并重,强调实践操作能力培养,采用"新形态教材"方式进行编写,学生通过扫描二维码即可自测。本书力求紧跟时代脉搏,图文并茂,内容翔实,语言精练,是一本教学资源丰富的新形态教材。

全书共分七章,包含数字贸易概论、数字贸易标准和规则、数字物流、数字营销、eWTP 数字化平台、信息技术、数字技术等内容。全书由梅雪峰主编,吴晓协助统稿,编写人员分工如下表。

章节	编写人员
第一章	王阳
第二章	匡锦
第三章	彭静
第四章	卢琦蓓
第五章	卞凌鹤
第六章	杨炳麟
第七章	张剑、杨炳麟

　　数字技术的不断进步推动着数字贸易领域的新业态、新模式的快速发展，书中难免出现疏漏或不当之处，敬请广大读者批评指正。

　　在本书的编写过程中，方美玉博士、贾新明博士、吴晓博士等行业专家提供了宝贵的建设性意见，清华大学出版社张伟编辑为本书出版倾注了大量心血，在此一并表示感谢。

编　者

2021 年 7 月 28 日

目 录

数字贸易概论

当今世界，科技革命和产业变革日新月异，数字经济深刻影响经济社会方方面面。在数字经济快速发展的同时，围绕数字经济的全球化分工正在形成，催生出一个新的全球化概念——数字贸易。互联网，作为经济基础设施的重要因素，正以超乎寻常的增长趋势，爆炸性地向经济和社会各领域进行广泛性的渗透和扩张。数据流带动了资金流、技术流以及人才流，促进了社会整体资源配置优化以及全要素生产率提升，对经济发展、社会进步、民生改善以及国家治理均产生非常深刻的影响。当前，数据已经成为经济发展的重要生产要素之一，成为推动经济社会发展质量变革、生产率提升的新动力。与此同时，数字经济也逐渐成为世界经济的新引擎，极大地推动了各国经济发展方式的转变、经济发展格局的重塑以及经济发展效益的提高。在迅猛发展的当代贸易浪潮中，数字化发展的趋势在日益增强，"数字贸易"这一极具发展潜力的崭新贸易形式也引起世界的广泛关注。数字贸易是互联网经济和知识经济深度融合发展的产物，我们顺应数字化、网络化、智能化的发展趋势，共同致力于消除"数字鸿沟"，助推服务贸易数字化进程。

第一节　数字贸易的内涵及特征

一、数字贸易的内涵

由于数字贸易发展时间较短、发展速度相对较快以及发展模式多样等特点，社会各界对其概念尚未达成广泛共识，各个国家和经济组织对数字贸易的概念界定均有所不同。目前，人们对数字贸易的认识大多停留在描述性阶段，尚未形成标准或公认的定义，也没有普遍认可的内涵和外延。数字贸易促成微观经济基础的数字化，数字贸易的高速增长及其巨大活力，引起了世界各地尤其是发达国家的高度重视。近年来，数字贸易引发全球广泛关注，围绕数字贸易议题的讨论不断深入。

"数字贸易"这一概念最早在 2013 年美国国际贸易委员会的报告中出现。2013年 7 月，美国国际贸易委员会主持编写的全球首部数字贸易调研报告《美国和全球经济中的数字贸易》认为，数字贸易就是通过互联网交付而实现的产品和服务活动，分为国内数字贸易和国际数字贸易，明确将商业活动中的物理产品排除在了数字贸易范畴之外，包括以 CD（小型镭射盘）或者 DVD（数字通用光盘）形式出售的软件、音乐、电影等具有数字特性的物理商品。2014 年，美国国际贸易委员会在第二次报告中又对其内涵进行了补充和完善，认为数字贸易的内涵不仅包括线上消费产品的销售和服务的供应，还同时包括能够使智能制造成为可能的数字服务、使全球价值链成为可能的数据流以及相关其他的平台及应用。同时，报告也指出数字贸易是一个极具挑战性的新议题，其内涵与外延仍在演变之中。自美国提出数字贸易概念以来，澳大利亚、韩国、中国的政策文件中都出现了数字贸易。2019 年年初，瑞士达沃斯举行的电子商务非正式部长级会议上，中国、美国、欧盟等 76 个 WTO（世界贸易组织）成员签署《关于电子商务的联合声明》，确认有意在 WTO 协定和框架基础上启动与贸易有关的电子商务议题谈判，涉及大量数字贸易议题。2019 年 G20（二十国集团）大阪峰会期间，中国、美国、日本等国领导人共同见证了《大阪数字经济宣言》的发布，强调各国将进一步推动数字经济发展，尤其是数据流动和电子商务国际规则制定。

本书认为，数字贸易是采用数字技术进行研发、设计、生产并通过互联网和现代信息技术（IT）手段为用户提供的产品和服务，是以数字服务为核心、数字交付为特征的贸易新形态。从具体的领域看，数字贸易包括软件、社交媒体、搜索引擎（search engine）、通信、云计算、卫星定位等信息技术服务，数字传媒、数字娱乐、数字学习、数字出版等数字内容服务以及通过数字实现交付的服务外包等三大类内容。 数字贸易不仅包括基于信息通信技术开展的线上宣传、交易、结算等促成的实物商品贸易，还包括通过信息通信网络（语音和数据网络等）传输的数字服务贸易，如数据、数字产品、数字化服务等贸易，是以现代网络信息技术为主要载体实现制造业智能化转型的新型贸易活动。数字贸易是数字经济的重要组成部分，是数字经济国际化的重要体现。从本质上来讲，数字贸易是一种以互联网信息技术为基础的国际贸易模式。与传统贸易模式所不同的是，数字贸易主要以互联网为媒介进行。同时，其交易范围也更加广泛，不仅包含传统实物，还包括数字产品、数字服务以及数据信息等。未来数字经济尤其是数字贸易，将成为推动中国以及全球经济发展的新引擎。云计算、大数据（big data）、人工智能（AI）等新一代信息技术广泛应用于传统国际贸易领域，在提升贸易效率、优化贸易流程、降低贸易成本、催生新兴产业等方面发挥了越来越重要的作用。

二、数字贸易的特征

总的来说，数字贸易是指信息通信技术发挥重要作用的贸易形式，其最根本的特征就是数字化，突出特征在于贸易方式的数字化和贸易对象的数字化。

（一）贸易方式的数字化

数字贸易依托互联网信息技术来实现国际的自由贸易，这不仅提升了贸易效率，同时也降低了传统贸易在时间与空间上的局限性。贸易方式的数字化是指信息技术与传统贸易开展过程中各个环节深入融合渗透，如电子商务、线上广告、数字海关、智慧物流等新模式和新业态对贸易的赋能，从而带来贸易效率的提升和成本的降低，表现为传统贸易方式的数字化升级。

（二）贸易对象的数字化

与传统贸易不同，数字贸易的商品种类较为广泛，既包含了传统意义上的商品与服务，也将以数据电文形式呈现的数据信息、数字平台等无形商品包含在内，这对贸易全球化发展至关重要。贸易对象的数字化是指数据和以数据形式存在的产品和服务贸易，一是研发、生产和消费等基础数据，二是图书、影音、软件等数字产品，三是线上提供的教育、医疗、社交媒体、云计算、人工智能等数字服务，表现为贸易内容的数字化拓展。

三、数字贸易的基本分类

作为一种新兴贸易方式，数字贸易涉及范围广泛，分类较为复杂。美国将数字贸易主要划分为四类：数字内容、社会媒介、搜索引擎、其他数字产品和服务，具体情况如表 1-1 所示。

表 1-1　数字贸易的基本分类

基 本 分 类	具 体 内 容
数字内容	数字音乐
	数字游戏（包括完整格式和手机游戏、附加内容下载、游戏订阅、社交网络游戏、在线多人游戏）
	数字视频（包括互联网电视、电影、其他视频）
	数字书（包括电子图书、数字课程材料和音频书籍）
社会媒介	社交网站
	用户评论网站
搜索引擎	通用搜索引擎
	专业搜索引擎
其他产品和服务	软件服务（包括通过云计算提供的移动应用和软件）
	通过云计算提供的数据服务（包括数据处理和数据存储）
	通过互联网提供的通信服务（包括电子邮件、即时通信、通过互联网协议的语音）
	通过云计算的计算平台服务

资料来源：李忠民，周维颖 . 美国数字贸易发展态势及我国的对策思考 [J]. 全球化，2014（11）.

第二节　数字贸易的属性

数字贸易衍生的产品和服务正在悄然改变着信息沟通的方式，既可以使生产者获利，也可以让消费者受益，可以说其影响快速而深远。就其具体作用路径而言，一方面，互联网技术通过改善物流链、提升供应链效率、降低生产成本，从而提高企业运营效率使企业获利。对于中小企业的作用更为突出，可以以更低的成本获得更广范围的产品、服务以及市场。与此同时，生产者可依据消费者的喜好，更加精准化提供商品和服务。另一方面，消费者的产品选择更加广泛，服务交付新渠道更为便捷。通过改善产品和服务的使用，数字贸易已成为经济的快速增长极和推动经济发展的重要因素，具有旺盛的生命力和广阔的发展前景。

一、是数字经济的重要组成部分

数字贸易是数字经济的重要组成部分，也是数字经济国际化的最主要体现。数字贸易的突出特征是贸易方式的数字化和贸易对象的数字化。贸易方式的数字化是指信息通信技术与传统贸易各个环节的融合渗透，带来贸易效率提升和贸易成本降低；贸易对象的数字化是指数据和以数据形式存在的产品和服务贸易，其极大地拓展了现有服务贸易的深度和广度。

服务贸易方面，数字贸易主要体现在贸易对象的数字化。据 UNCTAD（联合国贸易和发展会议）相关数据显示，全球数字服务出口规模从 2008 年的 18 379.9 亿美元增长到 2018 年的 29 314.0 亿美元，10 年间平均增长率约为 5.8%。服务构成方面，2018 年占比前 3 类的分别是保险金融、知识产权以及工程研发。国别结构方面，发达国家在数字服务贸易方面的影响力更甚于货物贸易，而发展中国家则更多面临新的挑战。

二、以现代信息技术为载体

自 20 世纪 40 年代以来，信息通信领域的重大突破为数字贸易提供了必要的技术支撑，不仅拓展了数字贸易的标的范围，而且提升了数字贸易的交易效率。近几年来，大数据、云计算以及移动互联网等新型信息通信技术的发展，再次推动了数字贸易的高速发展。

（1）数字化创造新的商品和服务。数字技术以差异化需求为依据，转变并替换传统商品以及服务，同时创造新的产品和服务形式，如远程医疗、在线交易、电子书以及银行业务等。

（2）数字化为生产、消费、交换提供平台。数字贸易中，平台化运营也已经成为互联网企业的重要商业模式，互联网平台是协调和配置资源的基本经济组织。相关平台涉猎大数据分析、云计算、搜索引擎、共享服务、社交媒体及移动设备等，不仅是汇聚各方数据信息的中枢，更是实现价值创造的核心，可供电子商务交易使用。

（3）数字化使商品与服务交易成本大幅降低。数字贸易下，越来越多的企业倾向于采用线上销售方式，绕过经销商及零售商等中间环节直接将产品与服务提供给最终消费者；同时，也使传统贸易中的沟通、信息搜寻以及合同成本大幅降低，极大地提高了贸易效率。

三、以制造业智能升级为使命

数字技术变革日新月异，数字经济成为我国经济高质量发展的重要新引擎，正深刻地改变着传统经济的发展方式。在当今世界百年未有之大变局，数字贸易不仅应承担实现货物、服务与生产要素的高效交换，更应当承担起实现现代制造业智能升级的历史使命。

（一）高技术性推动数字技术创新

伴随着数字技术的扩散，数字技术的创新过程出现了多种数字技术的显著特性。其中，高竞争、高速度、高智力体现了高技术的典型特性。数字技术是经济社会快速发展的核心基础以及创新的原动力，在数字化转型的浪潮中，互联网平台承载了其商业行为的高竞争特性。世界经济发展过程中，哪个国家能够率先掌握关键技术并产生良性循环竞争优势，该国就能够在高速发展的世界市场中占有一席之地。数字贸易是以大数据、云计算、人工智能等数字化底层技术为发展依据的知识密集型技术产业，必须依靠富有创新意识以及创新能力的高素质人才作为高智力支持。同时，以信息技术为龙头的高技术产业是目前发达国家经济中最活跃也是增长最快的经济部门，不仅涉及产值和产量的发展的高速度，还突出表现为产品性能更新的高速度。

（二）高渗透性加速经济社会领域融合发展

数字技术本身具有极强的综合性和渗透性，也隐含着巨大的网络技术辐射潜力。多种特性的协同作用使得数字经济的发展对经济社会各领域发展都有着直接的影响，加速向经济、科学、技术、国防、外交、政治以及社会生活等各个领域全面渗透。

（1）突破时空与产业界限。数字贸易不仅可以突破原有的经济边界，实现跨时空的自由流动，还可以促使信息服务业等第三产业迅速地向第一产业以及第二产业进行扩张，极大地弱化了三大产业之间的界限，并加速了相互融合。

（2）打破传统企业边界及其成长规律。数字贸易以提升企业数字化、智能化、网络化发展水平为主要特征，迅速打破传统企业边界，将数据采集、传输、存储、平台、服务等功能集聚于一体，有效促使了创新能力、服务能力、制造能力共同驱动的企业快速成长。

（3）颠覆传统资源利用方式与商业模式。数字贸易借助其在生产要素配置中的快速优化及集成共享，从基础设施、企业及政府数字化转型、数据治理等多个层次进行突破，通过数字技术的加速渗透，快速地对传统商业模式进行颠覆，从而起到快速拉动经济增长、促进经济高质量发展的作用。

通过数字贸易的联结，来自世界各地的多样化、个性化需求可以被快速直接地反映到产品研发、设计与生产过程当中去，极大地推动了传统产业的数字化转型。与此同时，制造业企业在努力满足消费者需求不断更迭的过程中，对生产过程的柔性化改造也将不断实现，从而最终实现数字化及智能化升级。

（三）高融合性推动信息技术改造升级

（1）技术体系的高融合。数字经济通过新一代信息技术产业跨界融合，特别是5G作为高可靠、低时延、广覆盖、大连接的移动通信技术，加速与实体经济的深度融合，形成高融合的数字经济技术体系。

（2）生产体系的高融合。数字经济通过聚焦新型数字基础设施建设和全产业链布局，以实现产业全要素、全流程、全生命周期数字化转型与融合创新，从而构建数字驱动、智能主导的数字经济高融合生产体系。

（3）政策体系的高融合。数字经济以推进供给侧结构性改革为主线，借助"互联网＋"和政府大数据决策平台，围绕转方式、优结构、换动力等视角，全力打造能实现高质量与高融合推进的多维政策体系，为实现政府政策制定科学化提供重要支撑。

第三节　数字贸易的发展趋势及影响

在全球数字经济蓬勃发展的大背景下，基于数字技术开展的线上研发、设计、生产、交易等活动日益频繁，极大地促进了数字贸易的发展。数字贸易在服务贸易中的主导地位逐步显现，ICT（信息与通信技术）服务、其他商业服务、知识产权服务是数字贸易增长的关键动力。

一、数字贸易的发展趋势

（一）数字贸易创新发展持续加速

数字贸易是数字时代的典型象征，也为经济增长提供了强劲的动力和广阔的空间。来自WTO的相关数据显示，预计至2030年，数字技术将促进全球贸易量每年增长1.8%~2%。当前，我国数字贸易规模增长迅速，相关产业已成为拉动经济增长的活力要素之一。国际贸易正走在由传统贸易以及全球价值链贸易进入数字贸易的新阶段。《中国数字贸易发展报告2020》显示，中国2019年可数字化服务贸易额超2 700亿美元。全球范围内，中国数字服务出口位列第八，数字服务进口位列第七。数字贸易推动经贸格局变化，有利于促进国际国内双循环。"十四五"期间，我国互联网法制建设将从细化重点法律制度、协调整体立法体系、探索新技术、新应用立法等方面进一步充实法律制度，提高整体治理水平。

（二）数字贸易成为经济发展新引擎

数字技术的发展极大地推动了数字贸易这一新的贸易形式，截至目前，全球服务贸易中一半以上已实现数字化。数字贸易不同于电子商务，是采用数字技术进行研发、设计、生产并通过互联网和现代信息技术手段为用户提供的产品和服务，是以数字服务为核心、数字交付为特征的贸易新形态。"未来数字经济尤其是数字贸易，将成为推动中国以及全球经济发展的新引擎"，诺贝尔经济学奖得主、前世界银行资深副行长兼首席经济学家约瑟夫·斯蒂格利茨（Joseph E. Stiglitz）表示。云计算、大数据、人工智能等新一代信息技术广泛应用于传统国际贸易领域，在提升贸易效率、优化贸易流程、降低贸易成本、催生新兴产业等方面发挥了越来越重要的作用。

（三）数字贸易助推国际合作

国际合作对一国对外经济贸易发展至关重要，数字贸易扩张带来巨大效益的同时，也需要国际合作以确保其继续成为包容性经济发展的推动力。数字贸易助推世界各国共同合作，全球信任与合作是数字贸易的重要基石。打造全球数字贸易乃至数字经济发展的共同准则，在平台、算法以及制定相关规则等方面加强透明度是成功开展国际合作的关键所在。同时，数字贸易的发展面临税收、数字巨头的垄断、隐私保护、网络安全等难题。上述问题若无法有效解决，将会引发一系列风险，从而影响数字贸易的潜力的充分发挥。

二、数字贸易的潜在影响

（一）全球化分工呈现精准化、精细化

信息通信技术使得市场更加公开、透明，信息流转更为迅捷，全球价值链中的各个国家的定位、分工、分配关系均可能出现不同程度的变化。WTO 研究报告指出，数字技术正在将供应链管理从一种线性模型（供应商—生产商—分销商—消费者）转变为一种更综合的信息向多个方向同时流动的模型。目前，新的数字技术对全球价值链的影响仍不明确。一种可能是生产过程重塑，自动化生产、3D（三维）打印、人工智能等技术降低了国家间分工协调的需求，价值链长度缩短，发展中国家参与全球价值链的机会降低；另一种可能是数字技术降低了协调和匹配成本，如正在蓬勃发展的跨境电子商务为很多中小企业创造了走出去的机会，从而强化全球价值链。自2008 年全球金融危机以来，全球价值链的参与度逐步恢复，高收入国家相对于中等收入国家恢复更快。高收入国家，特别是东欧部分国家，前向参与较后向参与增长更快，体现了全球价值链中生产活动快速升级。另外，亚洲发展中经济体的前向及后向参与度均有所下降，如印度尼西亚、印度、中国以及菲律宾等。

（二）供应链数字化构筑外贸竞争新优势

传统模式下，决定一国制造业国际竞争优势的主要因素包括要素价格、劳动生产率水平、产业集群规模等。随着数字技术在供应链管理的应用，特别是全球供应链管理的应用，一种基于企业间协同的新竞争力逐步形成。一些国家和地区的企业率先开始将数字技术应用于供应链、价值链中，与上下游的协同效率大幅提升，采购成本、营销成本、物流成本大幅降低，形成新的竞争优势，有望在数字经济时代获得发展先机。信息技术对供应链的优化反映在三个方面。

（1）供应链管理优化。企业通过信息技术手段整合上游供应商资源，并进行深度的价值、质量评估分析，实现最优性价比的采购。

（2）仓储物流管理优化。企业通过信息系统对生产中的仓储、物流需求进行实时监控和管理，降低不必要的仓储占用，确保配送环节有序高效，降低时间、空间成本。

（3）客户需求管理优化。根据不同地区消费者的偏好，提供定制化的产品和服务，把正确的东西卖给正确的客户，获取最高收益。

（三）数字产品和服务更深程度融入全球价值链

全球范围内的数字化转型是大势所趋，数字化的技术、产品和服务对数字化转型意义重大。美国国际贸易委员会从从事数字职业的员工的比例、信息技术相关的总投入采购的比例、在线销售（电子商务）的比例、针对云服务的总 IT 支出的比例等四个维度，对各行业的数字化强度即某一特定行业企业在其业务中采用互联网技术的程度进行了分析。研究结果显示，ICT 产品和服务投入，电信广播业、政府采购、其他运输设备制造业、证券服务、专业服务等部门的数字化投入比例最高，在中间投入中占比超过 10%。线上销售占比方面，制造业货运、批发、旅行和住宿服务、信息服务和网络搜索服务的电子商务占公司总收入比重最大且均超过 20%。由此可见，数字技术、产品和服务在生产经营活动中应用的不断深化，正成为价值链中新的重要一环。

（四）数字产品和服务改变全球价值链收入分配规律

数字技术通过数字贸易对全球分工产生影响，而分工变化又会进一步影响全球价值创造和收益分配。

（1）"中游"价值创造能力降低。服务的增长可能会加速流程自动化、模块化，意味着价值链中部的公司越来越多地生产相对标准化的组件，各行业一线生产和制造过程的附加值下降。例如，旅游供应商正日益规范其商品和服务，以满足在线旅行社的要求；农业生产也越来越标准化，以便更好地管理、监测和跟踪。

（2）"上游""下游"价值创造水平提升。数字化服务的扩展将主要发生在生产前阶段（如更广泛的设计软件和数据驱动服务）和生产后阶段（如嵌入软件的服务和增强的售后服务）。在这一过程中，数字化的服务变得更为分散，更便于交易，从而支持复杂的产品和服务生产。为了顺应这一趋势，许多制造业企业也正在推动服务化，不再拘泥于简单的生产制造，而是更广泛地应用和开发数字化的技术与服务，推动生产效率提升的同时，向外输出数字化服务。

三、推进全球数字贸易发展

《全球数字贸易促进指数分析报告（2020）》显示，推进全球数字贸易发展存在三个政策难点。一是国家安全的泛化造成国内规则政策的随意性，极大损害了数字贸易利益。二是数字贸易对传统贸易理论造成了极大的挑战，自由化和保护之间难以达成平衡，相对落后方的保护主义倾向更加严重。三是数字服务提供商和数字服务提供者的资质缺乏国际标准和资质规范，且大多数国家的相关行业规则也是空白。

（一）以跨境电子商务作为推进全球数字贸易的突破口

以跨境电子商务作为推进全球数字贸易的突破口，促进全球数字贸易的基础设施合作，促进发展中国家数字平台能力建设。2021 年，区块链技术、云计算和人工智能技术等数字技术进一步充分应用于数字贸易，WTO 电子商务谈判难以对数字贸易形成实质性推动，区域 FTA（Free Trade Agreement，自由贸易协定）中的数字规则加快演进并呈现电子商务规则（欧盟和中国）、数字贸易规则（美国及其追随者）、数字经济规则（新加坡）分立的多样性格局。

同时，各经济体基于国家安全的担忧，将进一步扩大数据本地化限制政策，对全球数字贸易的发展产生许多不确定因素。当下数字贸易条款碎片化问题比较严重，特别是美国、欧洲、新加坡都在其中扮演了规则制定者的角色，中国有必要在推动全球贸易数字规则治理方面发挥重要的作用。平台经济成长非常迅速，头部企业影响力越来越大，成长周期在缩短，中国和美国共同引领全球平台经济的发展，基于数字平台的贸易发展对于发展中国家、后发国家非常有利。平台经济下，我国与"一带一路"沿线国家在贸易层面、要素层面、政策层面将面临新的合作机遇。

（二）主动参与制定数字贸易国际规则

随着数字技术与经济社会的深度融合，传统全球治理机制大幅增加对数字治理问题的关注，并参与全球数字规则塑造。如世界贸易组织将与数字相关的贸易问题纳入服务贸易规则，并最终启动单独的电子商务谈判进程。同时，双边和区域性机制保持活跃，持续创设全球数字治理规则；自由贸易协定在全球数字治理规则上的影响日益显著，在数字领域树立了一系列新的原则和标准，对未来全球数字治理规则的塑造具有重要的示范作用。

我国要主动参与制定数字贸易国际规则，定期跟踪研究海外国家治理数字贸易市场、制定数字贸易规则的动态，进一步推动适于国际竞争的数字贸易规则体系建立，规范数字贸易发展。通过在服务贸易创新试点城市出台数字贸易优先的支持政策，先行先试，按照扩大开放与适度保护相结合的原则，在试点基础上再形成可复制、可推广的经验。

（三）大力推动数字基础设施投资合作

在提升我国数字贸易国际化水平的同时，着力降低数字领域外商投资市场准入标准。与传统跨国企业不同的是，数字跨国企业对东道国经济贡献主要体现在技术和知识溢出、营销渠道、品牌效应等方面。如果能改变传统外资绩效评估办法、缩短审批时间，就有望吸引集聚更多数字跨国公司，助力我国数字贸易进一步发展壮大。

（四）数字知识产权保护尚待提升

营造良好的数字贸易营商环境可以从以下方面着手：进一步降低门槛，明确准入清单，公开公平，吸引更多数字跨国公司来华经营；建立完善数字产品和服务各个环节中数据流动与数据保护的规则，制定规范严格的行业治理制度；利用好国际循环中管理技术、人才、营销渠道等资源，注重发挥数字产业在技术知识、行业生态、人才储备等方面的溢出效应，积极营造透明、公正、诚信、安全良好的市场环境。

第四节　主要国家数字贸易的发展

一、美国

近年来，互联网技术和数字交换技术的快速发展，极大地促进了数字贸易的发展。经济全球化的发展、各国进一步扩大开放、经济的转型升级、网络技术的普及、客户需求的激发，为美国数字贸易开辟了新的国内国际市场，为其数字贸易的跨越式发展提供了持续强大动力。美国作为世界第一大经济体，拥有巨大的贸易总量、先进的互联网技术以及大量的高端技术人才，是当今世界数字贸易发展的领导者，其数字贸易发展迅速并处于世界领先地位。美国数字贸易蓬勃发展，得益于其把握了良好的战略机遇以及构建了促进数字贸易发展的制度保障。美国通过培养数字技术人才、提高创新能力、制定数字贸易新规则等政策措施，巩固其数字贸易在全球的领先地位。新形势下，全球产业结构变迁与升级极大地促进了美国数字贸易的发展。同时，市场需求的扩大、技术的创新与提高对美国数字贸易的发展也起到了积极的推动作用。数字贸易在推动美国经济复苏、就业增加、提升社会福利等方面发挥了重要作用。美国的数字贸易不断向国内市场进行拓展，为其开辟国际市场打下良好的基础。美国多措并举，大力度构建数字贸易保障体系，推进数字贸易保障体系建设，促进数字贸易持续健康发展，继续巩固和壮大数字贸易的领先优势与主导地位。

二、欧盟

为打破欧盟境内的数字市场壁垒，欧盟委员会于 2015 年 5 月 6 日公布了单一数字市场（Digital Single Market，DSM）战略的详细规划。单一数字市场是指商品、人员、服务和资本在市场上可以保证自由流通，居民、个人和商家能无缝衔接且所有线上活动都是在公平竞争条件下进行。建设单一数字市场是欧盟统一市场、促进贸易、推动经济增长的一项长期而重要的工作，共包括以下三个支柱。

（1）为个人和企业提供更好的数字产品和服务，主要包括：出台措施促进跨境电子商务发展；保障消费者权益；提供速度更快、价格更实惠的包裹递送服务；打破地域界限，改变同种商品不同成员国不同价的现状；改革版权保护法；推动提供跨境电视服务。

（2）创造有利于数字网络和服务繁荣发展的有利环境，主要包括：全面改革欧盟的电信领域规章制度；重新审查视听媒体组织框架以适应时代需求；全方位分析评估搜索引擎、社交媒体、应用商店等在线平台的作用；加强数字化服务领域的安全管理，尤其是个人数据等。

（3）最大化挖掘数字经济的增长潜力，主要包括：提出"欧洲数据自由流动计划"，推动欧盟范围的数据资源自由流动；在电子医疗、交通规划等对单一数字市场发展至关重要的领域，推动建立统一标准和互通功能；建成一个包容性的数字化社会，使民众能抓住互联网发展带来的机遇和就业机会。

尽管欧盟的数字贸易发展水平与美日接近，但是其数字贸易政策却表现出较大的独特性，在数据监管和网络平台管理方面较之美日有较大区别。从欧盟的角度看，由于近年来经济问题时常显现，而且各种新类型的网络威胁不断增多（如斯诺登事件），所以欧盟实施单一数字市场战略是出于经济恢复与保护网络安全两方面考虑。

三、日本

日本也是全球数字经济和数字贸易发展水平最高的经济体之一，其数字贸易政策与美国较为类似，但是在产品和服务贸易政策方面跟美国略有差异。在数据监管方面，日本的管制水平普遍较低，没有烦琐的跨境数据传输限制，其政策重点主要在于对数据安全的管理。在网络平台管理方面，日本没有在网络中介责任和网络内容审查上设置特殊的政策要求，而是重点强调了知识产权保护。在数字产品和服务贸易领域，日本实施了自由化程度较高的政策。例如，日本对线上销售的最低免征关税额为 90 美元，允许电子签名；日本的数字产品零关税覆盖率为 99.38%。关于数字企业的本地进入政策，日本没有明确限制电信或信息通信技术的投资，仅设定了直接投资的提前通知要求。但对媒体领域的外商投资要求比较严格，将外国对广播公司的投资份额限制在 20% ~ 33%。

四、韩国

在新兴经济体中，韩国的数字经济和数字贸易发展程度也比较高，数据监管方面政策比较严格。例如韩国于 2015 年颁布《云计算发展与用户保护法案》和《云服务保护指导条例》，要求所有为公共机构提供服务的云服务商都必须在国内建立公共数据中心，且必须与服务公众的网络在物理上进行分离。韩国实行了《个人信息保护法》，同时要求公司在导出个人数据之前必须征得数据当事人的同意。同时，韩国对网络中介也提出了较多的监管要求，涉及内容、信息管理等，对网络中介平台提出了较多的责任制度。2015 年 3 月，韩国国会通过了《云计算发展与用户保护法案》，对云服务提供商（CSP）规定了包括向其客户和部长报告信息泄露、不得向第三方提供客户信息和不得将其用于指定用途以外的其他目的等义务。数字产品和服务贸易政策方面，韩国的管制相对比较严格。韩国数字产品零关税覆盖率较低，仅为 43.21%，对外国供应商的电子产品单独设立了 10% 的增值税。此外，韩国技术标准较高，要求必须对政府采购品进行额外的安全验证，电脑、电气和无线电设备需添加韩国 EK 认证标记。数字企业的本地进入政策方面，韩国没有建立投资筛选机制。在有明确证据表明外国投资对经济体安全或公共利益构成威胁的情势下，政府有权拒绝外国投资。韩国不允许外国卫星服务企业进入韩国境内，并禁止这类企业直接向最终用户出售服务。

五、新加坡

新加坡凭借其在东南亚便捷的连通性、一流的营商环境、强大的基础设施以及高素质的劳动力，在 2019 年世界经济论坛（WEF）发布的《全球竞争力报告》中超越美国，成为全球最具竞争力经济体。新加坡是亚太地区最具吸引力的数据中心枢纽，为其数字经济发展提供了有力支撑。新加坡积极构建数字经济行动框架，聚焦数字治理、数字产业、数字贸易、数字生活等领域，雄心勃勃计划建成世界首个"智慧国"。新加坡政府积极加强国际合作，加快在贸易和商业中部署数字技术来降低贸易成本以及便利服务贸易。2016 年，新加坡政府设计了更开放的、数字化的 NTP（互联贸易平台），取代用于贸易相关申请的 TradeNet（贸易管理电子平台）及用于连接贸易和物流业的 TradeXchange（商贸讯通平台），旨在驱动全行业的数字化转型。2018 年 2 月，新加坡加入了亚太经合组织主导的跨境隐私规则（CBPR）体系。2018 年 3 月，新加坡参与推进《东盟 – 澳大利亚数字贸易框架倡议》，该倡议致力于消除两国开展数字贸易的相关障碍，以寻求更大程度的互联互通，以期为数字货币、知识产权保护电子商务以及数据管理制定法律框架和标准，极大程度上削弱了数字贸易壁垒，减少了跨境支付的困难和障碍。同时，新加坡政府广泛应用数字和智能技术，实施国家数字身份、电子支付、传感器平台、智慧交通、生活时刻、数码平台等六大关键的国家战略项目，加快步入"数字化生活"，重视将数字经济融入民生，把增进民生福祉作为发展经济的根本目的，以数字为核心，用心、用情、用智慧，开辟"数据惠民"之道。新加坡重视数字贸易及战略应对，打破数字贸易定义乱、规则缺、标准无、共识少的局面，从贸易规则的跟随者转变为数字贸易规则的制定者。

六、俄罗斯

较之美日欧等经济体，俄罗斯的数字经济和数字贸易发展水平不高，但是其数字贸易政策有一定的代表性。俄罗斯通过设立严格的 ISP（互联网服务提供商）中介责任制，规定了中介责任不到位的惩罚措施，明确了对侵权行为处理时间的要求。俄罗斯对数字产品和服务贸易政策的管制水平也比较高。例如俄罗斯数字产品的零关税覆盖率为 62.25%，对销售数字产品的外国企业征收 18% 的增值税。俄罗斯没有遵循国际公认的技术认定标准，而是单独制定了适用于本国的通信标准。同时，俄罗斯也是数据监管程度最高的国家之一。俄罗斯设有严格的数据管理要求，要求电信和互联网供应商至少保留数据 12 个小时，以便为俄罗斯联邦安全局提供数据资料。此外，俄罗斯存在数据本地化规定，要求俄罗斯公民数据的记录、系统化、积累、储存、修改和检索均使用位于境内的数据库。在数字企业的本地进入政策方面，俄罗斯的限制壁垒较高。例如，俄罗斯对电信、媒体企业的外商投资设限较高。电信服务只能通过许可证制度提供。对于用户超过 50% 的视听服务企业，只允许非俄罗斯公民最多持有 20% 股权，媒体企业的外国所有权不得超过 20%。俄罗斯重点关注战略性产业的外商投资，涉及国家战略性产业的企业的外国控股者不能获得超过 50% 的投票权，外国投资者必须向联邦反垄断局通报任何在经济体战略实体中获得 5% 或以上股份的交易。

第五节　中国数字贸易的发展

一、发展现状

（一）数字贸易规模持续扩大

中国信通院发布的《中国数字经济开展与就业蓝皮书》（2021 年）显示，2021年我国数字经济总量达到 31.3 万亿元，在 GDP 中占比已超过 1/3，同比提升 1.9%，数字经济的开展对 GDP 的贡献率高达 67.9%。云计算、大数据、人工智能等新一代信息技术广泛应用于传统国际贸易领域，在提升贸易效率、优化贸易流程、降低贸易成本、催生新兴产业等方面发挥了越来越重要的作用。党的十八大以来，中国数字经济规模从 11 万亿元增长到 35.8 万亿元，占 GDP 总量达到了 36.2%，已经成为经济高质量发展的重要支撑。

（二）数字贸易结构持续优化

从结构上来看，数字经济主要包括数字产业化和产业数字化两大方面。相关数据显示，产业数字化在我国数字贸易结构中仍然占据主要地位，产业数字化局部占比高于数字产业化占比。2021 年，我国数字产业化规模达 6.4 万亿元，而产业数字化局部规模高达 24.9 万亿元，在数字经济中占比高达 79.51%。综上所述，我国数字贸易规模在持续优化，对传统产业的升级迭代起到不可估量的推动作用。

（三）数字贸易竞争力稳步上升

国家工业信息安全发展研究中心发布的《2020 年我国数字贸易发展报告》显示，2019 年中国数字贸易顺差为 1 873.9 亿元，同比增长 46.1%。其中，计算机、电信和信息服务贸易顺差最大，达 1 904.8 亿元，成为中国最具海外优势的数字服务产业。同时，随着服务业扩大开放、数字贸易高质量发展等政策红利进一步显现，相比 2018 年，电信、计算机和信息服务的贸易顺差增长了 17.5%，中国在电信、计算机、信息技术等领域的国际竞争力正在稳步提升。

二、典型特征

（一）国际合作日益密切

近年来，在与有关各国达成《二十国集团数字经济发展与合作倡议》《"一带一路"数字经济国际合作倡议》的基础上，中国致力于网上丝绸之路、世界电子贸易平台（Electronic World Trade Platform，eWTP）等方面的建设，与其他国家的数字贸易合作日益密切，交流不断加深。2016 年 12 月，中国—阿拉伯国家网上丝绸之路经济合作试验区暨宁夏枢纽工程获国家批复，成为中国与阿拉伯国家开展高层对话、经贸合作、文化交流的网上平台，重点在宽带信息基础设施、卫星应用服务、大数据、云计算、跨境电商、智慧城市等新兴产业领域开展对阿合作。杭州以其电子商务产业为支撑，加强与"一带一路"沿线国家和地区在政府监管、数据标准、商业模式、知识产权等领域的合作探索，推进世界电子贸易平台实验区建设，提升与"一带一路"沿线国家的贸易便利化水平。

（二）贸易结构渐趋完善

一直以来，中国实体货物的数字化贸易处于世界领先水平，拥有全球最大的网络零售规模。近年来，中国跨境电子商务的快速发展，数字贸易在进出口贸易中的比重稳步提升。与此同时，随着《国家信息化发展战略纲要》和《"十三五"国家信息化规划》等重要文件的出台与实施，中国信息产业及其他相关产业发展迅猛。目前，中国电子信息产品制造规模居全球第一，一批信息技术企业和互联网企业进入世界前列，形成了较为完备的信息产业体系，数字产品与服务、数字化知识与信息的贸易正经历快速增长阶段。可以预见，未来中国数字贸易的"三驾马车"将同时发力，带动数字经济高速增长，成为经济活力的重要源泉。

（三）实体产业加速融合

数字贸易的发展将推动消费互联网向产业互联网转型，实现制造业的智能化升级。伴随着《中国制造 2025》《国务院关于积极推进"互联网+"行动的指导意见》等诸多产业融合政策措施的出台，中国数字贸易与实体经济融合的趋势愈发凸显。近年来，数字技术逐渐渗透到上游行业，大数据等数字技术也被更加广泛地应用于研发、生产等环节。数字贸易与实体产业的融合，无论是在深度上还是在广度上均实现了提升，可以预见，未来制造业智能化转型的步伐将不断加快。

（四）区域发展亮点纷呈

从跨境贸易电子商务服务试点城市和跨境电子商务综合试验区的分布看，中国数字贸易发展的重点区域主要集中在东南沿海，其中尤以广东、浙江两省最为突出。前者拥有广州、深圳两个服务试点城市和广州、深圳、珠海、东莞四个综试区，后者拥有杭州、宁波两个服务试点城市和杭州、宁波、义乌三个综试区。除东南沿海外，西部省份（贵州）的数字贸易发展同样颇具亮点。贵州虽然地处西南边陲，属经济欠发达地区，但其从顶层设计开始，迅速抢占先机，率先设立全球第一个大数据交易所，建设全国首个国家大数据综合试验区。贵州省在实体货物贸易并不占优势的情况下，着力发展数字产业，推动数字产品与服务、数字化的知识与信息贸易的增长，成为中西部省份发展数字贸易的一个典型样板。

三、机遇

（一）世界数字贸易市场潜力不断显现

随着信息通信技术的飞速发展以及各国联系的日益密切，世界数字贸易市场的潜力不断显现。世界经济持续复苏，传统货物需求呈现增长态势，跨境电子商务在世界范围内的快速兴起与广泛渗透使得各国的消费需求能够被及时、快捷、准确地掌握，中国依托于跨境电子商务平台同其他国家开展贸易逐渐成为趋势。随着人们生活水平的提高，国内外消费者对视频、游戏、数字音乐、搜索引擎等数字产品与服务的需求也在持续增长，为中国同其他国家的贸易提供了新的增长源泉。此外，人工智能时代的到来使得数据在生产生活中扮演着越来越重要的角色，与数字化知识与信息相关的贸易活动前景广阔。如今，中国正着力发展更高层次的开放型经济，政府出台多项举措促进形成全面开放新格局，尤其是由中国发起的"一带一路"倡议在世界范围内得到了众多国家的积极响应，为中国更深层次地融入世界市场创造了良好的外部发展条件，对于中国的数字贸易进一步繁荣发展无疑是宝贵的机遇。

（二）世界消费者个性化需求不断增长

随着生活水平的提高和生活方式的转变，人们的消费观念与消费习惯也在不断地变化，标准化的产品与服务已经不能与消费者的偏好相契合，消费需求逐渐呈现出个性化、时尚化、多样化的特点。这种趋势对企业的产品生产与服务定制提出了新的挑战，依靠产品与服务的规模效应获利的传统贸易模式已经难以满足时代要求。然而，这恰恰为数字贸易带来了良好的发展机遇，数字贸易平台化、普惠化的特点正是新形势下相对于传统贸易的优势所在。一方面，数字贸易突破了时空限制，使生产与消费之间的高效沟通得以实现，消费者的个性化需求能够被生产者及时了解与掌握。另一方面，数字贸易平台汇聚的消费者偏好、市场占有率、贸易流量等多方面信息为企业进行产品生产和服务定制提供了更多的参考依据，消费者的独特需求得到满足的可能性大大提高，世界范围内不断增长的个性化消费需求成为推动中国数字贸易进一步发展的重要源动力。

（三）中国电子商务产业优势不断加强

在政府和市场的共同推动下，中国的电子商务发展迅速，交易规模不断扩大，市场结构持续优化，行业发展质量不断提升，在世界范围内处于领先地位。同时，随着电子商务发展的外部环境日趋完善，线上交易的规范化程度不断提高，各类电商企业活力竞相迸发。传统占据优势的天猫、京东、苏宁易购等电商平台努力寻求线上线下融合新模式。拼多多、美丽说、蘑菇街等平台积极细分市场、准确定位以提高市场份额。敦煌网、速卖通、网易考拉等跨境电子商务平台也不断谋求经营突破。市场内外部环境的不断完善正推动着中国的电子商务产业朝着更加注重效率、质量与创新的方向迈进。电子商务产业的先行优势有助于不断丰富数字贸易的组织形态、拓宽交易主体范围、扩大交易选择空间，在此优势引领下，数字贸易必定会迎来更为蓬勃发展的崭新阶段。

（四）中国数字技术领先优势不断扩大

移动互联网的不断革新推动电子商务交易平台进一步实现普惠化，物联网（Internet of things，IoT）的大范围覆盖帮助企业及时完成产品的信息交换与通信，大数据、云计算、人工智能技术的广泛应用有助于为消费者的消费行为和厂商的生产行为提供有效参考。在政府的大力支持以及国内众多优质企业与科研机构的不断努力下，中国的数字技术发展处于世界领先地位。在移动互联网方面，中国在5G网络技术研发、测试和验证方面取得重要突破，正在推动形成全球统一 5G 标准；在物联网方面，中国电信建成全球首个覆盖最广的商用 NB-IoT（窄带物联网）网络，华为公司提出的 NB-IoT 技术方案获得 3GPP（第三代合作伙伴计划）批准，成为国际标准。在大数据和云计算方面，中国的大规模并发处理、海量数据存储、数据中心节能等关键技术取得突破。数字技术领先优势的不断扩大为中国的数字贸易实现更快发展提供了坚实的技术保障。

（五）中国数字经济重视程度不断提高

为紧抓数字发展契机，抢占数字经济的制高点，中国政府出台了《国家信息化发展战略纲要》《商务部关于利用电子商务平台开展对外贸易的若干意见》《电子商务"十三五" 发展规划》等一系列战略规划和指导意见，对数字经济的发展进行了详细的规划，描绘了数字经济发展的蓝图。一方面，政府加大了对大数据、云计算、人工智能等相关科学技术发展的支持力度，鼓励数字科技企业的成长，并引导数字技术与贸易进行深度融合，为数字贸易进一步的高质量创新发展创造了便利条件。另一方面，政府在完善线上交易相关法律法规、变革海关监管程序等方面不断进步，致力于为数字贸易发展提供更加全面的制度保障。此外，不断扩大跨境电子商务试点范围，鼓励各地区在技术标准、业务流程、监管模式和信息化建设等方面加强探索，有助于为中国的数字贸易发展积累可供推广的宝贵经验。毫无疑问，中国对数字经济重视程度的不断提高对于进一步优化数字贸易发展的环境、扫除数字贸易发展的障碍具有重要意义，为数字贸易的持续繁荣提供了更加坚实可靠的保障。

四、挑战

我国在数字贸易的部分领域已取得明显成绩，但相对于美国、欧盟、日本等国家和地区，数字贸易发展水平和能力建设存在较大差距。面对百年未有之大变局以及全球数字贸易浪潮的巨大发展机遇，如何借鉴美国等发达国家数字贸易发展的成功经验和有效做法，科学分析我国数字贸易发展过程中存在的现实问题，结合数字贸易发展的客观需要，大力支持和科学引导我国数字贸易发展，努力构建促进数字贸易发展的良好环境，做大做强我国数字贸易，积极参与国际竞争，迎接数字贸易的挑战，已成为我国亟待解决的关键问题。

（一）数字贸易综合竞争力仍较弱，发展生态圈有待优化

当前，我国数字贸易各领域发展不平衡，数字内容、社会媒介、搜索引擎、其他数字产品和服务发展参差不齐，数字贸易产品质量和服务水平有待进一步提高：一是数字贸易结构失衡，主要表现为国内贸易发展较快，国际贸易基础薄弱。数字贸易通过产业前向和后向关联机制衍生出产业链条，要么"有产无链"，要么链条未能有效

延伸，没有充分发挥数字贸易产业所蕴含的链条经济效应。二是数字贸易产业基础薄弱，数字产品和服务主要依赖于对传统产业的简单数字化改造，核心数字技术和网络技术受制于人，关键设备无法有效支撑产业快速发展，难以形成经济独立增长极，影响和制约数字贸易产业整体竞争力的提高。

为了充分释放中国数字贸易的市场潜力，有必要进一步优化数字贸易发展的生态圈，加大对大数据、云计算、人工智能、物联网及区块链等数字技术的研究，进一步提高互联网普及率、完善通信基础设施、降低宽带等通信费用，加快数字贸易相关法律法规建设，为数字贸易发展提供技术与制度保障。

（二）数字贸易支持性要素供给不足，产业创新能力有待加强

人才、技术、资金、政策等是影响和制约我国数字贸易快速发展的支持性要素，全方位多角度影响着我国数字贸易产业的发展。目前，我国在研究开发数字贸易技术方面的资金投入相对不足，涵盖产业、财税、科技创新、人才等政策的配套支持政策体系尚不完善，支持性要素供给略显不足，突出表现为数字贸易的高素质创新人才和管理人才相对缺乏，数字技术和关键网络技术创新激励机制不够完善。众所周知，以互联网为基础的通信技术及大数据、云计算、人工智能等新兴数字技术严重依赖于以集成电路为代表的半导体产业。长期以来，国内相关产品主要依赖于国外进口，且进口额逐年攀升。如果我国半导体产业不能实现独立自主发展，一味依赖于进口国外的产品与技术，"断链断供"的风险时刻存在，国家信息安全将处于威胁之中，数字经济的发展将严重受阻。因此，为了保证国家信息安全以及数字经济的可持续发展，提升半导体产业的创新能力，实现集成电路的自主化发展迫在眉睫。

（三）数字经济区域协同化有待统筹

数字技术突破了地理空间的限制，使得跨区域的各主体更容易地参与到同一经济活动中。与传统经济活动相比，数字贸易的参与主体更多，涉及的区域范围更广。值得注意的是，中国数字经济区域发展不协调问题较为突出，数字经济的规模效应难以得到有效发挥。如何有效统筹中国各省区市数字经济的发展，提升数字经济的区域协同化水平，是当下中国数字经济发展一个亟待解决的问题。

（四）制造业产业融合优势有待确立

数字贸易时代，产业融合在经济系统中越来越普遍，产业的发展基础、产业之间的关联、产业组织形态和产业布局等方面正在发生根本性的变化，尤以制造业最为突出。随着信息产业与传统制造业的加速融合，数字技术与传统生产技术互相渗透，数字化、智能化和网络化的发展趋势逐渐显现，传统工业化的生产方式正在经历巨大的变革。传统的制造业企业竞争优势很多已不复存在，全新的产业融合竞争优势尚未确立。如何以数字贸易为突破口，充分发挥数据资源在生产过程中的作用，提升企业数

字化、智能化水平，加快转变产业组织形态与产业布局，从而在世界范围内确立全新的竞争优势，是中国在数字贸易时代面临的一大挑战。

（五）数字贸易规制发展滞后、数字化转型潜在风险有待规避

数字贸易的快速发展，对现有法律规范、政策制度、措施手段提出了前所未有的挑战。数字贸易涉及互联网管理、信息、文化、贸易、税收、出入境管理等诸多领域，相关部门就数字贸易对经济的重大影响认识不足。我国数字产品的服务标准相对滞后，跨境数据流的监测制度不完善，监测能力较为薄弱。针对数字产品和服务的生产、定价、交付、存贮、使用、交易合同签订、争端解决、税费征收、商业秘密与个人隐私权保护、版权保护、打击有关犯罪及审查等环节，相关数字贸易法律存在诸多空白。数字贸易监管的不到位甚至是缺乏，这些对社会转型治理构成潜在风险与巨大挑战。

本章即测即练

第二章

数字贸易标准和规则

第一节　国际贸易协定中的数字贸易规则概述

一、数字贸易规则概述

目前，数字国际贸易规则仍处于起步阶段，各国对数字贸易规则的制定标准都略有不同。产生这一现象的主要原因包括以下两方面。

（1）各国的科技发展水平存在差异性，数字贸易的核心技术就是互联网技术，因此科技水平影响数字贸易的发展。

（2）各国的法律制度不同，对于互联网信息安全、个人隐私权及知识产权保护等责任划分不同，从而导致各国间的数字贸易规则存在差异。

随着贸易全球化的不断延伸，世界各国对加快发展数字贸易全球化基本达成共识。美国、欧盟、日本和中国等世界主要经济体纷纷颁布实施数字贸易的标准规则，并且试图从 WTO 电子商务谈判、区域和自由贸易协定等方面制定和完善数字贸易规则。其中，最具代表性的就是世界贸易组织，它于 1998 年 5 月率先发布了《关于全球电子商务的宣言》，对发展电子商务全球化中所涉及的相关法律问题进行了系统性阐述。

二、数字贸易规则的特征

（1）条款数量较多。目前，虽然国际上还未形成统一的数字贸易规则体系，但就各国制定的贸易规则来看，与电子商务有关的规则条款在不断增加与完善，条款内容也更加具体、详细。

（2）美国引领数字贸易规则发展。关于数字贸易规则的制定原则方面，各国的立场显然是不同的，发达国家与发展中国家之间在某些规则方面，就会存在着一些矛盾。尽管如此，美国在数字贸易规则发展中依旧处于引领地位，这与其世界领先的经济水平是离不开的。

（3）数字贸易概念界定不明确，内容涉及较广。世界各大经济体对数字贸易的概念仍没有清晰的界定，并且随着互联网科技水平的不断提高，数字贸易的涉及范围也在不断扩大，从而导致数字贸易规则的涉及范围也在不断延伸，涉及内容也更加全面。

（4）重视对消费者权益的保护。数字贸易依托互联网信息技术来实现国际自由贸易，不仅提升了贸易效率，还节省了时间与空间上的成本，但同时也存在一定的互联网信息安全隐患。因此，在传统贸易的基础上，数字贸易规则要加大对消费者权益保护的力度，不断完善对消费者权益保护的相关条款。

三、数字贸易规则的基本内容

随着互联网技术日益更新，全球贸易进程不断加快，数字贸易的出现为经济全球化提供了发展方向，同时，也产生了跨境数据自由流通、个人隐私问题、互联网信息安全等一系列问题。这不仅关系到行业间的利益问题，更是会牵连到国家安全与监管制度的问题，因此，各国越来越重视数字贸易规则的制定与完善。

根据各国之间双边或多边协定内容，数字贸易规则的主要内容包括：①关税；②数字产品；③电子签名和认证；④无纸化贸易；⑤跨境数据流动；⑥个人信息保护；⑦计算设施本地化；⑧访问和使用互联网原则；⑨源代码；⑩消费者保护；⑪非应邀电子消息；⑫其他条款。

第二节　世界贸易组织下的数字贸易规则

一、基本规则

在世界贸易组织多边贸易体制中，数字贸易规则并没有得到完整定义，而是在服务贸易总协定的基础上进行了不断的调整与完善。其内容主要从电子商务规则与跨境数据流动规则两个方面进行讨论。

（一）电子商务规则

早在 1998 年 5 月，世界贸易组织就电子商务这一议题发布了《关于全球电子商务的宣言》。同年 9 月，其总理事会又通过了《电子商务工作计划》，这对于在世界贸易组织的框架下开展电子商务工作，具有很高的引领价值。前者主要是为了敦促总理事会制订一个独立且全面的工作计划，以解决所有与电子商务有关的法律问题；同时，它也确立了不对电子传输征收关税的做法，这一做法对各国的电子传输影响意义重大。

基于《关于全球电子商务的宣言》的总目标，《电子商务工作计划》为全面解决与电子商务有关的法律问题制订了一个具体的实施计划。计划内容主要包括电子商务的定义与归类、司法管辖权、个人隐私、税收、知识产权保护等诸多问题，并对上述问题进行了深入讨论。

关于不对电子传输征收关税的问题，由于世界贸易组织至今没有对传输内容的本身进行明确的范围界定,因此成员方依旧维持当前的做法——不对电子传输征收关税。

(二)跨境数据流动规则

随着互联网技术的不断进步,数字贸易全球化正在朝着快速实现的方向迈进。数字贸易以互联网为载体进行国际贸易,其涉及内容不仅包含了数字产品和数字服务,还将数据信息和数字平台等也融入其中。因此,跨境数据的自由流动将成为实现数字贸易全球化的一个推动力。

目前,世界贸易组织也意识到这一问题,认为跨境数据能否自由流动取决于相关数据服务部门的承诺水平,这不是制定相关规定就能彻底解决的,而是需要各部门之间的相互配合与承诺来共同完成。

二、各理事会观点

20世纪末期,世界贸易组织基于已有的电子商务交易模式,将电子商务类型大致分为三类,并针对每一种类型都制定了相应的参考协定,如《服务贸易总协定》《关税与贸易总协定》《知识产权协定》等。

(一)服务贸易理事会

服务贸易理事会,是WTO总理事会下属的常设机构,主要负责处理《服务贸易总协定》(GATS)中规定的相关事务。目前,服务贸易理事会的日常工作包括:对最惠国待遇的审议;对《关于空运服务的附件》的审议;对《电信会计费率谅解》的审议,以及对GATS条款的决定和实施进行审议等。

服务贸易理事会最早涉及电子商务领域要追溯至1998年,其发布了秘书处报告(S/C/W/68)。在该报告中,不仅对GATS条款进行了详细阐述,并且针对这些条款是否适用于电子商务领域进行了讨论。虽然各方代表纷纷表达了各自观点,但最后并没有得出确定的意见。GATS条款是第一个将国际法和世界各国的多边承诺相结合的协议,对电子商务在服务贸易的适用范围进行了相关界定。

(二)货物贸易理事会

货物贸易理事会,也是WTO总理事会下属的常设机构之一,主要负责监督并实施货物贸易的多边协定,即《1994年关税与贸易总协定》及其他关于货物贸易的协定和决定等。与服务贸易理事会不同,在WTO制订的电子商务工作计划中,明确对货物贸易理事会进行授权,凡涉及电子商务领域等相关问题,货物贸易理事会均可对其进行监督检查,并应向总理事会报告。

1999年7月26日,货物贸易理事会在对总理事会提交的电子商务工作计划中,对涉及电子商务相关问题的非正式会议进行了总结。这些会议主要围绕电子传输的属性问题进行了激烈讨论,各成员对此问题的观点不一。货物贸易总理事会主席表示这是一个非常复杂的问题,电子传输的属性划分应根据具体的贸易关系来界定,而不能看作是单一的属性划分问题。因此,在电子传输的属性划分问题上,各成员间存在极大争议。

(三)知识产权理事会

自世界贸易组织成立以来,在经历很长一段时间的多国谈判之后,最终形成了一项较为完整的多边贸易协定,即《与贸易有关的知识产权协定》(*Agreement on Trade-Related Aspects of Intellectual Property Rights*,TRIPs),简称《知识产权协定》。该协定共有七个部分,分别为:著作权与邻接权、商标权、地理标志权、工业品外观设计权、专利权、集成电路布线图设计权、未披露的信息专有权。

在 TRIPs 正式订立后,WTO 也将其纳入世界贸易组织协定之中,并专门成立了"与贸易有关的知识产权理事会",主要负责监督执行知识产权协定。1998 年 9 月 25 日,总理事会通过电子商务工作计划,其中重点强调了知识产权理事会的任务,即检查和报告与知识产权相关的电子商务问题,同时指出关于邻接权、商标权以及专利权等保护都可适用在电子商务领域中。1999 年 7 月 30 日,知识产权理事会向总理事会提交电子商务进展报告(IP/C/18),认为电子商务发展与知识产权保护是紧密相关的,电子商务贸易离不开较强的互联网技术支持,而新兴的互联网技术需要在知识产权保护下合理使用。知识产权保护,不仅解决了世界贸易组织多边协定中的谈判问题,更为推动电子商务贸易发展提供了保障。因此,世界各国及经济组织需要进一步加强与完善知识产权保护的相关内容,以便更好地解决所涉及的相关问题。

三、主要国家提案及观点

(一)信息通信技术服务原则提案

2011 年 7 月 13 日,美国和欧盟为了鼓励通信技术的不断创新,从而推进电子商务的发展,故在联合提案(S/C/W/338)中提出了信息通信技术服务原则。该提案的主要内容包括:通信技术的透明度、网络系统的开放程度、跨境信息的自由流动、监管机构的授权和许可、国际合作等相关原则。

(二)美国重启电子商务计划的提案

早在 1998 年,世界贸易组织总理事会就通过了《电子商务工作计划》,但由于各成员之间在发展电子商务贸易往来中的观点存在分歧,所以该计划并没有得到有效的推进。

基于上述情况,美国于 2011 年 9 月 20 日呼吁:应当重启电子商务工作计划(S/C/W/339)。该提案认为,首先要解决的是关于电子商务活动的归类问题;其次要认识到技术创新与商业模式对于扩大电子商务发展领域是至关重要的;最后对电子商务的移动应用市场和云计算服务提供的商业模式进行了具体分析,并提出云计算服务应当属于 GATS 下的计算机及相关服务的观点。

（三）美国关于数据保护问题的提案

2014 年 11 月 27 日，美国向服务贸易理事会提交了一份提案（JOB/SERV/196），该提案认为在电子商务领域中，加强数据保护可以降低贸易风险，为实现跨境数据自由流通提供了安全保障；同时，还针对早前提出的信息通信技术服务原则、在线个人数据保护原则以及数据保护原则等内容进行了深入讨论与分析。

美国在数据保护制度方面，一直立足于数据和个人信息的自由市场，避免政府对市场行为的过度干预。不仅如此，美国还倾向于利用技术推广来促进电子商务贸易的发展；同时，它也倡导要借助法律和行业规则，对数据保护状况进行实时监管。

四、WTO 多边贸易体制下数字贸易规则的未来趋势

2017 年 6 月，加拿大、智利、哥伦比亚、科特迪瓦、欧盟、韩国、墨西哥、摩尔多瓦、黑山、巴拉圭、新加坡和土耳其向 WTO 总理事会、货物贸易理事会、服务贸易理事会、与贸易有关的知识产权理事会和贸易与发展委员会提交了"贸易政策、世界贸易组织和数字经济"工作文件。这是世界贸易组织成员第一次正式提出关于"数字经济"的通报文件，旨在推进电子商务贸易的发展，同时也强调了制定电子商务新规则的重要性。

各成员方都认为发展电子商务贸易是这个时代发展经济的必然趋势，不仅为国际贸易转型带来新的契机，也会助力发展数字经济全球化，因此在关于电子商务领域的贸易协定中，各成员方一定要达成共识，这样才能推动数字贸易的发展。目前，世界贸易组织在数字贸易这个议题上，也在不断地展开进一步讨论，主要包括以下几点。

（1）专业术语的概念界定。随着互联网技术的不断发展，电子商务模式逐渐代替传统的贸易模式，同时还延伸出跨境电子商务、数字贸易等模式。各成员都纷纷致力于贸易模式转型，但对电子商务、跨境电子商务、数字贸易、数字经济以及数字营销（digital marketing）等专业术语的概念界定并不完全一致，这极大可能会导致产生发展数字贸易的阻碍，因此应该对 WTO 框架下的一系列专业术语进行概念界定，统一各成员对专业术语的理解。

（2）确定适用范围。关于电子商务的归属问题各成员一直都存在争议，部分成员认为电子商务贸易打破了传统的贸易模式，其应归属于服务贸易框架下；还有部分成员认为电子商务交易模式虽有别于传统模式，但其根本实质并没有改变，应归属于货物贸易协定中。数字贸易，是在电子商务贸易的基础上产生的，因此应该明确数字贸易在 WTO 框架下的归属问题以及适用范围。

（3）明确基本要素和框架。基于上述两点，在确定数字贸易的定义以及适用范围后，就要明确数字贸易规则的基本要素和框架。截至 2020 年 5 月，加入世界贸易

组织的成员一共有 164 个，由于各成员的经济发展水平不一，对数字贸易的发展目标也不同，它们在对数字贸易规则的订立过中，对其基本要素和框架的要求也存在差异，而这些已然形成的差异将会给数字贸易全球化带来一定阻碍。

（4）知识产权保护问题。数字贸易离不开互联网技术，对于技术创新和商业模式的不断完善更新，这都会涉及知识产权保护的问题。因此，建立一个完善的知识产权保护体系对于推动数字贸易的发展是十分必要的。目前，WTO 框架下的《与贸易有关的知识产权协定》，就是一项关于知识产权保护的协定，具体分为七个部分来对知识产权的相关问题进行阐述。尽管如此，在 TRIPs 中仍在存在一些需要完善的地方，例如：关于知识产权地域管辖权的问题等。

（5）订立相关的例外条款。与传统贸易模式相比，数字贸易依赖互联网技术，且多为国际贸易，涉及范围较广，复杂性较高。其中，关于数据跨境自由流动就是一个需要考量较多因素的问题，它涉及互联网技术、世界各国的政治制度和经济发展水平、行业特性以及法律制度的地域性限制等。由于目前各种因素都存在不确定性，简单的贸易协定无法解决实际问题，因此要不断地完善贸易协定并订立相关的例外条款，以应对复杂的数据跨境自由流动问题。

（6）更多反映发展中国家的诉求。目前，数字国际贸易规则仍处于起步阶段，各国之间对数字贸易规则的制定标准都略有不同。最早提出"数字贸易"这一概念的是美国，伴随着贸易全球化的不断延伸，世界各国对加快发展数字贸易全球化也都基本达成共识。美国、欧盟、日本和中国等世界主要经济体纷纷颁布实施数字贸易的标准规则。

目前，世界很多国家以及经济组织纷纷以发展数字贸易作为经济转型的目标之一，但不难看出这一做法多发生在发达国家，而许多发展中国家由于科技发展水平的滞后性以及法律监管制度的不完善，与大力推动与发展数字贸易还存在一段距离。因此，更多地关注发展中国家在推动数字贸易经济中遇到的阻碍，才能更多地反映出发展中国家真正的发展诉求，从而找到发达国家与发展中国家之间的发展平衡点，促进数字贸易的全球化发展。

第三节　区域贸易协定下的数字贸易规则

一、区域贸易协定的发展趋势及特点

目前，在世界贸易组织框架下订立的区域贸易协定共有 300 多个，其中有超过一半数量的协定是只涉及货物贸易的，而只涉及服务贸易的协定却仅不到 1%，其余的则属于同时涉及货物贸易和服务贸易的协定。从贸易协定的内容来看，目前大多数国际贸易还是以货物贸易为主、以服务贸易为辅，但随着互联网技术的不断创新，由货物贸易逐渐向服务贸易转型也将会成为必然趋势。不难看出，区域贸易协定的适用范

围将会更加广泛，从最初的《货物贸易协定》逐渐延伸至《货物－服务贸易协定》《服务贸易协定》等。

上述区域贸易协定中，有1/3的参与方为欧盟和欧洲自由贸易联盟，还有将近1/3的协定参与方是美国，其余的参与方以一些亚洲国家居多，其中我国签署的区域贸易协定数量占比接近10%。目前，由欧盟和美国签署并生效的区域贸易协定居多，中国参与的区域贸易协定也在逐渐增加，还有一些发展中国家也紧跟其后。当然，随着数字贸易全球化的不断推动，未来还会有更多的国家参与其中，共同构建区域贸易协定体系。

值得关注的是，随着货物贸易的战略转型以及服务贸易的不断扩张，WTO框架下的规则条款已经不足以支撑数字贸易全球化的发展。因此，未来区域贸易协定将会增添一些新规则，而这些新的规则势必会打破WTO原有的规则条款，如何使二者达到一种平衡状态需要进行更深一步的讨论。

二、区域贸易协定的数字贸易规则框架

数字贸易，是一种以互联网信息技术为基础的国际贸易模式，它是在电子商务贸易的基础上产生的，因此，构建数字贸易规则框架势必要基于电子商务规则的相关条款才符合实际需求。基于WTO框架的区域贸易协定中，关于电子商务规则的内容主要包含三个方面。

（一）国际贸易投资规则

电子商务离不开互联网平台的支持，在整个交易过程中，订立电子合同、电子签名、电子认证、电子支付及电子供应链等诸多环节都需要依靠互联网来完成，互联网的应用对货物贸易和服务贸易都产生了重大的影响，同时也影响了国际贸易投资的整体趋势，故需要制定互联网背景下的国际贸易投资的新规则。

（二）个人数据保护规则

与传统的交易模式不同，电子商务交易活动统统都是在线上完成的，消费者不仅从线下交易转为线上交易，同时还可能会涉及国际贸易行为，这就需要消费者在进行交易前在线上完成身份验证、实名认证以及电子签名认证等环节。基于此种情况，电子商务规则应重点强调对个人数据保护的规则条款，加强对消费者隐私权的保护。

（三）跨境信息自由流动规则

电子商务的交易活动离不开数字服务提供商和数字内容提供商的参与，它们为跨境信息的传输提供了技术保证，进一步推动了国际贸易的正常运行。跨境信息的自由流动是国际贸易交易过程中尤为重要的一个环节，因此需要不断加强与完善跨境信息自由流动规则的相关条款。

从区域贸易协定下电子商务规则的基本内容来看，数字贸易规则也要重点围绕互联网对数字贸易的影响来进行讨论。由于目前数字国际贸易规则仍处于起步阶段，各国之间对数字贸易规则的制定理念略有不同。其中，美国和欧盟作为在数字贸易规则发展中处于引领地位的两大经济体，自然在构建数字贸易规则框架这一议题上享有一定的话语权。因此，在区域贸易协定下构建数字贸易规则框架，可以参考美国和欧盟制定的相关条款规则。

三、美国的数字贸易规则框架

数字贸易最早出现在美国，因此也奠定了美国在"数字贸易"这一国际议题中的地位。关于数字贸易规则的订立，美国虽未形成完善的成文规定，但在与其他国家订立的自由贸易协定中，多次涉及电子商务规则的内容，并具有很大的参考价值。

（一）美国自由贸易协定概述

自由贸易协定，是两国或多国间具有法律约束力的契约，目的在于促进经济一体化，消除贸易壁垒，允许产品与服务在各个国家之间自由流动。美国作为国际的经济大国，目前已与20多个缔约方缔结了FTA，并且已生效实施。其中，与多数缔约方订立的FTA中，都有设置独立章节来阐述电子商务规则，只有与少数缔约方订立的FTA中没有涉及电子商务规则，具体情况如表2-1所示。

表2-1　美国已签署或生效的FTA中包含电子商务规则情况

序号	缔约方	签署或生效时间	是否有电子商务规则
1	以色列	1985年	无
2	加拿大、墨西哥	1994年	无
3	新加坡	2003年	有
4	智利	2003年	有
5	多米尼加、哥斯达黎加、萨尔多瓦、危地马拉、尼加拉瓜、洪都拉斯	2004年	有
6	澳大利亚	2005年	有
7	巴林	2006年	有
8	秘鲁	2006年	有
9	摩洛哥	2006年	有
10	阿曼	2009年	有
11	约旦	2010年	有
12	韩国	2012年	有
13	巴拿马	2012年	有
14	哥伦比亚	2012年	有
15	TPP	2016年	有

资料来源：杨筱敏，石立娜.数字贸易的国际规则[M].北京：法律出版社，2019.

（二）美国自由贸易协定的规则特点

1. 免征关税规则

早在 1998 年，世界贸易组织就提出了"电子传输"免征税规则，鼓励各成员方在征收关税方面实行数字产品与有形产品享有同等待遇，做到无歧视对待，多数国家纷纷表示赞同。美国，作为数字贸易的引领者，率先在自由贸易协定下的电子商务规则中提出"免征关税"和"数字产品非歧视待遇"这两条规则。随后，在与其他国家签署的自由贸易协定中也都涉及这两项条款。目前，许多国家纷纷效仿美国提出免征税规则，这为推动数字贸易全球化发展提供了便利条件。

2. 无纸化贸易规则

由于电子商务交易依靠互联网信息技术，其交易环节几乎全部在线上完成，消费者在进行交易的过程中，需要在线上完成身份验证、实名认证、电子签名、电子认证等必要环节。为了扩大电子商务的交易规模，美国在与澳大利亚签署的 FTA 中提出引入"无纸化贸易"这一规则，肯定了电子签名和电子认证的法律效力，并允许电子交易各方自行决定采用其认为合理恰当的电子认证方法，鼓励实行各国间的电子认证的互认行为。随后，在美国与其他国家签署的 FTA 中，无纸化贸易规则得到广泛采用。

3. 数字跨境流动和开放网络平台规则

随着互联网信息技术的飞速发展，美国在推动数字贸易全球化发展的同时，也遇到了一些阻碍因素。数字贸易的发展离不开数字服务提供商和数字内容提供商的参与，它们为跨境信息的传输提供了技术保证，是国际贸易正常运行的技术推动力。因此，美国在 2012 年与韩国签署的 FTA 中提出了允许数字跨境流动和开放网络平台的主张。这一突破性的贸易规则无疑再次为数字贸易全球化发展起到了推动作用，同时顺利打破了数据跨境流动的限制、个人隐私保护以及互联网使用原则等产生的贸易壁垒。

4. 一般例外和安全例外规则

与传统贸易模式相比，数字贸易依赖互联网技术，是在电子商务交易的基础上演变的一种国际贸易行为，且涉及范围较广，复杂性较高。它是在数字经济下的集数字产品、数字服务、数字技术为一体的贸易行为，其本身具有很强的技术性和多重不确定性，简单的贸易协定无法概括其适用范围。因此，在订立数字贸易规则以及与各国签署 FTA 的同时，还要订立相关的例外条款以应对复杂的数字贸易问题。

四、欧盟各国的数字贸易规则框架

目前，国际上在数字贸易规则订立方面具有权威的经济体分别是美国和欧盟。尽管二者至今还未形成完善的数字贸易规则体系，但在很久之前就在与其他国家签署的自由贸易协定中涉及了数字贸易规则的相关内容。

（一）欧盟自由贸易协定概述

1973 年 1 月，欧盟与瑞士签订了自由贸易协定，这也是欧盟在历史上签署的第一份 FTA，但由于当时互联网技术还不够发达，电子商务贸易趋势还没形成，因此在与瑞士签订的 FTA 中并未涉及电子商务规则等相关内容。随后，欧盟先后与挪威、智利、新加坡、韩国等不同国家和地区签署了自由贸易协定，共计 49 份。其中，在与智利签署的 FTA 中，首次提出关于电子商务规则等条款。表 2-2 是欧盟已签署或生效的 FTA 中包含电子商务规则情况。

表 2-2　欧盟已签署或生效的 FTA 中包含电子商务规则情况

序号	缔约方	签署或生效时间	是否有电子商务规则
1	瑞士	1973 年	无
2	冰岛	1973 年	无
3	挪威	1973 年	无
4	叙利亚	1977 年	无
5	安道尔	1991 年	无
6	圣马力诺	1992 年	无
7	土耳其	1995 年	无
8	法罗群岛	1997 年	无
9	巴勒斯坦	1997 年	无
10	俄罗斯	1997 年	无
11	突尼斯	1998 年	无
12	亚美尼亚	1999 年	无
13	阿塞拜疆	1999 年	无
14	南非	2000 年	无
15	摩洛哥	2000 年	无
16	以色列	2000 年	无
17	墨西哥	2000 年	无
18	约旦	2002 年	无
19	黎巴嫩	2003 年	无
20	前南斯拉夫	2004 年	无
21	埃及	2004 年	无
22	智利	2005 年	有
23	阿尔及利亚	2005 年	无
24	阿尔巴尼亚	2006 年	无
25	加勒比	2008 年	有
26	喀麦隆	2009 年	有
27	马达加斯加、毛里求斯、塞舌尔、津巴布韦	2009 年	无
28	黑山	2010 年	无

序号	缔约方	签署或生效时间	是否有电子商务规则
29	巴布亚新几内亚、斐济	2011 年	无
30	中美洲	2012 年	无
31	哥伦比亚、秘鲁	2012 年	有
32	伊拉克	2012 年	无
33	塞尔维亚	2013 年	无
34	西非	2014 年	无
35	东非	2014 年	无
36	新加坡	2014 年	有
37	波黑共和国	2015 年	无
38	韩国	2015 年	有
39	科索沃	2016 年	无
40	乌克兰	2016 年	有
41	越南	2016 年	有
42	格鲁吉亚	2016 年	有
43	摩尔多瓦	2016 年	有
44	科特迪瓦	2016 年	无
45	加拿大	2016 年	有
46	加纳	2016 年	无
47	哈萨克斯坦	2016 年	无
48	南部非洲发展共同体	2016 年	无
49	厄瓜多尔	2017 年	有

资料来源：杨筱敏，石立娜 . 数字贸易的国际规则 [M]. 北京：法律出版社，2019.

（二）欧盟自由贸易协定的规则特点

1. 涉及电子商务规则的条款较少

从欧盟与其他国家和地区签订 FTA 的总数量来看，欧盟签订的自由贸易协定数量已远远超过了享有"数字贸易引领者"称号的美国。但从贸易协定的内容来看，在这 49 份自由贸易协定中，只有在与为数不多的 12 个国家和地区签订的 FTA 中涉及了电子商务规则的相关内容，这说明了欧盟在电子商务领域的发展水平还不及美国发达，应该继续扩大电子商务领域的发展，以及加强对数字贸易发展的推动。

2. 内容不够明确

从表 2-2 可以看出，欧盟早在 1973 年就与瑞士签订了第一份自由贸易协定，随后与一些较小的国家及地区陆续签订了一些自由贸易协定。由于签订时间较早，当时的互联网信息技术还不足以支撑和大规模发展电子商务贸易。因此，在早期签订的 FTA 中，多数国家和地区并未提出与电子商务规则相关的内容，仅少数国家和地区在与欧盟签订的 FTA 中有提到了关于电子商务规则的订立问题，但其内容偏向于各国

（地区）间的合作机制，具体的实施内容并未明确规定。

3. 强调重点不同

从与欧盟签订 FTA 的国家来看，它们的经济发展水平、互联网技术、法律制度以及在电子商务领域的发展规模存在较大差异，因此在与其签订 FTA 的内容上各有侧重，不能一概而论。

第四节　中国在贸易协定中的数字贸易规则

一、我国关于数字贸易规则订立的总体情况

目前，我国关于数字贸易规则的订立仍处于探索阶段，尚未形成独立的规则体系，但从以往与其他国家签署的自由贸易协定来看，我国在数字贸易规则订立上也是在不断进步与完善的。截至 2020 年，我国已与 17 个国家和地区先后签订了 21 份自由贸易协定，分别是中国 – 毛里求斯、中国 – 格鲁吉亚、中国 – 韩国、中国 – 冰岛、中国 – 秘鲁、中国 – 新加坡、中国 – 智利、中国 – 巴基斯坦、中国 – 东盟、中国 – 马尔代夫、中国 – 澳大利亚、中国 – 瑞士、中国 – 哥斯达黎加、中国 – 新西兰、中国 – 新加坡升级、中国 – 智利升级、中国 – 巴基斯坦第二阶段、中国 – 东盟升级的自贸协定，内地与香港、澳门的更紧密经贸关系安排（CEPA），以及大陆与台湾的海峡两岸经济合作框架协议（ECFA）。

二、我国数字贸易规则框架的基本特征

迄今为止，除了上述已经签署的 21 份 FTA 外，还有一些处于谈判中的自由贸易协定。整体而言，它们普遍存在的特征包括以下几个。

（一）关于电子商务规则的内容较为基础

在我国与其他国家签署的 FTA 中，大部分的贸易协定条款都属于基础性条款，而关于电子商务规则的内容也不例外。对比美国订立的 FTA，其内容不仅包含了电子商务规则的基础性条款，还不断地引入新兴的规定，例如：数字产品的非歧视待遇、数据跨境流动规则等；而我国目前在 FTA 中多以关税税收、电子签名、电子认证以及个人信息保护等规则为主要订立内容，尚未增添新兴的规则。

（二）部分规则反映我国的特别关注

我国作为世界上最大的发展中国家，不仅在国际上具有一定的经济实力，还拥有较强的科技实力，这全都得益于我国能够认识到自身的国情，并一直不断地坚持科学创新。我国在已有的电子商务规则的基础上，借鉴美国和欧盟提出的新兴规则，再结

合我国自身的经济水平和技术实力，试图构建一个可以反映出我国特别关注的数字贸易规则体系。从我国订立的电子商务规则来看，基础性条款均已完善，而新兴的规则条款尚未形成。因此，我国在构建数字贸易规则框架的同时，还结合特别关注的电子商务领域，如数据跨境自由流动问题、争端解决条款问题、个人数据保护问题等。

三、我国数字贸易规则的未来走向

（一）加大关于数字贸易的学术研究

数字贸易，这一概念最早是由美国提出的。随后，美国不仅对数字贸易的内涵进行了多次界定，还从多个角度对数字贸易的客体进行划分，得到了世界贸易组织和许多国家的认可，也引发了部分国外学者对"数字贸易"这一议题的特别关注，一时间出现了许多关于数字贸易及其规则的学术研究，而这些都为后面美国成为数字贸易引领者提供了大量的理论支持。

与美国相比，我国在发展数字贸易方面仍处于初级阶段，尚未形成独立的数字贸易规则体系，关于数字贸易方面的学术研究也相对较少，在推动数字贸易全球化的过程中也缺乏一定的理论支撑。基于上述情况，我国应鼓励学者积极开展数字贸易方面的相关研究，夯实我国发展数字贸易的理论基础；同时，也要结合国际贸易的实际情况，做到理论与实践相结合，努力将学术成果应用在推动数字贸易全球化的实践中。

（二）重视数字经济发展的顶层设计

2018年8月31日，我国正式通过了《中华人民共和国电子商务法》（以下简称《电子商务法》），并于2019年1月1日起开始实施。它不仅对我国发展电子商务起到了规范作用，也为我国构建数字贸易规则框架提供参考依据，更是为搭建数字经济背景下的全球价值链奠定理论基础。数字经济，是一种速度型经济，它依靠互联网将世界各国紧密相连，是工业经济转向信息经济的产物。目前，世界各国都开始将数字经济纳入国家经济建设的蓝图中，通过设立专门的权力机构、颁布与完善相关的法律制度以及发布研究报告等来推动数字经济全球化。

虽然，我国目前已颁布《电子商务法》，并且也在试图构建能够反映我国特别关注的数字贸易规则框架，但对于数字贸易规则的战略规划还不够明确，还未能将它摆在国家战略发展规划的首位。推动数字经济全球化，对于我国这个发展中国家而言，既是一个挑战，也是一个机遇，故我国应该加强对数字经济的重视程度，设定一个长期发展数字经济的规划目标，致力于数字经济发展的顶层设计。

（三）促进国内立法和数字经济的发展

目前，在我国现有的国内立法中，涉及数字贸易规则相关内容的法律非常匮乏，除《电子商务法》以外，在一些与其他国家签署的自由贸易协定中也有涉及，这对于推动数字贸易全球化的要求远远不够。加强国内立法建设，尽快完善相关法律法规以加强行业监管，努力克服城乡与区域的发展不平衡，做到国内立法与国际规则接轨，这是我国需要解决的当务之急。

（四）积极参与数字贸易国际规则构建

随着我国经济水平的不断提高，我国至今已与 17 个国家和地区先后签订了 21 份自由贸易协定，还有 13 份自贸协定处于谈判状态，这体现了我国在国际合作中积极的谈判态度。就谈判内容而言，我国在国际谈判中较为保守，故而可能会错失谈判的良机。未来，我国要继续保持积极的国际合作态度，在世界贸易组织框架下加强更多的双边或多边贸易协作，努力与世界各国达成共识，寻求利益最大化。

不仅如此，在积极推动数字贸易全球化发展的同时，还要始终坚持发展中国家在发展数字贸易中的立场，不能随波逐流。最后，我国要基于本国的国情，加强对数字贸易规则相关条款的订立，为推动数字贸易全球化发展作出贡献。

———— 本章即测即练 ————

第 三 章

数 字 物 流

第一节 数字物流的研究对象与研究价值

本节主要阐述数字物流的由来及发展、研究对象以及能带来哪些价值。

一、数字物流的由来及发展

数字物流的概念起源于 1998 年美国副总统戈尔的"数字地球"的演讲。

我国加入 WTO 后，物流市场已逐步对外开放，物流行业逐步与国际标准接轨，这为数字物流的发展创造了良好的环境。在信息通信方面，目前我国四大骨干网络的覆盖范围包括全国地市以上城市和 90% 的县级市及大部分乡镇，并连通世界主要国际信息网络，从而使 EDI（electronic data interchange，电子数据交换）、GPS（global positioning system，全球定位系统）等一些围绕物流信息交流、管理和控制的技术得以应用。与此同时，我国的物流软件市场正稳步扩大，一批新兴的物流软件企业正在成长，跨国 IT 企业如 IBM 等也努力开拓我国物流软件市场。这些都为数字物流的发展奠定了技术基础。

网络经济为物流业发展带来了机遇，中国的物流业也正面临着重大变革。一是物流基础设施（物流园区、配送中心）的建设。二是物流行业组织、协调模式的变革，使之与物流基础设施的变化相适应。数字物流正成为中国物流业的发展方向。物流企业间的电子化信息互动实现了产品简单、准确、快捷的物理流动过程。把供应链伙伴间的业务流程数据化、数字化，再通过有效的方式联结起来，实现物流信息的互动，这一切正在改变着中国物流业的面貌。

二、数字物流的研究对象

所谓数字物流，是指以现代信息及通信技术为载体，运用"大数据、云计算、人工智能"等数字技术对物流所涉及的对象和活动进行表达、处理和控制，从而实现物流的端到端的业务过程的数字化、自动化，使之自动、快速衔接。实现现代物流数字化、自动化的相关技术、管理思想都是数字物流要研究的内容。因而，数字物流研究涉及的学科、技术门类很多。

物流是介于社会科学和自然科学之间的交叉学科，或是管理科学和工程技术科学之间的交叉学科，是融汇了技术科学和经济科学的综合学科，其研究范围极为广泛，包括物流科学、信息科学、计算机科学、管理科学、系统科学、环境科学、流通科学、运输科学、仓储科学、运筹学、控制理论和机械与电子等基础科学和理论，正是它们的交叉融合形成了物流这门新兴的学科和技术。而数字物流则对信息技术等新兴技术提出了更高的要求。数字物流力图从离散的、系统的、动力学的、非线性的和时变的观点来系统研究流通加工、包装、装卸搬运、运输、仓储、配送等一系列问题。

数字物流的本质是物流信息的数字化，而数字化的核心则是离散化，即将物流过程中的连续物理现象、随机现象、模糊的不确定现象、企业环境、个人的知识、经验和能力离散化，进而实现数字化。数字物流的关键技术包括物流信息技术、智能物流技术、物流信息管理技术、虚拟物流等，各关键技术又包含众多的基础科学理论和应用技术。

三、数字物流的研究价值

数字物流促成信息化物流、智能化物流，实现现代物流的数字化、自动化。

（一）数字物流促成物流的信息化

物流内在的目标就是用最少的时间和最低的成本向消费者提供最优质的的服务。时间是竞争优势的最终资源，而信息系统是获得这种优势的关键。这种基于时间的竞争要求在整个物流组织内，从产品的生产加工开始到产品的出厂、配送、流通过程，都能在线存取信息，实现整个过程的集成。电子商务技术的广泛应用，带来对物流的巨大需求，推动物流的进一步发展，加快了世界经济的一体化；同时，物流的进一步发展，对电子商务及其相关技术提出了新的要求。物流的信息化研究目标应着重以下几个方面。

1. 系统的集成

其既确保信息资源的最大利用率，又对系统内部的日常信息进行处理，内涵十分丰富。计算机辅助采购及物流支持是一种服务于整个社会乃至整个世界的互联网络系统集成，它是在客户关系管理系统的基础上，结合电子商务发展起来的。

2. 数据处理

在数据的处理中，要达到信息采集的在线化、信息存储的大型化、信息传播的网络化、信息处理的智能化、信息输出的图形化。

3. 完善开放型的人机交互系统

在系统中科学地贯彻执行系统的管理指令，对组织的人、财、物以及各种资源，如物流、资金流等进行管理和控制。

4.优化系统的分析、计划、预测和控制功能

优化系统的分析、计划、预测和控制功能即强调对信息的深加工和管理方法的作用。其目标是将整个社会经济运行中的各经济要素有机地结合起来，实现资源优化配置、降低成本、提高效益。物流信息化的一些外在表现为：物流信息的商品化、物流信息收集的数据库化和代码化、物流信息处理的电子化和计算机化、物流信息传递的标准化和实时化以及物流信息存储的数字化等。相关的技术包括条码技术、数据库技术、电子订货系统、电子数据交换、快速反应和有效的客户反馈以及企业资源计划等。而数字物流的目标也包括实现物流信息的商品化、物流信息收集的数据库化和代码化、物流信息处理的电子化和计算机化、物流信息传递的标准化和实时化以及物流信息存储的数字化等。简而言之，研究数字物流也是研究物流信息化的一条明路。

（二）数字物流促成物流的智能化

智能化物流是指利用集成智能化技术，使物流系统能模仿人的智能，具有思维、感知、学习、推理、判断和自行解决物流经营某些问题的能力。这里强调系统的集成智能化包含两个方面的内容：一是对物流管理、规划等技术的软智能，即集成智能优化技术；二是物流设备的硬智能，也就是物流设备本身所具有的智能，如自动导引小车、智能叉车、自动悬挂单轨车、自动化仓储系统等。综合集成智能技术最终实现软智能与硬智能二者的融合。计算智能和人工智能的进一步发展，有力地推动了物流系统调度等研究的进一步展开。其中，禁忌搜索、模拟退火算法和遗传算法等由于本身的限制，迫切需要在求解速度和求解质量方面突破问题规模的制约，这就需要探索能基本满足实用要求的新型启发式方法。要解决复杂的物流系统优化问题，在某种程度上单单依靠某一种优化算法效果不甚理想，而利用不同算法的优点，整合成复合算法，对于某些问题有着良好的求解特性。将人工神经网络、人工智能、专家系统、模拟退火算法、进化算法等与物流技术相结合形成智能物流科学。针对不同的物流问题，可以自动选择某种优化方法或由某几种方法组合而成的复合优化方法来解决。物流智能化是物流自动化、信息化的一种高层次应用，物流作业过程中大量的运筹和决策，如库存水平的确定、运输（搬运）路径的选择、自动导引小车的运行轨迹和作业控制、自动分拣机的运行以及物流配送中心经营管理的决策支持等问题都需要借助大量的知识才能解决。物流信息和知识的获取、表示、存储、组织、推理、传递及使用共享、信息融合是使物流技术上升到物流科学的关键。目前，传统的人工智能技术，如人工神经网络、专家系统、模糊建模和推理等技术已广泛应用于专家知识的获取、学习、存储、推理、建模和表示，并形成了智能物流的一些初步基础。这些为物流科学的建立和完善提供了有利的条件，同时引导了物流系统软件的发展趋势：集成化物流系统软件、物流仿真系统软件具有开放性接口，便于与其他软件如 ERP（企业资源计划）等系统的集成。数字物流应用大量信息技术、网络平台，使得物流过程的数字化再现，促进智能技术的发展，加快物流现代、智能化的发展进程。

第二节　数字物流的内涵与功能

一、数字物流的含义

（一）数字物流概念的发展

在当前科技飞速发展的时代，学科交叉、综合已是不可逆转的潮流，数字物流的内涵也是不断扩充的。

1. 数字物流的纵向发展

纵向方面，数字物流在物流的基础上，出现了将材料、半成品和成品的生产、供应、销售、流通等有机结合的一体化物流，实现了流通与生产的纽带和促进关系；随着一体化物流的纵深发展，又提出了"价值链"的概念，并在此基础上形成了比较完整的供应链理论，它是指涉及将产品或服务提供给最终消费者的过程和活动的上游及下游企业组织所构成的网络。

2. 数字物流的横向发展

横向方面，数字物流在物流系统的设计、规划、分析及配送等过程中，与地理信息系统（GIS）、智能交通系统等数字城市框架技术紧密相连，可以将数字物流作为一项重要内容纳入数字城市框架中。如在流通领域，随着全球卫星定位系统的进一步完善和广泛应用，社会大物流系统的动态调度、动态储存和动态运输将逐渐替代企业的静态固定仓库。在物流中运用机载数字遥感系统、卫星遥感系统、卫星定位系统、地籍调查测量系统和多种业务系统来获得与更新数据，使数字物流具有准实时数据，这对物流系统的设计与规划、物流配送与管理调度等方面具有较大的现实意义。

（二）数字物流出现的必然性

数字物流是当前社会经济发展的迫切需求。物流从最初的简单物料搬运发展到现代的综合物流系统，由局部小范围的流通交换转变为敏捷的全球化信息物流。为了适应不断提升的社会要求及经济成本的最低化，必然对物流的发展提出更高的要求。从企业角度来看，随着技术和市场的不断完善，企业间竞争的实质逐渐表现为对客户快速优质服务的竞争，数字物流则可以实现快速优质服务。

（三）数字物流的本质

从技术系统角度，数字物流是指在仿真和虚拟现实、计算智能、计算机网络、数据库、多媒体和信息等技术的支持下，应用数字技术对物流所涉及的对象和活动进行表达、处理和控制，具有信息化、网络化、智能化、集成化和可视化等特征的技术系统。其本质是物流信息的数字化，而数字化的核心则是离散化，即将物流过程中的连续物理现象、随机现象、模糊的不确定现象、企业环境、个人的知识、经验和能力离散化，进而实现数字化。

（四）数字物流的内涵

在数字物流时代，物流信息注定要向系统的综合一体化集成方向发展。强调系统的综合集成，既可确保信息资源的最大利用率，又便于对系统内部的日常信息进行处理，其内涵是十分丰富的。

数字物流是指通过在现代物流各环节应用信息技术和物流技术，使信息流与实体物流同步，产生优化的流程和协同作业，实现对实体物流的综合管理。数字物流强调信息技术和物流技术在现代物流管理中的重要地位，能整体描述在物流管理系统中信息的流动过程，强调信息流在现代物流运作过程中的重要作用。信息管理软件的开发运行，必须基于数字物流的运行理念，同时依托局域网络系统和硬件平台。

数字物流是在计算机、网络等技术与物流技术不断融合、发展和广泛应用的基础上诞生的，其内涵有以下两个方面。

1. 数字物流的信息化特征

近半个世纪以来，在信息论的推动下，信息技术已渗透至各个经济部门，迅速改变着传统产业和经济的面貌，物流业也不例外。在物流的运作过程中，现代物流追求物流全过程的可见性，由物流过程的可见性上升到全程的可控性，进一步由可控性而一体化，由一体化实现敏捷性，以实现低成本、快速、优质的服务。而这一切的实现关键在于信息，信息的传递与处理是重中之重，这也是各种各样各具特色的物流信息系统层出不穷的内在原因。

数字物流极大地提升了传统物流行业，使其效率得以大幅度提高。数字物流在具体的实践中表现在数据的传递、数据的挖掘、GPS 及 GIS 在物流中的应用、物流装备的调度与控制等方面，它们都是以信息化为主要特征的。

2. 数字物流是信息驱动的

信息技术对物流的巨大推动作用，使信息在物流中的作用日益突出，成为现代物流中不可缺少的一部分。信息化物流实现了连续、快速、有效、准确的传递，使企业中物流各环节能够及时按量供应，而不积压和增加库存，实现高效运行，使物流管理更加科学化、规范化，极大地提高企业效益。信息化物流的纵深发展导致了以系统综合集成智能化为主要特征的智能物流与强调计算机仿真和虚拟现实技术的虚拟物流的到来，随着其内涵的不断丰富、延伸与交叉，最终形成数字物流的理念，因此可以认为数字物流是信息驱动的。

数字物流实际上就是对物流的整个过程进行数字化的描述，从而使物流系统更高效、可靠地处理复杂问题，为人们提供方便、快捷的服务。

二、数字物流的分类

数字物流是指在仿真和虚拟现实、计算智能、计算机网络、数据库、多媒体和信息等支撑技术的支持下，应用数字技术对物流所涉及的对象和活动进行表达、处理和控制，具有信息化、网络化、智能化、集成化和可视化等特征的技术系统。而此处的数字技术，是以计算机硬件、软件、信息存储、通信协议、周边设备和互联网络等为技术手段，以信息科学为理论基础。

数字物流主要研究信息化物流、网络化物流、虚拟化物流、智能化物流。下面从这四个方面来探讨数字物流的研究着重点。

（一）信息化物流

电子商务时代，物流信息化是电子商务的必然要求。物流信息化表现为物流信息的商品化、物流信息收集的数据库化和代码化、物流信息处理的电子化和计算机化、物流信息传递的标准化和实时化、物流信息存储的数字化等。其相关的技术包括：条码技术、数据库技术、电子订货系统、电子数据交换、企业资源计划等。物流信息化是物流现代化管理的基础，没有物流的信息化，任何先进的技术设备都不可能应用于物流领域，物流的数字化趋势也就无从谈起。

（二）网络化物流

物流网络化有两层含义：一是物流与配送网点的网络化，企业根据自身的营销范围和目标，通过详细的分析、选择与优化，逐渐建立全国范围的物流和配送网络，提高物流系统的服务质量和配送速度。二是物流配送系统的计算机通信网络，包括外部网（基于 Internet 的电子商务网络平台）和内部网（Intranet），外部网主要用于物流配送中心与上游供应商或制造商的联系，以及与下游顾客之间的联系；内部网主要用于企业内部各部门间的信息传输。

物流的网络化是物流信息化的必然，是数字物流的主要研究内容之一。当今世界 Internet 等全球网络资源的可用性，以及网络技术的普及为物流的网络化提供了良好的外部环境，物流网络化不可阻挡。

（三）虚拟化物流

物流实体的网络化为物流虚拟化提供了平台基础，电子商务、信息通信技术的飞跃式发展则提供了现代物流虚拟化趋势发展的技术基础，同时也正是这些高新技术的发展引导了客户需求，推动了物流虚拟化的进程。虚拟化物流是指实际物流过程在计算机上的本质体现，即采用计算机仿真与虚拟现实技术，在计算机上群组协同工作，建立物流过程的三维全数字化模型，从而可以在物流设计阶段对物流过程进行分析和评价。其基础是用计算机支持技术对全部有效的物流活动进行表述、建模和仿真，用信息技术对整个物流过程进行几个层次的建模与仿真。

虚拟化物流应用人工虚拟现实技术，可以使虚拟物流环境高度真实化，并使人与虚拟物流环境有着全面的接触与交融。虚拟化物流是现实物流系统在虚拟环境下的影射，既具有身临其境的真实性，又具有超越现实的虚拟性，达到沉浸其中、超越其上的效果。

（四）智能化物流

智能化物流是指利用集成智能化技术，使物流系统能够模仿人的智能，具有思维、感知、学习、推理、判断和自行解决物流经营某些问题的能力。这里的集成智能化技术指的是人工神经网络、人工智能、专家系统、模拟退火算法、进化算法、蚁群算法、控制理论、小波变换法、混沌理论、分形、集理论、模糊逻辑等的综合集成。在数字物流的进程中，智能化物流是不可回避的技术难题，也是数字物流研究内容的一个方面。

总之，数字物流就是把数字化信息技术和现代物流技术相结合的具有信息化、网络化、智能化、集成化和可视化等特征的技术系统。数字物流是物流现代化、集成化的必由之路。

三、数字物流的特点

（一）物流信息的数字化

物流信息的数字化使得人机互动，能以多媒体形式实现，而符号化了的物流信息则可在不同软件平台上进行存储、处理并通过协议进行传递。

（二）物流信息的知识化

物流全过程中的数据和资料等经过处理，可以形成辅助人们决策的具有很高价值的信息形态知识，它是使企业投入增值的新动力。在科学技术和生产力高度发达的今天，提高企业运作水平和产品的知识含量，增值效果特别明显，知识成为企业创造价值的源泉之一。

（三）GPS 和 GIS 技术与数字物流的结合

GPS 和 GIS 技术融于数字物流中，主要是指通过 GIS 地理数据功能和 GPS 全球定位功能来完善物流分析技术，利用集成车辆路线模型、最短路径模型、网络物流模型、分配集合模型和设施定位模型等来实现运输路线的选择、仓库位置的设置、仓库容量的确定、装卸策略的制定、运输车辆的调度、投递路线的优化以及配送车辆的自定位、跟踪调度、陆地救援等。

（四）电子商务与数字物流的结合

电子商务对物流的数字化进程起着极大的推进作用，电子商务是未来商务活动发展的主要方向，研究物流活动的电子商务不仅可以促进物流系统自身的高效率运作，而且物流作为电子商务活动的重要中介，研究两者的结合对电子商务的发展也起到重要的推动作用。

（五）信息技术与数字物流的结合

信息技术是数字物流得以正常和高效运作的重要支撑，单纯的、不依赖信息技术的物流过程已不复存在。研究如何将现有的各种信息技术（如计算机网络技术、通信技术、条码技术以及人工智能和自动控制技术等）与数字物流结合起来，设计具体的应用方案，解决统一标准、接口、规范和安全等问题是目前的紧迫任务。

四、数字物流的功能与作用

数字物流强调物流信息的数字化共享性集成，强调信息管理，建立现代先进的信息系统，用它去统率先进的自动化物流系统，其结果是，能够用信息管理代替费时费力的卡车、集装箱以及其他硬件装备和员工的管理，从而释放企业资源，改进服务，发挥员工潜能，壮大企业，获得战略上的竞争优势，同时，提高数倍的生产效率。

第三节　数字物流的系统结构

一、数字物流系统架构概述

（一）数字物流系统各构成要素及功能

关于数字物流系统架构的思想，国内相关的研究已经不少，这些研究较为一致的观点认为，数字物流系统应该是一个基于互联网的电子市场（E-Marketing）信息管理系统。在虚拟电子市场中，主要产品是物流服务、客户（交易双方）与物流代理商以多对多的方式进行物流服务的交易活动。物流代理商作为系统中供应链的重要一环，根据物流一体化的原则，借助数字物流系统对客户、运输企业、配送中心、仓储企业等进行统一的调配管理。

关于数字物流系统架构的论述很多，其中较有代表性的是将系统架构细分为数字物流管理平台、仓库管理系统、运输管理系统、配送管理系统、跟踪管理系统五个子系统。各子系统的功能如下。

1. 数字物流管理平台

此子系统实现内部、联盟伙伴及客户间的物流业务数字化，借助计算机网络技术实现数据实时流通，实现物流流程优化与智能化管理，提高企业的运营管理能力和效率。

2. 仓库管理系统

此子系统对传统仓储企业进行货物管理与处理的流程进行数字化改造，借助RFID（radio frequency identification，射频识别）等技术对入库、存货、出库、运输、账单结算、统计查询等功能模块进行数字化管理，实现仓储作业流程的电子化。提供仓储可视化浏览、远程货物管理等增值服务。

3. 运输管理系统

此子系统主要由议价、估价、调度、跟踪、委托、单证管理、财务管理、作业优化等功能模块组成。系统与流行的自动识别技术如 RFID、GPS/GIS 可以进行无缝连接，在充分利用条码的系统内可以实现全自动接单、配载、装运、跟踪等。

4. 配送管理系统

此子系统除了实现基本的仓储管理功能外，还包括自动补货、拣货、订单计划、订单提取、库存控制、配送调度安排、线路优化和跟踪等功能模块。系统同样可与自动识别技术连接，以实现配送中心的现代化物流管理和物流配送。

5. 跟踪管理系统

此子系统主要采用 GPS/GIS 等技术，供运输企业查看监督及管理调度。借助GPS，运输企业可以对集装箱及车辆实行全程监控。

（二）数字物流系统的特征

一个完善可行的数字物流系统应该包含以下几方面特点。

1. 实时化

数据采集与物流过程同时发生，物流基础数据能够及时、准确、同步地传递到整个物流业务过程。

2. 信息化

用计算机、条码设备、识别技术等来采集、传递、加工、存储和处理物流信息，除冗余加工过程，实现高度的物流信息共享，保证物流信息的准确性。

3. 集成化

通过计算机网络，借助各层次管理信息系统的统一接口，将物流管理的各个环节结合为一个统一的系统，实现物流过程的一体化管理，从而可以为企业级成本核算、成本控制提供信息支持，为高层次的管理系统提供易于集成的完整的物流信息，决策层不仅了解结果，也能跟踪过程，实现信息的可追溯性，并能够利用数据分析结果作出实时的决策。

4. 友好性

具有友好性的数字物流系统即完善友好开放型的系统，其具备科学的流程和良好的人机交互界面。在物流系统集成过程中，如果将各个子系统之间进行直接连接，子系统间共用数据缺乏明确的维护责任，数据的标准性、统一性难以保证，子系统之间接口过于复杂。相比之下，建立一个统一的数字物流体系来对各个子系统的物流信息资源进行整合是个很好的办法。数字物流体系通过提供一个共用数字平台，担负数字体系中共用信息的中转功能，将各子系统的数据按照一定规则抽取后，进行标准化处理并加以存储，各个物流子系统可以通过与共用数字平台的接口获得符合自身需求的信息。

二、数字物流系统架构的结构模型

目前，物流企业已经可以利用各个层面的基于计算机网络的管理信息系统、条码、射频识别系统及全球定位系统等方式来收集信息并配合应用系统的处理，将随实体物流而产生的信息流部分事件信息进行管理，并提供给数字物流平台进行信息处理。建立统一的数字物流体系，要将各种先进的信息技术融合在一起，根据它们不同的特点运用在整个体系的不同环节，从而构成一个统一、综合的大的物流运作的数字体系，为物流系统的运作服务。数字物流体系的功能主要包括以下几个方面。

（1）基础数据采集功能。基础数据的采集应根据一定的标准，从相应的子系统中提取。

（2）整合社会信息资源功能。对整个社会中的物流信息进行组织、管理，并产生更易理解、更具价值的信息。

（3）网络空间管理功能。在网络空间信息系统的基础上，将信息根据空间管理的要求加以组织、管理和输出。

（4）客户服务功能。协调企业和客户之间的关系，帮助战略合作企业之间进行高效的信息沟通。

（5）满足企业个性化需求功能。

（6）实现企业辅助决策支持、物流作业管理和企业内部管理的功能。

（7）政府宏观战略管理功能。提供对于政府主管部门的技术支持，辅助政府进行宏观决策。

第四节 大数据推动物流智能化转型升级

一、大数据时代的智能化物流

现阶段，世界经济格局正在不断变化，信息技术与大数据的迅猛发展和广泛应用使各行业的利润空间变得越来越小，即便是同一行业中的企业，相互之间的竞争也变得愈发激烈。在这场信息化变革中，进行统一管理、整合资源、集成信息，实现信息化革新与升级，加快行业对市场的响应速度，优化运营流程是关键。

在互联网时代，信息是"灵魂"，正因如此，物流信息化才被提升到了如此重要的地位。信息化、现代化、国际化是物流发展的趋势，而物流现代化、国际化的基础则是物流信息化，同时，电子化的发展既为物流信息化提供了动力，也为其带来了挑战。

物流信息化主要体现在以下四个方面，分别是物流信息商品化、信息处理电子化和计算机化、数据存储数据库化和数字化、物流信息传递标准化和实时化。物流行业要想实现现代化，必须以物流信息化的革新为助力。在大数据视角下，物流行业将彻底改头换面，实现突破式发展。

大数据不是简单的传统数据统计，它更贴近人工智能。在新模式下，海量数据信息经处理、整理、管理、撷取转变为有价值的信息资产。对于物流行业的信息化来说，大数据处理海量信息、预测未来的能力将对其产生强有力的推动。

对于物流行业来说，如何利用大数据在数据分析方面的优势对来自消费者、制造商、供应商、零售商的数据进行有效分析，将其中蕴藏的经济价值充分挖掘出来，是其面临的最大挑战。如果物流企业能有效解决这一问题，物流行业将迎来广阔的发展空间。

提及物流与物流爆仓，人们总会想到"双11"。近几年，随着电子商务的火爆，物流订单量逐年增长，而物流体系的运作却愈发顺畅，这完全得益于大数据的有效分析。电子商务页面中的每件商品及其所处位置都经过了算法筛选，虽然数据规模庞大，但算法有其自有的规则，对最终结果有着直接影响。

天猫、淘宝的物流枢纽就是通过对商家备货数据和买家浏览、收藏、加入购物车的行为数据的高效分析，获取尽可能准确的结果，将结果与合作的物流企业共享，以便在订单增多时让物流企业能及时采取有效措施予以应对。

对于物流现代化来说，物流信息化是关键，物流企业利用大数据收集、筛选、存储、分析货物信息，对物品进行高效监控与跟踪，有效提升了物流信息化管理过程中的细节处理精度与运营效率，从而使我国现代物流实现了蓬勃发展，使大数据在信息化革新中的作用与优势得以充分发挥，使资源实现了优化配置，为物流行业的信息化革新提供了新思路、新方法。

二、大数据分析在物流信息化中的优势

大数据分析应用在物流信息化中有很多优势，具体如下。

（一）有利于物流企业把握行业发展动态

现如今，物流企业必须面对竞争激烈、复杂多变的市场环境。如果物流企业无法

作出精准的预判，则会导致物流运输车辆经常空载。如果物流企业没有对业务增长数据进行统筹分析，盲目地增加投资、扩大仓储、提升运输能力，在市场不景气的情况下则会产生大量冗余，使得资源严重浪费，甚至发生了亏损。如果引入大数据分析，物流企业就能及时获取信息，对信息进行有效利用，对市场环境作出精准的预判，减少因盲目扩展造成的损失。

（二）有利于保证客源

物流企业要想获取收益，必须有充足的客源。物流企业通过引入大数据对客户的行为习惯进行统计、分析，对客户未来的行为进行预测，可以为客户提供优质的物流服务，在维持现有客源的同时开发、挖掘新客源。随着大数据的出现与应用，市场推广规则正在悄然改变。借助大数据，物流行业可不断推动信息交互，对服务模式、产品价格进行调整，增强其与客户需求的契合度。在这种情况下，所有的营销过程都将打破时空限制。在信息交互过程中，所有的营销行为都将变得更加精准，最终顺利地完成运营目标。

（三）有利于提高物流行业透明度

随着大数据在物流行业的应用，物流信息实现了共享，为物流行业从业者打造了一个透明的信息空间，使物流行业的管理绩效与服务质量得到大幅提升。在物流行业，大数据不仅对客户数据进行分析，还对物流服务商的操作信息、绩效信息等数据进行可视化分析，使物流行业的透明度大幅提升。公开物流企业的服务质量和绩效信息有利于客户根据自己的需要作出合理的选择，同时还能提升企业的整体绩效、企业自身的竞争力及整个行业的竞争力。

（四）有利于优化物流企业的盈利方式

通过物流行业相关的网络平台，物流企业可获取大量有价值的数据。通过对这些数据进行深入挖掘，物流企业可获取每位顾客的消费记录，并对这些消费记录进行汇总、分析，帮需求者与物流服务机构作出选择与判断。

由于这些数据在不断更新，所以其能准确地反映实际情况。通过对这些动态数据的采集与分析，物流行业预测的准确率（accuracy）能不断提升，能制定出更加科学的市场策略与扩张规划。通过大数据分析，物流行业所有的客户数据都能与互联网对接，物流企业能实时获取准确的物流信息，并及时对信息进行处理，提升信息查询的便利性，还能改进企业的盈利方式与途径，使其紧跟社会的发展。

三、物流信息化建设的发展前景与展望

在大数据、云计算、物联网的共同作用下，物流行业必将实现跨越式发展。未来，物流行业不仅能将大数据的作用充分发挥出来，还将推动物流信息化的革新进程，使数据实现智能获取、自动分类，全面实现信息化管理。

各智能终端与互联网对接，构建完全智能的自动处理模式及功能并全的网络集成体系。在自主识别物品、数据共享、大数据挖掘等条件的作用下，我国物流行业将真正迈进智能物流时代。

现阶段，"大数据"是一个热门词汇，其背后潜藏着强大的功能，不仅能给物流行业带来机遇，也会给其带来挑战。在物流行业信息化革新的过程中，每个环节都离不开大数据。通过对大数据技术的合理应用，物流行业的决策管理、资源分配、稳定客群将变得更加高效。对于物流行业的革新来说，海量数据驱动型产业是一条重要途径，是物流企业提升自己发展水平、获得更好发展成绩的重要手段。

通过大数据视角下的物流信息化革新，物流企业虽然能有效提升数据处理效率，但仍要及时发现问题、解决问题，有针对性地对数据进行挖掘，深刻把握数据内涵，在紧抓行业发展机遇的同时选择合适的策略以更好地应对挑战，做到灵活应用大数据，使我国物流产业的发展水平得以提升。

总而言之，对于物流行业来说，融互联网、物联网于一体的供应链信息化管理是其深化改革、持续革新的重要方向。对于现阶段的经济发展来说，数据驱动是一大动力，可有效推动产业转型，改变经济增长模式。以互联网及不断创新的信息技术为媒介，物流、商流、信息流、资金流的一体化运作将与行业、个人、企业、市场实现紧密连接。不断创新、持续应用的大数据为物流行业革命提供了源源不断的动力，并创造出很多发展机遇。在大数据视角下对物流行业进行革新，物流企业可紧抓机遇，实现多方共赢。

四、大数据重构物流管理模式

（一）大数据对传统物流模式的影响

大数据在物流行业的普遍应用已经成为一种主流发展趋势。在市场竞争日趋激烈的今天，传统物流企业想要实现跨越式发展，就要采用先进的技术手段提高现有数据资源的利用率，通过改革的实施，发挥新型业务模式对企业发展的推动作用。

1. 大数据使得物流配送方案更加优化

大数据应用涉及多种领先技术的实践，比如大数据存储技术、大数据检索技术、大数据管理技术等。其应用能够帮助物流企业提升多个环节的运营效率。因此，企业将会在信息获取、信息传递与分享、数据信息分析与应用等环节建设专业的数据库系统。

在具体实践过程中，企业能够借助大数据分析，更加深入地了解员工需求，完善企业的内部管理，并对现有物流配送方案进行调整优化，选择合适的运输工具，进行线路规划，加强对整个运输过程的控制，在实现自身成本控制的同时，缩短物流配送所需的时间，为客户提供优质、满意的服务。

UPS 国际快递在使用大数据优化运输路线方面作出了有益示范，具体分析如下，

UPS 国际快递的配送人员无须自己设计最优的配送路线，Orion 系统可实时对 20 万种可能的配送路线进行分析，在 3 秒钟之内找到最佳的配送路线。通过大数据分析，UPS 国际快递作出了如下规定：卡车不能左转，以缩短行驶过程中的等待时间。未来，UPS 国际快递使用大数据对快递员行为进行预测，以及时纠正其错误行为，降低问题发生的频率。

通过对大数据的运用，物流运输效率将大幅提升，物流企业之间的沟通、交流将变得更加便利，物流配送路径将实现优化。所以，UPS 国际快递的配送人员宁愿绕圈也不愿意左转的做法听起来不可思议，实际上真的节省了配送时间、降低了油耗。以往的数据显示，UPS 国际快递的配送人员贯彻公司尽量避免左转的策略，不仅减少了行驶路程，还使配送的包裹数量增加了 350 000 件。

2. 大数据使得物流服务更加个性化

物流企业通过大数据分析，能够不断完善自身服务体系。具体而言，企业在数据统计与价值提取的基础上，能够为客户提供优质的产品与服务，满足其个性化需求，对传统运营模式实施彻底性变革。身处大数据时代中的物流企业，要充分认识到数据资源的重要性，建立完善的物流数据应用平台，辅之以云计算、物联网等先进技术手段，打造数据系统，提高数据统计与分析能力，通过对海量数据进行存储、分类，深度处理，了解客户的需求信息，将其提供给供应链上的其他企业，在把握客户需求的基础上，使供应链体系的运营能够更好地对接市场需求，而为客户提供专属性的服务，为消费者的物流需求提供优质的解决方案，增加物流企业的利润。

3. 大数据使得物流信息化水平更高

物流企业通过提高信息化与智能化水平，既能有效减少人工操作导致的误差，又能加速各个环节的运转，帮助企业减少成本消耗。依托网络平台打造的物流信息系统，能够将分散在公司各个部门的资源汇总到一起，对各个环节的运营实施精细化管理，通过数字化建设，在实现企业成本控制的基础上，完善其服务体系。

现阶段，国内物流行业无法充分满足市场需求，行业发展比较分散，而电子商务的迅速崛起使物流行业肩负更多的任务。物流企业需重视信息化及智能化建设，勇于突破传统思维模式，对自身服务体系进行调整与优化，带动整个行业的转型与升级。

与此同时，政府相关部门应该建设专业的数据管理中心，对物流企业的数据应用进行监管。企业建立起数据管理体系之后，应该对市场需求进行调查，制订全局性的发展规划，避免自身的数据管理体系脱离实际需求，利用互联网技术，提高物流行业的智能化水平。

4. 大数据可以预测销售和库存

通过改变互联网技术与商业模式，从生产者到顾客的供应渠道也能有效改变，这一改变从时间、空间两大层面为物流业新价值的创造奠定了基础。利用大数据对库存结构进行优化，使库存成本不断下降，对商品品类进行有效分析，系统可对促销商品、引流商品进行精确划分。同时，系统还能以现有的销售数据为依据进行建模分析，以对商品的安全库存作出科学判断，及时发布预警。这样一来，系统无须再以往年的销售情况为依据对当前的库存状况进行预测，可以降低库存，提升资金利用率。

借助不断变化的互联网技术，全国物流业布局可实现有效调整。物流企业无须再在全国范围内布局配送中心，整个物流配送模式将从用户提交个性化订单向上推移，发生显著改变。过去供给决定需求的模式将被彻底改变，今后更多的是从需求倒推供给，以需求模式为依据对供给点进行设置。这就是大数据时代带来的变革。

（二）大数据开启物流智能化管理新模式

在互联网时代，信息技术在人们的日常生活与工作中得到广泛应用，给人们的生活带来了便利，并提高了人们的工作效率，同时产生了许多数据信息，成为大数据的重要来源，为企业提供了丰富的数据资源。另外，很多第三方平台能够对用户的信息浏览行为进行分析，挖掘其中的商业价值。以报纸、电视为代表的传统媒介，也为企业提供了数据来源。

受数据来源多元化的影响，物流行业获取的数据信息也十分丰富，比如网络用户的个人偏好、对商品的需求信息、消费习惯等，以及商品有关数据。物流企业能够在数据统计与分析的基础上，不断调整自身的运营，完善自身的管理与服务体系，提高整体运营效率，更好地对接市场需求。

物流行业运营过程中涉及多种类型的数据资源。

以数据结构为标准进行划分，数据资源包括三种：结构化数据、半结构化数据和非结构化数据。其中，结构化数据能够直接保存到数据库中，可通过二维表结构清晰地展示给使用者。半结构化数据不同于结构化数据，能够在原有基础上进行扩充，且数据本身具有模糊性特征，无法直接保存到数据库中。非结构化数据指的是无法通过二维表结构向使用者展示的数据，包括图片、文档、音视频数据，但这种数据在大数据中占据相当大的比例。

以物流企业为基准进行划分，数据资源包括两种：内部数据与外部数据。顾名思义，外部数据来源于物流企业之外，这类数据的透明度较高，包括市场发展趋势分析数据、客户需求数据等。内部数据则是物流企业在运营过程中产生的数据资源，包括客户关系管理数据、订单信息等，这类数据对企业的正常发展及运营起到支撑性作用，应该得到企业的重视，避免泄露商业机密而使企业面临风险。

概括而言，国内物流企业在大数据应用过程中仍然存在许多问题，为了推动企业的转型升级，管理者需要对传统物流模式进行改革，发挥网络平台的优势，在把握市场需求的基础上，打造完善的物流行业网络信息系统，提高企业对外部市场环境的应对能力，加强与产业链上其他环节企业之间的合作，逐步拓展企业的利润空间。

数字化时代已然来临，除了大数据之外，云计算、物联网等技术也对物流行业的发展起积极的推动作用。在这样的时代背景下，物流企业应加大信息化建设投入，提高数据统计与分析能力，并实现不同智能终端与互联网之间的顺畅连通，强化企业对自身运营各个环节的管理，采用先进的技术设备代替传统的人工操作，完善自身的网络体系，实施信息化管理，提高对货物的识别、分拣速度，充分发挥大数据分析的助推作用。

对物流企业而言，大数据的应用既能够有效促进企业的发展，又对企业提出了更高的要求。如果企业能够将大数据应用与自身发展需求相结合，制订切实可行的发展计划，就能提高自身的管理能力，拉近与客户之间的距离，提高内部资源的利用率。

在数字化时代，物流企业的发展离不开数据的支撑，这也是企业进行转型升级的必经之路。所以，在数据技术应用的基础上，物流企业应对传统业务模式进行改革，拓宽自身的发展道路。

综上所述，物流行业在未来的发展过程中，将运用大数据、云计算、物联网实现对供应链的智能化管理，在商业模式方面进行创新，利用信息技术加快企业的整体运转，对市场变化、行业发展、消费者反馈信息等进行获取，并据此制订企业后续的发展规划。另外，大数据的应用能够促进物流行业的转型，在这个过程中，物流企业应该加强与其他企业的联系，及时洞察市场发展机遇。数字化时代背景下的物流企业，应该在认清自身发展情况的基础上，积极实施改革，制定长远发展战略。

五、基于大数据的物流供应链协同管理

在供应链愈发复杂的情况下，如何借助工具将数据的最大价值充分发挥出来是物流企业亟须解决的问题。有效的供应链计划系统应包含企业所有的计划及决策业务，涵盖需求预测、库存计划、资源配置、设备管理、渠道优化、生产作业计划、物料需求与采购计划等多项内容，以促使企业市场边界、业务组合、商业模式、运作模式发生彻底变革。物流企业与供应商构建良好的关系，双方高效率、高质量地交流信息。同时，物流企业与供应商构建良好的关系，增强双方库存与需求信息的交流，建立VMI（供应商管理库存）运作机制，还能有效消除双方之间的不信任成本，减少因缺货造成的损失。供应链管理系统的构建需要对资源数据、交易数据、供应商数据、质量数据等进行存储，对供应链运行效率、成本进行跟踪，为产品质量提供强有力的保障。为保证生产过程有序、匀速进行，使物料供应分解与生产订单拆分达到最佳状态，企业必须对订单、产能、调度、库存、成本之间的关系进行有效平衡，必须借数学模型和模拟技术为生产、供应问题提供有效的解决方案。

自进入大数据时代以来，物流行业的从业者对数据的动态性与价值有了全新的认识，但片段的、短期的数据尚未发挥出有效价值。在追求大数据的道路上，企业破产、

收购、合并等会是常态。如果企业的管理人员没有形成系统的大数据理念，就会错失很多有价值的数据。比如，对某专线货车运费产生影响的因素有很多，除起始点、里程数之外还有很多其他的因素会导致运费发生变动。

现如今，大数据吸引了很多投资公司的注意，正在朝着商业资本的方向演变。未来，大数据将创造出许多超乎想象的价值，虽然从短期看这些价值比较"虚"，但只要转变思维，大数据就能激发出很多新想法，催生很多新产品与新服务。要想加快大数据产业链的发展速度，企业必须引入先进的分析技术。从本质上来看，"互联网＋物流"就是物流企业借互联网实现的在线化、数据化。"互联网＋"的实现必须以三大基础设施为前提，一是云计算和大数据基础设施，二是互联网＋物联网，三是直接服务个人的设备。"互联网＋"能否改造物流产业、推动物流产业升级，这三大基础设施起着决定作用。在大数据时代，技术变革不是第一要务，思维变革才是。继思维变革之后，商业模式会发生巨大变革。

第五节　新零售背景下的数字物流

一、以消费者为中心的物流新格局

新零售重构了人、货、场三大零售要素，这种背景下，消费端对物流等消费体验提出了更高的要求。

（一）以消费者为中心的物流模式

1. 消费者画像

消费者画像涵盖了年龄、性别、购买力、受教育水平、兴趣爱好、购物频率等多维度信息。清晰明确、立体化的消费者画像，能够让企业对消费者需求进行精准预测，从而为其提供定制物流服务。

从诸多实践案例来看，消费者画像在帮助企业制定营销及品牌战略、优化物流资源配置、改善物流服务方面的价值已经得到了充分证明。在营销战略方面，结合消费者画像对消费者进行细分，并充分利用企业自身掌握的优质资源，开展定制营销；在品牌建设方面，根据消费者画像预测潜在消费需求，明确品牌定位，实施多品牌战略。

此外，分析消费者购物习惯，面向受众群体的个性化需求建立线上线下商品陈列方案并向其推送定制内容，刺激消费者购买。在物流方面，企业需要针对消费者需求，在配送方式、送货时间等方面给予消费者足够的选择权，从而优化消费者购物体验，同时，对未来一段时间内的购物需求进行精准预测，加强和供应商之间的交流合作，高效配置库存及物流资源，降低经营风险的同时，提高物流效率。

2. 基于需求链的高效供应链

开展以消费者为中心的需求链数据管理，提高供应链的灵活性、精准性及运营效率，也需要物流企业给予高度重视。

3. 生产模式由 B2C 转向 C2M

在传统零售模式普遍采用的 B2C（business to customer，企业对个人）生产模式中，企业以自身为中心，实施标准化、同质化的大规模批量生产，位于供应链研发设计、生产制造、分销、配送及零售等各节点的企业之间缺乏有效协同，仅零售环节直面消费者。这种情况下，消费需求很难得到充分满足，企业很容易出现库存积压问题。

而新零售将采用消费者直接对接生产商（C2M）的生产模式，生产商直接和消费者进行沟通交流，全面获取其需求信息，为消费者提供定制产品服务。

不难发现，虽然传统零售模式借助淘宝、天猫、京东等电子商务平台，去除分销商、渠道商等中间环节，让消费者随时随地从海量商品中选择符合自身需求的商品，但这仍是在销售库存。而新零售的 C2M 生产模式，给予消费者充分的话语权，根据消费者的个性化需求定制生产产品，库存问题有望得到根本解决。

（二）产地直采 + 生鲜直达 + 产品溯源

消费升级浪潮下，新零售对商品提出了更高的要求。充分保证产品质量与品质的产地直供模式受到了消费者的青睐，而且他们愿意为这类商品支付更高的成本。物流是确保产品品质与质量的关键所在。

（1）物流企业以自建或合作的形式搭建覆盖全国甚至全球的物流网，可以显著提高仓储管理水平、降低通关成本、提高运输效率。

（2）物流企业的规范化、透明化、个性化服务，能够有效提高消费者体验，为产品品质与质量提供信任"背书"。

（3）零售企业通过和物流企业进行合作，充分借助其全球化经验，以更低的成本得到更优质的产品。

在物流配送过程中，通过传感器、物联网、GPS 等技术实现商品配送全程可视化，让消费者通过扫描电子标签进行产品溯源，提高其产品质量的认可与信任，激发消费者购物欲望。

（三）逆向物流和售后服务

全渠道、多场景消费成为主流趋势时，打造逆向物流，提高售后服务水平，成为新零售企业的必然选择。逆向物流是指从消费者到企业的物流服务，可以有效满足消费者的退换货、维修等需求。电子商务平台的出现确实极大地方便了人们的购物消费，但由于网络的虚拟性，电子商务的售后服务很难得到充分保障，即便在平台的督促下，电子商务卖家为消费者提供退换货服务，但环节众多、服务态度不佳、物流时效性差等问题普遍存在，无法充分保证消费者的购物体验。所以，新零售企业需要通过构建逆向物流并提高售后服务能力来解决这一问题。

（1）为消费者提供上门取件及维修后的发件服务，并以短信或公众号信息的形式告知用户处理状态，降低消费者退换货及维修成本。

（2）为有需求的消费者提供加急配送服务，满足消费者的个性化需求。

（3）为高价值商品提供保价、安保加强服务，并建立完善的理赔机制，让消费者放心购买。

二、抢占"最后一公里"

虽然我国的电子商务产业已经日渐成熟，但"最后一公里"问题始终未能得到真正解决，在新零售模式中，企业需要借助店仓一体化、社区仓/微仓、众包物流、快递自提点、智能快递柜等方式解决"最后一公里"问题，为消费者提供优质物流服务。

（一）店仓一体化

店仓一体化强调将门店打造成集商品展示、仓储、分拣、配送等多功能为一体的超级门店，为商品植入电子标签，并使用自动化物流设备及管理系统，让消费者能够在门店中直接体验产品并享受售后服务的同时，提高配送效率，一定区域内的消费者还可以享受半小时送达服务。店仓一体化确实可以给消费者带来良好体验，但其成本相对较高，尤其在租金高昂的城市核心商业区，设立这种门店更是要付出极高的代价。末端配送方面，自建配送团队同样需要承担较高的人力成本，而且超过一定区域（比如5千米之外的区域）就很难保证配送效率及服务质量，如果引入第三方物流公司，虽然可以降低成本，但服务质量得不到保障。

（二）社区仓/微仓

社区仓/微仓是仓储前置的典型，简单地说，就是将仓库设置在离消费者更近的位置，如社区、办公楼等，消费者在线下单后，可以快速低成本地为消费者提供送货上门服务。

（三）众包物流

众包物流是共享经济模式在物流配送领域的应用，它可以有效解决快递员流失率高、人力成本高等问题，但货物安全性得不到充分保障。引入众包物流模式后，消费者在线下单后，后台系统将根据配送距离、包裹重量、天气状况等自动计算出配送费用，并发布配送任务，自由快递员领取并完成配送任务后，将获得报酬。

众包物流模式可以让企业整合社会闲置运力资源，降低物流成本，实现轻量化运营，但和共享单车、共享租房等共享经济业态一样，行业尚处于初级发展阶段，缺乏完善的监管机制，自由快递员整体素质无法保证，无法充分保障产品安全及服务质量。

（四）快递自提点

设置快递自提点，是快递公司解决"最后一公里"配送问题的有效方式，在快递公司重点布局的发达城市中取得了相当良好的实践效果，未来将会有广阔的发展空间。自提点包括自建和加盟两种方式，顺丰与京东都采用自建模式设立了快递自提点，发展思路是通过大数据分析选择一些需求集中的区域设立自提点，虽然成本高，但能够保障服务质量，菜鸟驿站则是加盟模式的典型，社区便利点等商务加盟后可以获得更多的客流量，每一个包裹都可得到一定提成，缺点是企业对快递自提点的控制力不足。快递自提点可以节省大量人力成本，客户上门取件也能够在一定程度上保障个人信息安全。然而自建快递自提点难以盈利，而加盟模式无法保障服务质量，未来仍有很长的一段路要走。

（五）智能快递柜

智能快递柜可以作为快递自提点的一种衍生形态，在快递公司、电子商务企业等的积极布局下，目前已经颇具规模，但盈利问题尚未得到有效解决。

国家邮政局的监测数据显示，2017年我国快递业务量为438亿件，智能快递包裹入柜率达11%，也就是说一年约48亿的使用次数。若入柜率达到30%，需要快递柜格口约1.12亿个，市场需求太大，而快递柜的发展速度难以匹配。

事实上，电子商务企业和快递公司布局智能快递柜的目的，并非仅仅配送包裹，未来智能快递柜将会升级为社区生态圈的流量入口，通过该入口，企业可以为社区居民提供各种增值服务。

目前，智能快递柜行业存在同质竞争激烈、租金成本持续上涨等问题。面对激烈的竞争，为了得到更多的包裹，商家普遍选择降低包裹费用甚至提供免费服务，超过一定时间（比如24小时）后，才按天计费。这也导致智能快递柜行业陷入难盈利的困境。

三、构建柔性供应链

新零售模式中，数据将会为供应链管理提供强力支持，通过加强供应链各环节的数据共享，进行采购、生产、客户需求订单的精准预测，实现供需动态平衡，供应链各环节的企业可以根据相关数据调整自身库存。这将显著提高整个供应链库存的透明性，实现低库存乃至零库存。

在生产制造环节，基于数据分析提出数字化智能制造解决方案，提高产品迭代速度，迎合快速变化的消费需求。以摩托车品牌哈雷戴维森为例，哈雷戴维森可以为客户提供超过1 200种产品定制方案，但因为工厂定制生产环节异常复杂，平均每辆摩托车的生产周期达到20天以上，而且因为客户需求的多元化，难以进行大规模批量生产。虽然客户需求庞大，但有限的产能极大地限制了企业的盈利能力。

为了解决这一问题，哈雷戴维森引入数字化制造系统对工厂进行转型升级，例如，对传统工艺进行自动化、网络化升级，可以针对用户个性化的订单，灵活调整物料及制造设备，有效提高生产效率；引入物联网技术，为顾客提供产品定制生产方案的同时，监测车辆运行状态，为用户提供更为专业的整车维修等售后服务。哈雷戴维森通过实施数字化智能制造解决方案，自身的运营效率得到了显著提升。

（1）生产一辆摩托车的平均时间从此前的 21 天降至 6 小时。

（2）工厂布局得到优化，此前，生产一辆摩托车需要在工厂的 41 栋建筑进行加工组装，而经过调整后，工厂建筑物数量从此前的 41 栋降至 2 栋，一栋是制造工厂，另一栋是仓库，而且周边预留了大量空间，以便后续根据业务需要进一步扩大工厂规模。

（3）人力成本得到有效控制，平均每年降低 1 亿美元，正式工人从此前的 285 人变为 150 人左右，临时工人从此前的将近 2 000 人变成不到 800 人。

数字技术及物联网技术在供应链领域的发展及应用，促使传统的自上而下的静态供应链运作模式朝着动态运作模式转变，为企业和诸多竞争对手实现差异化竞争提供了有效途径。通过数字化的供应链，企业不必局限于价格战，可以将交付速度、售后服务等作为卖点，显著提高企业的市场竞争力与盈利能力。

对想要抢占新零售风口的诸多创业者及企业而言，打造面向未来的数字化供应链，需要充分结合自身发展情况、行业特性及目标用户需求，选择合适的切入点。数字化供应链打破时间与空间限制，能够充分利用线上线下的持续流动的信息流，为企业决策及执行提供有力支持，使企业灵活应对激烈的市场竞争。

同时，数字化供应链使企业和供应商等上下游合作伙伴实现无缝对接，共享数据、资金、技术等优质资源，使供应链各节点的企业都能实时掌握供应链运行状态信息，对全流程进行实时追踪，从而对产品及服务进行不断优化完善，降低交易成本，提升供应链整体价值，实现多方共赢。

认识到传统物流业存在的问题之后，物流企业要想提高运营效率，增强整体竞争实力，就要加强供应链管理，重塑企业的组织结构，创新生产模式，调整运营流程，集中优势资源发展核心业务，优化资源配置，实施精益供应链管理。

为此，物流企业应该从供应链管理的角度出发，对现有业务流程进行改革。在这个过程中，要优化资源配置，对其物流功能进行整合调度，采取有效措施加速物流运营，减少中间环节的成本消耗。为此，物流企业要转变思维模式，着眼于整个供应链的运营与发展，在把握客户需求的基础上，向客户提供优质的物流配送服务，并进行流程优化，发展增值服务项目，提高客户的满意度。

物流企业要想改革传统思维模式，就要开展信息化建设，通过打造信息服务平台，为供应链的正常运营提供支持。如此一来，物流企业就能及时、准确地获知零售商所需的产品数量，为其提供足够的商品，在降低成本消耗的同时，加速物流运转，并为消费者提供高质量的服务。在实施供应链管理的过程中，物流企业要对海量的数据资源进行处理与分析。因为供应链包含多个环节，每个环节的企业在运营过程中都会产生大量数据，且不同环节之间要进行信息交流，但各个平台采用的信息格式不同，这就要求企业在进行供应链管理的过程中，能够迅速进行数据整合。

现如今，为了提升物流效率，部分企业开始尝试采用互联网与物流结合发展的方式。在其运营过程中，企业可以利用网络平台与大数据技术，实现运力资源的优化配置，加强供应链上各个环节之间的合作关系。企业会打造物流数据信息平台，为供应链上各个环节的企业提供服务，借助先进的技术手段实现不同节点之间的有效对接，根据客户需求为其提供相对应的服务。在电子商务领域，京东凭借其在物流方面的优势获得了快速发展。京东物流利用大数据技术，可以提前预测产品的市场需求情况，并承担京东商城的货品配送任务，能够在供货方与终端消费者之间搭建桥梁，中间只需进行三次转手就能将商品送达指定地点。另外，在分析消费者行为数据的基础上，京东物流能够对一定区域范围内的商品需求量进行准确预测，并将预测结果交给制造企业，为企业制订生产计划提供数据参考，在保证产品供应的同时，帮助企业减轻库存压力。

通过实施供应链管理，京东物流利用大数据技术，实现了线上及线下渠道运营之间的无缝对接，能够加速商品流通，提升服务质量，保证信息流、资金流、物流的正常运转，并提高企业对市场环境变化的应对能力，逐渐趋向于现代化、智能化。

第六节　跨境电子商务物流

近年来，随着全球跨境电子商务的发展，跨境物流行业的发展遇到前所未有的机会。据网经社报告，2020 年中国跨境电子商务交易规模为 12.5 万亿元，同比增长 19%，跨境电子商务物流企业面临巨大的机会，同时，挑战与风险也并存。

跨境电子商务是互联网与进出口贸易的融合。广义的跨境电子商务是指分属不同关境的交易主体，利用电子商务平台进行商品展示、达成交易、进行跨境支付和跨境物流运输并完成交付的一类交易方式。狭义的跨境电子商务一般特指 B2C 零售业务。在跨境电子商务的发展过程中，跨境电子商务物流是跨境电子商务的基础设施。跨境电子商务物流成本直接关系到跨境电子商务的销售成本，跨境电子商务物流送达范围的广度决定跨境电子商务的销售地域，跨境电子商务物流的通畅度和时效性反映了跨境贸易的便利度和客户的体验感。跨境电子商务物流包含境内配送、跨境运输、境内外仓储、境外本地配送、退换货、退运等多元化的服务，成为跨境电子商务链条上的交付环节，整合传统国际（地区间）物流的各种模式，为碎片化订单量身定制了基于传统物流又不同于传统物流的商品跨境传递的方式。

为适应碎片化订单的高速增长，中国海关进行了监管创新。海关针对跨境电子商务 B2C 业务推出的"三单对碰"模式，为海关通关监管提供了依据，提高了通关效率，成为各国（地区）海关针对跨境电子商务 B2C 业务的监管模板。跨境电子商务物流随着各国（地区）监管制度的完善和创新，在通关日益便利化的同时正引领跨境电子商务向更加本土化、规范化、合规化方向发展。国际物流业正迎来一个新的发展阶段——跨境电子商务物流时期。跨境电子商务物流以其在物流速度、物流服务质量和物流成本等方面的显著优势，昭示着国际物流业未来的发展方向。

一、跨境电子商务物流的定义

跨境电子商务物流是指位于不同国家或地区的交易主体通过电子商务平台达成交易并进行支付清算后，通过跨境电子商务物流送达商品进而完成交易的一种商务活动。

跨境电子商务物流涵盖了通关、仓储物流、快递业务、国际（地区间）货运业务、邮政业务等传统国际物流环节，并叠加 OMS（order，management system，订单管理系统）、TMS、WMS 等 IT 系统，在提升各方关系的融洽性的同时，逐步实现业务网络化、运价产品化、服务标准化、仓储自动化、过程数字化、流程可视化、交付可追踪化的目标。物流供应链从服务传统贸易中的大型企业发展到服务中小跨境卖家，并且，物流供应链的提供方也不再局限于物流企业。

二、跨境电商物流的主要模式

（一）国际邮政小包

国际邮政小包是中国邮政下设的一项国际业务项目，隶属邮政航空小包，业务范围非常广，覆盖了全球 230 多个国家和地区，有非常明显的竞争优势。

（1）便捷。国际邮政小包业务基本覆盖了全球各地，只要有布局就能送达，非常方便。

（2）经济。相较其他物流方式，中国邮政小包的费用比较低，极具价格竞争优势。

（3）安全。国际邮政小包的丢包率比较低，安全性高。

基于这三大优势，截至目前，在跨境电子商务物流中，国际邮政小包的使用率非常高。据统计，我国有六成跨境电子商务订单的物流配送使用的都是国际邮政小包。但随着各国清关政策逐步收紧，国际邮政小包的这些优势受到了极大的挑战。

（二）国际快递

为弥补国际邮政小包运输时间长、效率低的缺点，国际快递物流模式应运而生。目前，国际快递业务主要由 UPS、TNT、DHL、FedEx 4 家大型国际快递公司经营。另外，在国内，顺丰速运也加快了在国际快递业务领域的布局。顺丰的加入对我国跨境物流行业的发展产生了积极的推动作用。

国际快递物流模式以全球统一的、高水平的信息化操作平台为依托，其物流运作水平与服务水平都非常高，行业竞争优势非常明显。

（1）运输速度快，国际快递的运输速度是国际邮政小包的 5～6 倍，能实时向客户提供物流信息。

（2）丢包率比国际邮政小包还低。

但是，国际快递的成本比较高，对物品类型有严格限制，适用性较差，这些使得该模式的业务范围比较狭窄。

（三）海外仓

2015 年 5 月，商务部发布了《"互联网＋流通"行动计划》，于是，很多电子商务企业和出口企业开始建立海外仓，以对境外物流体系进行布局。通过建立海外仓，出口企业可将货物大批量地运输到国外，存储到海外仓中，实现本地销售、本地配送，以降低配送成本，提升配送效率。

海外仓的业务流程可划分为三个阶段，分别是起始运输、仓储业务和本地配送。企业将货物集中运输到目的地，在当地的仓库中存储，买方在线上下单之后，仓库就立即根据订单对货物进行分拣、配送。

通过这种方式，跨境电子商务物流业务中存在的很多问题都得到了有效解决，通过海外物流中转节点的建设，跨境电子商务的物流配送效率有了大幅提升。客户在线上下单之后，首先，通过海外仓，商品可实现本地配送，不仅减少了清关障碍，还提升了配送效率；其次，通过海外仓，货物可进行规模化运输，让运输变得更加合理；最后，通过海外仓，跨境电子商务能更好地满足用户的退换货需求，带给用户更好的购物体验。

但海外仓这种物流模式也存在一些缺点，比如前期投入成本较高、海外人员管理比较困难、适合该物流模式的货物种类有限等。

（四）国际专线物流

国际专线物流又叫国际货运专线，指的是物流公司使用自有货车、专车或航空资源将货物运送到目的地。一般情况下，采用这种物流模式的物流公司在目的地都有自己的分公司或合作网点，能切实提升车辆的实载率。目前，我国已开通的国际专线物流有俄速通、南美专线、俄邮宝、俄罗斯专线、中东专线等。

相较于国际邮政小包来说，国际专线物流的优势在于速度更快、丢包率更低等。之所以会出现这种情况，主要是因为国际专线物流采用的是大规模集货运输，具有规模运输优势，能使运输成本显著下降。但在国内，国际专线物流的服务范围比较小，只能在为数不多的几个区域揽件，所以这种物流模式的适用范围有限，且价格比国际邮政小包高很多。

（五）边境仓

由于海外仓运营比较困难、商品积压风险较高，且只适用于经济、政治环境比较稳定的国家，所以其适用范围比较窄。为了弥补海外仓的这一缺陷，边境仓模式应运而生。边境仓指的是在跨境电子商务目的地国相邻国家的边境以自建或租赁的方式拥有自己的物流中心仓库，将商品批量运输到边境仓进行存储，待客户在线上下单之后，直接在该仓库对商品进行分拣、配送。

根据所在地域不同，边境仓可分为两种类型，一种是绝对边境仓，一种是相对边境仓。

如果跨境电子商务交易双方所在国家相邻，可在两国接壤的边境城市建设仓库，这种仓库就是绝对边境仓。以中俄跨境电子商务贸易为例，无须在俄罗斯国内建设海外仓，只要在两国接壤的城市建设边境仓即可。

如果跨境交易双方所在国家不相邻，供应方在与需求方所在国家相邻国家的边境建设仓库，这种仓库就是相对边境仓。以我国对巴西的跨境电子商务交易为例，我国企业在与巴西相邻的巴拉圭、秘鲁、阿根廷等国家的边境设置仓库。对于需求方所在国来说，相对边境仓属于边境仓；对于供应方所在国来说，相对边境仓就是海外仓。

三、跨境电商物流存在的问题

现如今，跨境电子商务正积极布局跨境物流网络，但很多阻力是难以克服的。具体内容如下。一方面，企业要为跨境物流网络建设提供足够的资金、资源支持；另一方面，无论是物流还是仓储管理，都要求企业能够进行专业化运作，而不同企业的标准不同，无法有效对接国际物流运输网络；此外，跨境贸易要办理海关通关手续，但不同国家的通关要求不同，税收政策也存在很大差异，企业往往缺乏对相关信息的把握。

虽然不少企业都致力于建设跨境物流体系，但基础设施建设方面的短板直接影响了整个体系的运营效果。跨境电子商务的发展涉及许多因素，完善的跨境物流体系能够有效保障其正常运营，而相关基础设施，如物流平台，在整个物流体系中发挥着不可替代的作用。基础设施建设不完善，会给跨境电子商务的发展带来阻力。现阶段，我国跨境物流企业的信息化水平较低，主要表现在四个方面。

（1）我国物流行业的信息化水平整体偏低，很多基础信息平台都不完善，还有的形成了信息孤岛，平台的信息整合作用难以得到切实发挥。

（2）在很多跨境物流企业看来，信息化建设需要投入大量资金，面临较大的风险，因此缺乏积极性。

（3）跨境物流企业的领导不重视信息化改革，导致员工参与信息化改革的积极性比较低。再加上信息化改革能优化工作流程，裁撤一些不必要的岗位，非常容易引发员工的抵触情绪。

（4）跨境物流企业不具备整合全球供应链的战略性信息化建设规划。现阶段，在物流信息化发展战略制定的过程中，我国很多跨境物流企业都只是解决当前面临的问题，缺乏全局性的战略发展规划。

现阶段，我国跨境物流的信息化水平有待提高，跨境物流企业的信息处理能力有限。但跨境电子商务在运营及发展过程中，要对产生于各个渠道的物流信息进行及时、有效的处理，还要搭建自己的信息渠道，避免信息在传递过程中失真，通过整合信息资源，为跨境电子商务的发展提供有力的支持。

在促进物流行业发展的过程中，企业除了要完善自身的服务体系之外，还要注重技术方面的研发与应用，积极引进先进的技术手段，促进其在物流运营过程中的渗透，为物流行业的发展提供技术支撑。跨境电子商务物流同样要重视先进技术的力量，进行信息化、智能化建设，更好地满足顾客的配送需求，从整体上推动行业的发展与进步。

四、提升跨境电商物流的信息化水平

在全球经济转型的背景下，互联网经济，尤其是以电子商务、电子金融、现代物流相融合为显著特征的跨境电子商务，其发展势头不仅没有衰弱，反而愈发强盛。

近年来，我国跨境电子商务业务量实现了迅猛增长。在此形势下，为跨境电子商务服务的跨境物流也呈现出迅猛发展之势，并有了专业化、国际化发展的新要求。

要想提升跨境电子商务物流企业的服务能力，就必须提升跨境电子商务物流企业的信息化水平。随着互联网迅猛发展，"互联网＋物流"模式的战略地位越来越高。在电子商务迅猛发展的形势下，物流企业想要更好地为电子商务服务就必须转型。

现在，以顺丰为代表的物流企业都在对自己的发展规划进行调整，以更好地适应市场。邮政亟须对自己的信息化发展之路进行规划，引入一批行业领军人物（既要深谙信息技术，又要了解新技术对物流业务的影响）对自己的信息化规划工作进行指导，真正做到信息引领。

在日常运营及发展过程中，跨境电子商务物流企业要充分利用大数据、云计算、物联网、射频识别技术、物流追踪系统等，并积极引进先进的技术设备，强化信息技术在各个运营环节的渗透作用，提高企业整体发展的信息化、智能化水平。

总而言之，跨境物流企业的信息化规划要以业务目标为指导，立足于信息化引领，创造出以信息技术实现业务目标的方案。

首先，跨境物流企业要以大数据物流为核心创建自己的信息系统，打造新型、高效的物流服务商。

其次，物流系统要有开放性。现阶段，在互联网时代，相关的信息系统需要互联互通，需要对核心的网络系统进行规划建设，将标准接口对外开放，与订单、海关、投递、物流、航空等系统建立连接，构建完整的跨境电子商务物流信息产业链。

最后，跨境物流企业的信息化建设要有超前性和代表性。超前性指的是"互联网＋物流"的信息系统建设、系统规划要有超前性，代表性指的是系统建设单位要有代表性。为了让信息化建设的超前性和代表性成功落地，企业要从市场竞争激烈地区的业务员口中获取市场需求，邀请有经验的技术单位参与到信息化建设中来，以对市场需求作出充分理解，根据互联网信息技术的特点对信息化建设流程进行优化。

──────── **本章即测即练** ────────

第四章

数字营销

第一节　数字营销概述

一、数字营销的概念、特点

随着物联网、大数据、云计算、人工智能等技术的发展，营销的思想和环境发生了巨大的变化，从单向思维模式的传统营销过渡到以数据为指导的数字营销。关于数字营销的定义，国内外学者都提出了自己的见解，尚未形成统一的概念。与此同时，随着时代与互联网新技术的变迁，数字营销的内涵和外延也在不断升级。美国的市场营销协会将数字营销定义为：数字营销是使用数字技术来营销产品和服务，包含了很多互联网营销的技术与实践，但它的范围更广泛，还包括手机及数字展示广告等数字媒体。

国内学者阳翼认为数字营销是使用数字媒体推广产品和服务的营销传播活动，主要包括社会化媒体营销、移动营销、微电影营销、虚拟游戏营销、搜索引擎营销（search engine marketing，SEM）和电子商务营销六种方式。周茂君认为数字营销是利用网络技术、数据技术和通信技术等技术手段，借助各种数字媒体，针对明确的目标用户，为推广产品或服务、实现营销目标而展开的精准化、个性化、定制化的实践活动，它是数字时代与用户建立联系的一种独特营销方式。

本书认为数字营销是营销战略思维的升级，基于数字技术的应用建立内容平台和数字平台，有机整合数字营销的新工具和新方法实现与目标用户的及时有效沟通。与传统营销相比，数字营销具有深度互动性、目标精准性、平台多样性以及个性化。

（1）深度互动性。互动性是数字营销的本质特征，随着数字媒体的发展，消费者参与营销传播变得非常容易。比如百事可乐的"把乐带回家"系列微电影，将互动视频技术融入里面，微电影后结合互动播放功能推出《家有一宝》互动版，让用户参与视频互动环节体验"看剧寻宝"。

（2）目标精准性。由于数字技术的应用，企业可以更广泛地收集和分析消费者信息，从而能精准地描绘消费者画像，满足消费者的潜在需求。与此同时，大数据技术为企业广告精准投放也提供了良好的基础。

（3）平台多样性。除了传统的网站、App、微信和微博等平台，数字营销的平台逐渐多元化，如近几年来发展势头比较猛的短视频、直播等。对于企业来说，面对这么多平台，需要站在全局的角度考虑如何整合多平台，实现全方位的传播。

（4）个性化。随着人们生活水平日益提高，在消费升级的背景下，个性化和定制化越来越受到消费者的青睐。而在大数据分析的基础上，企业更容易洞察消费者的个性化需求。

二、数字营销的发展历程

中国数字营销的发展历程大致可以分为四个阶段，分别是数字营销1.0、数字营销2.0、数字营销3.0、数字营销4.0。各个阶段随技术水平的更新迭代，数字营销重心及关键特征也不断升级。

（一）数字营销1.0：基于 Web 1.0 的单向营销

1994年10月，美国的 Wired 杂志推出 hotwired.com 网站，在主页上刊登了AT&T 等14个客户的横幅广告，互联网上的第一个广告由此诞生。它标志着互联网网站也可以成为广告媒体，而电视、报纸、广播、杂志等则成为传统媒体。同时，网络广告第一次使得广告效果可以测量，可以记录多少人点击过该广告，让更多的投资者看到了互联网的商业价值。同年，雅虎成立，次年 Yahoo! 开始销售广告，1997年仅广告业务就为 Yahoo! 创造了超过7 000万美元的收入。我们可以发现1994年是营销发展历程中非常重要的年份，因为可以认为从1994年开始，数字营销进入1.0时代。这一阶段的数字营销主要基于 Web 1.0 技术，主要的特征是互联网只是信息发布的简单平台，网页的内容主要是网站的运营人员或网络营销人员创作的，而用户只能单纯地通过浏览器获取信息。因此，营销信息的传递是单向的。

（二）数字营销2.0：基于 Web 2.0 的互动营销

与 Web 1.0 不同，Web 2.0 时代用户不仅局限于浏览，他们还可以自己创建内容并上传到互联网上。Web 2.0 的特点是个性化、去中心化、交互性等。Web 2.0 的发展和不断渗透，彻底重新定义了数字营销。Web 2.0 的典型应用就是 SNS（social network site）即"社交网络"或"社交网""社会化网络"。SNS 实际上是由 BBS（bulletin board system，电子公告栏系统）和 blog 演化而来，国内的开心网、人人网、豆瓣、知乎、微博、微信，国外的 Facebook（脸书）、YouTube、Twitter 等，其实都是 SNS 社交网络的范畴，只是在不同的时代背景或文化背景下发展进化，形成了各具特色的网络新形态。这个阶段从2002年开始，被称为数字营销2.0。

（三）数字营销3.0：基于大数据的精准营销

随着信息技术的高速发展，尤其是以互联网、物联网、信息获取、社交网络等为代表的技术日新月异，数据的来源及其数量正以前所未有的速度增长，"大数据"一词越来越多地被提及。"大数据"这一概念不仅指规模庞大的数据对象，也包含对这些数据对象的处理和应用活动，是数据对象、技术与应用三者的统一。随着大数据在各行业的应用，数字营销迎来新的阶段。

与前面两个时代相比，数字营销 3.0 时代的最大特征是企业利用大数据技术，可以在合适的时机，通过合适的渠道，在合适的场景，把合适的产品，提供给合适的用户，从而可以获取更精准、可衡量和高投资回报的营销沟通。2013 年被很多专家称为"大数据元年"，从这一年开始数字营销进入 3.0 时代。

（四）数字营销 4.0：基于 AI 的智慧营销

近年来，人工智能技术的逐渐成熟给营销领域也带来了极大的变革。基于 AI 的智慧营销本质上是在人工智能的基础上，利用自然语言、处理机器学习及知识图谱等技术，对营销中的关键环节如数据处理、内容投放以及效果监测等进行赋能，从而对投放策略进行优化，做到投放更有针对性。比如京东智联云的 AI 技术为用户多元购物体验赋能，京小智的智能客服可以智能生成数百万营销文案，每天相当于超过 500 个文案编辑人员的工作量。基于 AI 的智慧营销的核心是帮助营销行业节约成本、提高效率、拓展更多营销渠道。

最后需要注意的是，数字营销的四个发展阶段不是后者推翻前者，而是不断迭代升级。当迈入一个新阶段，前一个时代的数字营销并未消失，而是与后一个时代的数字营销共存互补。

三、数字技术、数字媒体与数字营销

5G、人工智能、云计算、人工智能、物联网等新一代数字技术的发展，推动着媒体格局、传播技术、受众对象等的深刻变化，带来了媒体领域前所未有的革命。在此背景下，数字媒体应运而生。数字媒体指的是以二进制数形式记录、处理、传播、获取过程的信息载体，这些载体包括感觉媒体、逻辑媒体和实物媒体。感觉媒体一般指数字化的文字、声音、图形、图像、动画和视频影像等。逻辑媒体指的是表示这些感觉媒体的表示媒体（编码）等。实物媒体指的是存储、传输、显示逻辑媒体。根据拉斯韦尔的"五 W"理论，数字媒体具有传播者多样化、传播内容海量化、受传者个性化、传播渠道交互化、传播效果智能化五大特点。而数字技术的广泛应用使得数字媒体的优势极大发挥。

数字技术的诞生，正在改变我们信息的收集方式、生产方式、分发方式，甚至改变了我们的生活方式，传统媒体与新兴媒体之间的界限也变得越来越模糊。数字媒体和数字营销是相伴而生的，数字媒体为数字营销提供了新的舞台，而数字营销的发展又反过来加速了数字媒体平台的繁荣和发展。因此，数字技术、数字媒体和数字营销是递进的关系，数字技术驱动媒体形态升级，带来了数字媒体，而数字媒体又催生了数字营销。

第二节　数字营销战略

一、营销思维的变化

随着以互联网为代表的技术的发展，营销环境发生了巨大的变化，营销思维也经历了变迁。菲利普·科特勒将营销的演化划分为五个阶段，从 1.0 时代的以产品为核心，到 2.0 时代的消费者导向，发展为 3.0 时代的品牌导向，再到 4.0 时代的数字导向以及 5.0 时代的科技为人性服务。

（一）以产品为核心的 1.0 时代

营销 1.0 时代是从 20 世纪 50 年代到 70 年代，基本上处于战后的迅速重建期。在这个阶段是以产品为导向，解决企业如何更好地进行"交易"的问题，企业的竞争在于产品的功能诉求、差异化卖点。

（二）以消费者为导向的 2.0 时代

营销 2.0 时代从 20 世纪 80 年代到 90 年代，可供消费者选择的产品变得越来越多，这就要求企业以消费者为导向，在开发产品前先洞察消费者的需求。不仅仅需要产品有功能上的差异，更需要企业向消费者传递情感与形象，品牌也由此诞生。

（三）以品牌为导向的 3.0 时代

与营销 2.0 时代相比，营销 3.0 时代同样致力于满足消费者的需求。但随着产品越来越丰富，且高度同质化，消费者面临着极为困难的选择。营销的核心就在于通过差异化打造品牌，形成品牌溢价。而品牌的核心就是情感价值，企业将消费者视为具有独立思想、心灵和精神的完整个体，甚至是企业潜在的合作伙伴。

（四）以数字为导向的 4.0 时代

营销 4.0 以数字化（大数据、社群等）和价值观营销为基础，企业营销的中心转移到如何与消费者开展积极互动、尊重消费者为"主体"的价值观，鼓励消费者更多地参与到营销价值的创造中来。

（五）科技为人性服务的 5.0 时代

营销 5.0 的核心是科技为人性服务（technology for humanity）。它融合了 3.0 时代"以人为本"和 4.0"技术赋能"的理念，围绕预测营销、增强营销以及情感营销者三个相互联系的应用展开，建立在数据驱动营销和敏捷营销两个基本的组织原则之上。

二、营销战略 STP 的升级

在营销学中，市场细分（market segmentation）、目标市场（market targeting）、市场定位（market positioning）是企业营销战略的核心三要素，简称 STP。市场细分指的是企业通过市场调研，根据消费者特征、需求、欲望、行为、习惯和场景等方面的差异，把整体市场划分为若干个同质化子市场的分类过程。目标市场选择就是企业在各个细分市场中选择要重点服务的市场的过程。市场定位就是使品牌和产品差异化，从而在目标客户心智认知中占据一个与众不同的、有意义的地位的过程。

随着数字技术的应用与发展，传统的营销战略 STP 也发生了迭代升级。从市场细分维度来看，企业营销人员可以基于位置的服务（LBS）的数据采集技术采集大量的位置信息、行为数据等，再利用数据挖掘算法对细分模型进行建模，从而可以细分出更小、同质性更高的细分群体，且能反映用户需求的动态变化。比如短视频平台在内容分发方面，通过人工智能和算法的迭代，根据用户基本信息、评论、点赞、观看时长等行为数据以及所识别的内容属性（如内容的标题、描述、发布位置、评论中的关键词等），分别给用户和内容打上"兴趣标签"，再对内容和消费者进行匹配，从而实现"千人千面"。从目标用户选择战略来看，因为可以实现细分的"超细分"和"动态化"，目标市场小众化成为市场新趋势。从定位来看，科特勒咨询机构（KMG）认为定位是价值链定位、业务模式定位以及品牌心智定位的有机结合，而不仅仅是传统定位指的品牌心智定位。价值链定位指的是企业进入哪些领域竞争，价值链如何分布与延伸，资源如何在每个模块上进行合理分配。业务模式定位解决的是"我究竟是什么"的问题，可以将企业分为价值点企业、价值链企业、平台型企业以及生态型企业。价值点企业是指那些聚焦在价值链某一环节的企业，如 ffit8 从更加小巧便捷、更时尚感的蛋白棒入手，聚焦解决"未来的年轻人吃什么"的问题。价值链企业指的是整合价值链上下游资源，实现产业链的整体布局，如海尔智家整合了供应链资源，连接了产业上下游，实现生态收益共享。平台型企业采用平台经济与共享经济的理念，搭建资源平台帮助求供方实现交易，如美团外卖等。小米则是生态型企业的典型代表，利用自身的平台资源，通过"投资 + 孵化"的方式培育扩增生态链产品，从而完成生态经济的可持续发展。

三、数字营销 4R 模式

在数字时代，企业不仅要从 STP 的思维模式上升级，还需要构建一套具备战略性的、可操作强的、易于理解并准确描述数字营销战略的方法论。美国学者唐·舒尔茨在 4C 营销理论的基础上提出了 4R 营销理论，分别指代 relevance（关联）、reaction（反应）、relationship（关系）和 reward（回报）。在此基础上，科特勒咨询机构基于数字化背景，提出了最新的 4R 营销理论，分别指消费者数字画像与识别（recognize）、数字化信息覆盖与到达（reach）、建立持续关系的基础（relationship）以及实现交易与回报（return）。

（一）消费者数字画像与识别

用户画像（user persona）的概念最早由"交互设计之父"Alan Cooper 提出，它指的是从真实的用户行为中抽象出某些特征属性从而形成用户模型。随着大数据等技术的发展，消费者画像又呈现出与用户画像不同的特征，往往也被称为大数据消费者画像。用户画像和大数据消费者画像在画像性质、数据量、数据来源、采集方式、重点展示内容以及功能方面都存在差异性。比如从画像性质来看，普通用户画像是抽象后的典型特征描述，而非真实的典型用户，而大数据消费者画像则是真实用户的全貌展示。普通用户画像的数据往往来自市场调研或者企业经营数据，而大数据消费者画像除传统数据以外，包括了用户的网络行为数据以及来自第三方的大数据，因此前者数据量比较有限，而后者可以做到全样本。

消费者数字画像与识别指的是利用数字化的技术描述消费者在特定时间和场景下的各种特质，从而便于企业营销人员精准定义目标消费者，以此设计具体的营销战略。消费者画像的作用有以下几个方面。首先，从产品维度来讲，消费者画像帮助企业进行产品研发以及优化消费者体验。在产品研发中，通过目标消费者数据的获取、分析、处理等工作，初步搭建消费者画像，进行产品定位、需求分析，进而基于消费者需求场景设计开发新产品，提升消费者的体验。其次，从营销维度来讲，消费者画像可以帮助企业更好地实现精准营销。如利用消费者画像，广告主可以通过标签精准地找到潜在目标消费者，在消费者偏好的渠道上进行有针对性的广告投放，帮助实现品牌传播或者产品转化。

（二）数字化信息覆盖与到达

数字化信息覆盖与到达指的是触达客户及潜在客户的一系列数字化工具和方法。触达的方式包括两类，一类是触达认知、触及心灵，也就是将品牌价值植入客户心智，让客户从"知道"上升到"认可"。这就需要企业通过强调情感需求和社会需求，来升华产品的价值，让客户认可企业的价值观。第二类是在不同场景中触达用户，在触达的过程中将潜在用户逐步转化。在数字化时代，信息传播具有更快到达速度、受众主导、多向互动和超文本等特点。上述这些特点导致数字化信息覆盖与到达与传统信息传播的本质完全不同。

KMG 将数字化信息覆盖与到达分成主动推送型、主动展示型、信任代理型以及资产互换型等四种类别。常见的数字化信息覆盖与到达的方法包括搜索引擎优化（Search Engine Optimization，SEO）、智能推荐、数字广告、内容营销、电子邮件（electronic mail，E-mail）营销、社交媒体营销以及视频营销等。其中数字广告、内容营销、电子邮件营销就属于主动推送型，社交媒体营销属于主动展示型，而网红营销和联合营销分别属于信任代理型以及资产互换型。

（三）建立持续关系的基础

对于企业来说，其经营的核心在于创造客户和保留客户，前者决定了它能否存在，后者决定了它能否持续经营。不管数字技术如何发展，营销思维如何演变，营销战略本质的核心内容之一就是要建立持续关系的基础。建立持续关系的基础指的是数字信息触达后，企业通过各种经营手段为目标客户创造、建立和保持的持续性互动状态，使得营销从信息的传播进化到战略性的深度经营。

数字技术的应用使得企业与顾客建立和保持关系更加便利，也使得各类信息的创造、记录、分析和分享更加切实可行。在数字时代，顾客为中心的关系网络是人、产品、信息三位一体的关系架构，如图 4-1 所示。"人"包括消费者、行业专家、有影响力的企业家、人格化的企业品牌等。"产品"包括企业为顾客提供的产品或服务。"信息"指的是围绕产品的使用场景提供信息，构建信息分享的社交场景。建立持续关系的基础的行动包括建立连接、构建社群以及实施社会化关系管理平台。

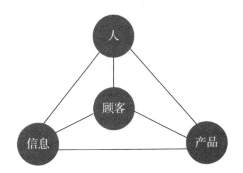

图 4-1　人、产品、信息三位一体的关系架构

（四）实现交易与回报

4R 模型的最后一个环节是实现交易与回报，也就是解决如何变现问题。实现交易与回报指的是在前三个 R 的基础上，企业与客户达成交易，并实现持续的交易。其本质是实现数字战略的交易回报。

实现交易与回报的方式有很多，KMG 将其归纳为以下几种方式，分别是社群资格的商品化、社群价值的产品化、社群关注的媒体化、社群成员的渠道化以及社群信任的市场化等。社群资格的商品化是指将加入和保持作为某一群体的资格或者将获得特定服务的资格作为一种回报方式，如会员费、年费等。社群价值的产品化指的是社群通过产品销售获得回报，如在社群内销售自有产品、销售联合品牌产品等。社群关注的媒体化指的是通过品牌社群实现商业信息的生产与分享。社群成员的渠道化主要包括通过现有社群扩大潜在目标用户、通过现有社群成员实现二次销售以及通过社群成员吸引人才。社群信任的市场化指的是在建立紧密的社群关系网络基础上，与其他资源进行合作，开展产品测评、推荐和销售等工作。

第三节 消费者洞察

一、消费者洞察的概念、特点

消费者洞察即 consumer insights，包·恩认为消费者洞察指的是发现消费者的新需求和隐性需求，并应用到企业营销实践中，它是发现新的市场机会、找到新的战略战术，从而提高营销成效和摆脱市场肉搏的有效途径。国内学者周茂君认为数字时代的消费者洞察指的是广告主、数字营销公司和数字媒体等机构，通过对消费者数据的全面分析、把握，对消费者深入理解，发现其新需求与隐性需求，并将其有效应用到市场营销和与消费者互动环节的行为。本书认为数字时代的消费者洞察是指企业基于大数据分析等技术，通过定量和定性研究方法，深刻理解消费者未被满足的显性需求和那些消费者尚未意识到的、朦胧的、没有明确抽象或具体满足物的隐性潜在消费需求。在数字营销领域，消费者洞察是所有营销动作的起点，也伴随着整个营销过程的全部环节。如在品牌定位阶段，消费者洞察可以帮助企业分析目标用户的真实需求，识别市场机会；在产品开发阶段，消费者洞察可以帮助企业优化产品，从而提升用户体验。在品牌传播与产品推广阶段，消费者洞察可以实现精准触达目标受众。

数字时代的消费者洞察有如下特点：第一，可以利用数字技术连接同一个消费者在不同渠道的信息，消除消费者信息孤岛；第二，借助工具动态监测消费者不断变化的消费行为，从而通过分析更好地了解消费者的消费习惯，为消费者提供更优质的产品或服务。第三，以有效大数据驱动，消费者洞察从原来传统人工抽样访谈模式调研，变为消费者大数据驱动。

二、数字化时代下消费者的特征

数字化时代下，中国消费市场和消费群体发生了显著的变化，呈现出全渠道融合、社交化、个性化、下沉化、绿色健康化等特征。

（一）全渠道融合

消费者正在越来越多地将实体店购物体验与线上研究购买相结合，线上渠道和线下渠道之间的界限慢慢模糊，麦肯锡咨询《2019 年中国数字消费者趋势报告》中调研了服饰类目，发现 85% 的消费者通过全渠道进行购物，比 2017 年提升 5 个点。与此同时，实体零售借助数字化创新来重构消费场景，提升流通效率和消费者的购物体验。如 M·A·C 彩妆品牌利用 AR（增强现实）技术在上海的旗舰店的交互屏幕上展示 KOL（关键意见领袖）在社交平台上的点评，同时支持虚拟试用产品。

（二）社交化

对于消费者来说，社交媒体平台不再只是交际的工具，还能满足各种娱乐、购物和日常生活需求。特别是互联网的原住民 Z 世代，他们的消费往往由社交动机驱使。Z 世代的消费链条触点多发生在社交场景中，如小红书、微信群等强社交场景及社群。因此，对于企业来说，社交媒体已经成为其开展数字营销的重要渠道。

（三）个性化

随着居民可支配收入的增长、自我意识的增强，消费者对于个性化的消费需求日益升级，个性化需求成为当前中国消费市场的主要特征。目前很多大型电商平台积极发展 C2M 反向定制，赋能上游产业，进行柔性制造，满足消费者的个性化、多元化需求。如拼多多平台的"家卫士"智能扫地机器人，格力和京东共同打造的"京慕"壁挂式冷暖空调等产品都是先从大数据中识别出消费者潜在需求，再与厂家进行合作开发。

（四）下沉化

下沉市场作为我国人口基数最大、面积最大、潜力最大的市场，已成为互联网平台鏖战的新战场。阿里妈妈发布的《下沉市场洞察报告——时空脱域中的小镇青年》通过对近一年成交商品的品类数量、成交额等数据进行分析，发现小镇青年有着相对更强的消费力，表现为买更泛、花更多、剁手更勤。与此同时，下沉市场的消费观念提升了，呈现出"品质""实惠"双关注的态势。

（五）绿色健康化

新冠肺炎疫情的暴发，在很大程度上增强了消费者的健康意识，引发消费者对于清洁、除菌、健康概念的热衷。此外，普华永道发布的全球消费者洞察调查显示，69% 的全球消费者更关注心理健康，43% 的全球消费者希望企业对其产生的环境影响负责。

三、数字化消费者决策与购买

传统营销理论假定消费者从认知到产生购买行为是线性的，类似于漏斗，如美国广告学家刘易斯提出 AIDMA 模型描述了消费者从看到广告，到达成购买之间的消费心理过程。该模型认为，消费者的决策主要阶段包括注意到（attention）该广告，感到趣味（interest），产生欲望（desire）。留下记忆（memory），产生购买行为（action）。漏斗模型的特点在于线性、连续、自上而下，品牌可以在每个阶段对消费者施加影响。在数字化时代，信息沟通的方式发生了巨大的变化，消费者的购买决策过程更加复杂，且随着数字技术的发展在不断演进。

2009 年，麦肯锡公司的 David Court 等人针对近 2 万名消费者的购买决策行为进行分析，提出了消费者决策旅程（Consumer Decision Journey，CDJ）模型。该模型将消费者的决策旅程分为初选（initial consideration）、积极评估（active evaluation）、购买时刻（moment of purchase）、购买后体验（postpurchase experience）四个阶段。该决策旅程是循环往复的，而非逐渐缩减的。

2015 年，麦肯锡将 CDJ 模型升级为消费者的数字化决策旅程模型，如图 4-2 所示。他们认为，消费者的数字化决策旅程由"购买闭环"（purchase loop）和"忠诚闭环"（loyalty loop）两个小环内切组成，包括考虑（consider）、评估（evaluate）、购买（buy）、喜爱（enjoy）、支持（advocate）和建立纽带（bond）六个关键阶段。消费者从接触产品到考虑、评估、再到最终购买，完成了"购买闭环"。在传统旅程中，消费者进入忠诚闭环或再次考虑购买和评估前，会有长时间的考虑和评估过程，可能会转向购买其他品牌，而新旅程则压缩了"考虑"这一阶段，甚至完全去掉"评估"环节，基于用户对品牌的喜爱将用户直接引入忠诚闭环，从而留住他们。因此，企业需要重视消费者的体验，让消费者形成认知，成为粉丝，最后还会将产品推荐给他人。

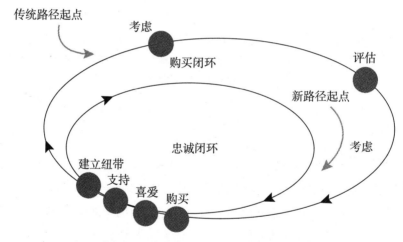

图 4-2　消费者的数字化决策旅程模型

随着大数据、人工智能、云计算为代表的数字技术的发展，消费者决策路径又发生了新的变化。2019 年，行业专家陈慧菱提出了一种新的模型：数字时代消费者决策路径 3.0。她认为，消费者的决策路径呈现出纷杂无规则可循的现象，如图 4-3 所示，且消费者与品牌的关系呈现出以下三个新特点：第一，品牌与消费者的触点发生裂变，消费者触点无限增加，且没有规律。为了应对这种变化挑战，2019 年的云栖大会上，阿里提出了全链路数智化转型的解决方案，其中就涉及通过触点数字化这一概念。他们认为零售企业可以借助人工智能物联网、移动互联网等技术，让品牌、商品、制作、渠道、营销、零售、服务等生产要素通过大数据参与构建与消费者的连接。第二，消费者的决策时间变短。消费者可以通过不同的媒体随时随地地与品牌建立连接，购买决策场所随之增加，产生冲动型消费的概率也大大提升。第三，品牌认知无规则化。消费者可以由于 KOL 的推荐或者短视频的种草等，先购买再去了解品牌。品牌认知不再是产生购买行为的先决条件。

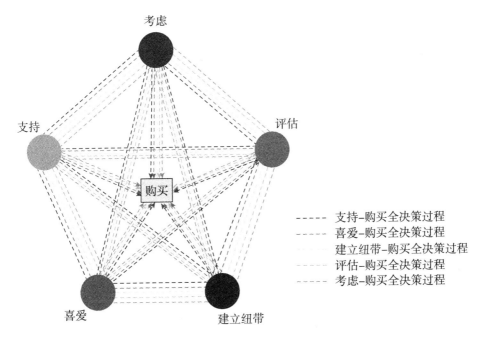

图 4-3 数字时代消费者决策路径 3.0

四、消费者画像

消费者画像是指企业通过运用大数据等技术收集与分析消费者社会属性、生活习惯、消费行为等主要信息，从而抽象出一个消费者的商业全貌。简单来说，就是把用户信息标签化。

构建消费者画像的步骤一般包括明确目的、数据采集、数据预处理、行为建模以及数据可视化等环节，具体如下。

（一）第一步：明确目的

构建不同的消费者画像可以实现产品优化、精准营销等不同的目的。因此消费者画像构建的首要任务就是明确消费者画像的意义、建设目标和效果预期。

（二）第二步：数据采集

根据消费者画像构建目的，收集所需的消费者数据，主要包括静态信息数据和动态信息数据两大类。静态信息数据是消费者相对稳定的信息，如姓名、年龄、性别、家庭状况、职业、学历、婚姻状况等。不同的产品所涉及的动态信息数据是不一样的，一般可以包括网络行为数据、服务内行为数据、用户内容偏好数据、用户交易数据等。如搜索、收藏、评论、点赞、分享、加入购物车、下单等。数据的采集可以通过定性和定量结合的方式获取，一般包括行业调研、用户访谈、用户信息填写及问卷、平台前台后台数据收集等方式。

（三）第三步：数据预处理

首先对数据进行处理，对于静态数据，去掉用户的敏感信息，仅保留所需数据，并进行脱敏操作。对动态数据进行处理时，删除所有不需要的属性。其次进行数据预处理，主要包括数据清洗和数据标准化两个关键步骤。就采集的数据来说，可能存在缺失值处理和噪声等，因此需要对这类数据进行清洗。在此基础上，需要对数据进行标准化处理。

（四）第四步：行为建模

采用文本挖掘、机器学习、聚类算法等方法对处理后的数据进行分析、计算，获得标签及其权重，得到消费者画像。消费者画像的数据模型一般包含时间、地点、人物三个要素。可以详细描述为4W：什么用户（who），在什么时间（when），什么地点（where），做了什么事（what）。如表4-1所示，张三在2020年4月28日搜索了一次"防晒霜"这个关键词。其中，标签权重常用于计算标签的重要程度。

表4-1　用户标签表

用户 ID	用户姓名	标签 ID	标签名称	行为次数	行为类型 ID	行为类型	行为时间	标签权重
10000121	王明	xx00fsf	尿不湿	3	1	购买	2020/3/12	4.2
21112134	张三	sdfg0041	防晒霜	1	2	搜索	2020/4/28	2.8

（五）第五步：数据可视化

利用 Tableau、D3.js、Python 可视化库等工具，将消费者画像以直观的视觉化方式进行展现。

第四节　数字品牌营销

一、品牌与数字品牌

"广告教父"大卫·奥格威在 20 世纪 50 年代首次提出了品牌概念，他认为品牌是一种错综复杂的象征，它是品牌属性、名称、包装、价格、历史、声誉、广告方式的无形总和。品牌同时也因消费者对其使用的印象，以及自身的经验有所界定。目前品牌的主体越来越多元化，不再只局限于企业名称和商品品牌，还包括国家品牌、城市品牌、地区品牌、个人品牌等。品牌已经成为衡量一个企业、一个地区甚至是一个国家综合经济实力的重要指标。自 20 世纪 60 年代始，品牌理论发展经历了品牌形象、品牌定位、品牌资产、品牌管理、品牌关系五个阶段。品牌形象理论是 20 世纪 60 年代大卫·奥格威提出的，他强调了独特的品牌形象和品牌个性的重要价值。1972 年，杰克·特劳特和艾·里斯提出定位概念，品牌定位理论认为品牌塑造需聚焦顾客心智，满足顾客的心智需求。1991 年，戴维·阿克在《管理品牌资产》一书中提出了品牌资产理论，他认为品牌不仅可以用来识别某一销售商销售的产品或服务，而且可以用来区别竞争对手的产品或服务。1992 年，美国学者凯文·莱恩·凯勒在《战略品牌管理》一书中提出构建强势品牌需要建立品牌标识并创造品牌内涵，引导消费者反应以缔造适当的消费者品牌关系。品牌管理以人际关系类比消费者与品牌的联系，侧重品牌消费者关系建构研究。1992 年，马克斯·布莱克斯顿提出了品牌关系理论，该理论将品牌视为满足消费者自我实现需求和个性体验的伙伴，主张与消费者建立良性互动的关系。

赵小凡根据企业发展过程，将数字品牌分为三种。第一种是传统企业的品牌在数字媒介上的延伸而形成的数字品牌；第二种是有实体为物质基础，依靠数字技术宣传而产生的企业数字品牌；第三种是依靠数字技术，且企业产品完全数字化的数字品牌。余晓莉则认为在品牌领域把"数字品牌"和"非数字品牌"严格区分开来没有科学依据。在数字化时代，一方面，传统的品牌如可口可乐等都在不断地应用数字技术和数字媒体重塑升级自己的品牌形象。另一方面，诸如谷歌、亚马逊、阿里巴巴、小米等互联网原生品牌，同样需要依赖线下的营销沟通活动来建立与消费者之间的关系，构建其完整的品牌形象。

二、数字品牌营销的概念、特点

关于数字品牌营销尚没有形成统一的概念界定。余晓莉认为数字品牌营销主要探讨的是如何利用数字技术进行品牌管理。谷虹从交互展示、游戏玩乐、移动定位、搜索应答、电子商务、协同创新及社交情感七个方面介绍了品牌智能的核心理念，通过将品牌隐喻成生命展示数字时代品牌营销的核心理念和具体操作方法。周茂君则认为数字品牌营销是品牌主利用数字传播渠道推广自身品牌，实现品牌信息的精准送达，和用户之间进行深度互动，从而增强用户对品牌的好感度，引导销售的所有营销传播活动。本书认为数字品牌营销是以数字技术为基础，以数字媒体为载体，通过重构品牌和用户良好关系，实现品牌智能化升级为目的营销传播活动及过程。随着数字技术的应用，数字品牌营销呈现出以下几个新的特征。

（一）即时交互性架起沟通渠道

数字媒体自身最大的特点就是即时交互性，利用数字媒体渠道品牌和用户之间架起了沟通的渠道。品牌传播过程不再是单向的信息推送，而是双向甚至多元的沟通形式。比如网易云音乐在 2019 年推出的基于 AR 技术"小纸条"的功能，用户可以基于地理位置启用虚拟留言墙，在墙上进行留言、评论、点赞以及分享喜欢的音乐等操作，开启了虚拟空间互动新社交体验。

（二）品牌与消费者的关系构建是数字品牌打造的核心动力

数字媒体平台为数字品牌和消费者之间建立更稳定的良好关系提供强大的基础和便利的条件。一个重要的切入点就是品牌人格化、打造品牌拟人化形象。比如购买过完美日记产品的消费者，大多都会加上一个名叫"小完子"的微信好友，"小完子"通过在微信群或者朋友圈里发布高质量的美妆内容，进行抽奖、开展优惠活动与消费者进行互动交流。通过打造"小完子"这个统一的人设，很好地与消费者建立了信任关系。

（三）传播与沟通渠道的多元化使创意进一步放大

数字营销平台的多元化为品牌的传播提供了很好的土壤，品牌方可以结合目标用户特点，通过多渠道进行传播，使创意传播进一步放大。比如搅拌机品牌 Blendtec 就在 YouTube 上投放了一系列题为"Will it Blend"的视频。在视频中，创始人穿着白色的实验室工作服，将一些出人意料的东西如 iPhone 手机等放到公司的高功率搅拌器中，然后开启了电源。这个系列的视频将该品牌的产品成功地打造成一个无所不能的搅拌"金刚"，展示了其强大的搅拌功能。这种低成本的表演方式、创意性十足的表演内容，迅速吸引了观众的注意力，使 Blendtec 的销售额猛增了 700%。

（四）大数据应用使品牌经营走向个性化

基于大数据技术的应用，和过去相比，品牌更充分地挖掘消费者的需求，为消费者提供个性化的服务，从而提升消费者的体验，提高对品牌的满意度。在互联网行业，各平台基于用户的海量数据可以为用户提供个性化的服务，比如淘宝的推荐系统就实现了千人千面，简单来说搜索同一关键词，搜索结果将根据不同消费者的特征，将产品进行个性化展示投放，从而使消费者能在海量商品信息中更快更好地找到自己感兴趣的产品。

第五节　数字内容营销

一、数字内容营销的概念、特点

"内容营销"这一概念是"内容营销之父"乔·普利兹在 2001 年提出的。美国内容营销协会（Content Marketing Institute，CMI）认为内容营销是一种通过生产发布有价值的、与目标人群有关联的、持续性的内容来吸引目标人群，改变或强化目标人群的行为，以产生商业转化为目的的营销方式。

这里需要注意的是内容营销虽然已经广泛应用，但大部分的营销人员对它的认识还存在偏差，有些人甚至错把所有营销内容都认为是内容营销。虽然所有的营销信息传递都需要以文案、短视频等内容形式进行表达，但是如果内容的作用仅仅局限于传递营销信息，那么用户不一定对内容产生兴趣。只有将营销信息有机地融入有价值的内容中，才能激发特定用户的兴趣，进而实现营销触达或转化。还有些营销人员简单地认为内容营销就是讲故事，虽然讲故事是内容营销的常用手段之一，但内容营销的边界更大。内容营销的特点总结如下。

（一）有价值的内容

为用户提供有价值的内容是内容营销的核心。这种方式和传统营销的推式营销不同，而是一种拉式营销，先通过创作用户感兴趣的、有价值的内容来引起关注，然后再吸引用户对品牌产生了解，最后在用户心中树立起人性化、可信赖的形象。有价值的内容应符合以下几个标准，如内容符合目标用户的需求、内容高质量、内容能激发用户情感等。

（二）讲故事

讲故事是企业开展内容营销的常见手段。比如，美国的一家健康零食品牌 Clif bar 的视频 *Bodies On The Line For Bears Ears* 就讲述几个运动员为抗议特朗普削减熊耳国家纪念园土地范围而开展登山活动，为当地教育中心筹集资金的故事。这个故事本身和产品并没有太多的关系，但是在视频中可以发现 Clif bar 的产品作为运动员在登山前准备装备的食品很自然地被植入进去。该品牌选取一种目标群体感兴趣的内容，比如他们都热爱自然，关心大自然的保护，用这种内容吸引他们的关注，再在这个内容中不动声色地植入它的产品信息、品牌理念。

（三）持续性

好的内容营销应该持续性、有计划地与用户建立联系。比如沃尔沃拍摄了上百条不同类型的视频，有计划且持续地在 YouTube 视频平台上进行传播，为沃尔沃品牌收获了大量的曝光以及积累了众多的粉丝。因此，内容营销不应该是一次性的短暂活动，而是持续的投入与产出。

（四）互动参与式传播

内容营销强调顾客的互动参与，企业可以根据不同媒体渠道的特点，吸引消费者积极参与到内容营销的互动过程中，进而引导用户的主动传播，甚至是消费转化。比如，Tiffany 就联合小红书在情人节开展了"蓝色情人节"内容营销活动，设立了"晒晒我的 Tiffany"话题，激励用户输出内容，在传递品牌价值的同时，也营造了良好的消费场景。

二、数字内容营销的形式与方法

用户获取及浏览内容的常见方式有直接浏览、信息引导（如通过搜索引擎、网络广告等引导进入信息源页面浏览）、用户订阅（订阅微信公众号等内容）、社交分享（通过社交关系网络分享获取的信息）、网络下载等。相对应的内容营销的常见模式可以分为以下五种。

（一）信息发布模式：内容基础型

由企业创作和发布内容，用户通过访问网站、博客等方式获取信息，这是最基础的内容营销模式。这种模式对应的典型内容营销方法包括企业网站内容营销、博客营销等。比如国外社会化媒体管理平台 Buffer 在发展早期就采用独立博客来吸引用户，他们坚持撰写和发布文章，而每一篇文章的内容几乎都可单独作为一本入门指导，给用户带来价值。

（二）信息引导模式：信息引导

用户通过第三方网站或服务的引导来获取基础信息。这种模式对应的典型内容营销方法包括搜索引擎营销、博客营销、内容合作。比如美国的一家专门帮助安装家庭游泳池的公司 River Pools，通过谷歌搜索引擎优化让公司网站在用户搜索精准词的时候排在前面，再结合原创的、高质量的文章使得公司网站整体排名都提高了，从而成为全球最大的泳池交易平台。

（三）信息订阅模式：用户许可

企业提供订阅内容，用户主动订阅，企业以适当的方式将信息发送给用户。这种模式对应的典型内容营销方法包括许可 E-mail 营销、微信公众号营销等。

（四）社交分享模式：关系传播型

企业通过社交平台或其他方式发布的信息，用户通过参与讨论、转发等互动实现浏览和再次传播。这种模式对应的典型内容营销方法包括病毒式营销、微博营销、微信朋友圈营销等。

（五）资源分享模式：长期价值型

通过有价值的内容资源分享，从而获得长期的网络营销效果。这种模式对应的典型内容营销方法包括视频分享、文档分享、图片分享、电子书下载等。

三、数字内容营销的步骤

对于企业来说，从 0 到 1 开始数字内容营销主要包括明确营销目标、消费者分析、内容规划、内容生产、内容发布和推广、效果评估及后续调整等步骤，它是一个系统性的工程。只有完成了上述步骤，最终形成完整的内容营销才能触达用户。

（一）明确营销目标

在开展任何营销计划前，企业都需要先明确该计划是为了满足什么样的营销目标。一般说，企业营销目标可以分为品牌层目标和效果层目标。前者关注通过营销活动带来品牌文化、企业文化、社会责任方面的正面价值输出，具体如提升品牌知名度和美誉度、提升品牌个性和保持品牌差异性、提升品牌情感和文化价值、提升品牌与企业文化融合度、提升品牌社会责任感等。后者表现为通过营销活动直接带来销量增长、市场扩张、用户增长等，具体如提升销售和企业营收、提升品牌市场占有率、降低新用户获取成本以及提升用户留存率等。

（二）消费者分析

在明确企业内容营销目标之后，非常重要的步骤就是明确企业目标用户是谁，进而分析目标用户的需求。首先，企业需要分析目标用户，构建消费者画像；其次，通过用户调研或者访谈，描绘消费者购买决策路径，分析在不同决策阶段用户的痛点问题。

（三）内容规划

内容规划环节建议通过内容规划表的形式厘清思路，表中一般罗列客户类型、客户生命周期以及内容展示形式三个基础要素。不同目标受众所偏好的内容形式存在差异性，比如图文和视频内容覆盖的受众比较广泛，往往作为大范围推广的形式，而游戏、音乐等内容则覆盖那些对此感兴趣的受众，具有明显的圈层性，这类就需要开展特定的内容营销。

（四）内容生产

完成了前面的三个步骤之后，接下来就需要完成内容的制作。这一过程通常是一个持续不断而且耗时巨大的过程。在内容生产过程中，注意要基于用户的需求出发，为他们提供有价值的内容，而不是简单地销售。比如化妆品品牌可以自建内容渠道，为美妆爱好者提供美妆教程，运动品牌可以将运动教学免费开放等。当然，企业也可以激励消费者与品牌互动、产出内容。

（五）内容发布和推广

在内容营销的整个执行过程中，媒体平台承担着内容发布和传播渠道的角色。媒体的选择，在很大程度决定了内容营销覆盖受众的类型和范围。在选择具体的媒体类型时，当目标受众垂直属性明显，如 Z 世代、小镇青年、母婴群体等，可以选择对应的用户画像垂直的媒体平台，比如当营销目标受众群体主要为二次元群体时，可以依托 bilibili 网站（以下简称"B 站"）等开展内容营销合作。此外，还需要考虑媒体平台的内容数量与质量、内容交互的活跃度等。发布之后，还可以选择 KOL、社群等进行推广，形成更大曝光。

（六）效果评估及后续调整

内容发布和推广之后，企业还需要对内容营销的效果进行评估。随着数字化技术的发展，企业可以获得更多的指标数据，这就为内容营销的数据化驱动提供了技术基础。由于企业的营销目的不同，所关注的细分指标也不同。如果是效果层营销目的，企业最重视的往往是 ROI（投资回报率）指标，其次是购买或下载量、广告点击率、广告曝光率等。如果是品牌层营销目的，品牌推荐度、知名度和美誉度是广告主在内容营销中的重点评估指标。最后，还需要根据评估的结果反复地调整内容策略或内容生产，以此来不断提升内容的质量。

第六节   搜索引擎营销

一、搜索引擎营销概述

（一）搜索引擎的定义、原理

搜索引擎是根据一定的策略、运用特定的计算机程序从互联网上收集信息，在对信息进行组织和处理后，为用户提供检索服务，并将检索的信息展示给用户的系统。从国内市场来看，中国互联网络信息中心完成第 47 次《中国互联网络发展状况统计报告》，报告显示，截至 2020 年 12 月，我国搜索引擎用户数达 7.7 亿，是网民第二大最常使用的应用，仅次于即时通信（instant messaging）。

搜索引擎的工作原理，按照步骤可以分为爬行与抓取，预处理和排序，如图 4-4 所示。第一步是爬行与抓取，首先每个独立的搜索引擎利用网页抓取程序，称为"蜘蛛"（Spider），在互联网上浏览信息，然后把这些信息都抓取到服务器（Server）上，建立索引库。为了抓取更多的链接，"蜘蛛"会跟踪页面上的链接，从一个页面到另一个页面，就像蜘蛛在网上爬行一样。网站和页面的权重、页面的更新度和更新频率、内容的质量等因素都会影响"蜘蛛"的抓取。第二步是预处理，也叫作索引。因为搜索引擎数据库网页较多，用户搜索后，索引计算量太大，很难在短时间内返回搜索结果，因此必须对页面进行预处理，包括中文分词处理、去除停止词、指令处理、拼写错误纠正等。第三步是排序，这步中最重要的环节就是计算关键词与页面的相关性，也就是从索引数据库中找出所有包含搜索词的网页，根据关键词常用程度、词频及密度、关键词位置及形式、关键词距离等计算关键词与页面的相关性。

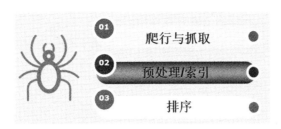

图 4-4　搜索引擎工作原理

（二）搜索引擎营销的概念

搜索引擎营销是基于搜索引擎平台，通过一整套的技术和策略系统，利用人们对搜索引擎的依赖和使用习惯，在人们检索信息的时候尽可能将营销信息传递给目标客户的一种营销方式。搜索引擎用户进行信息搜索本质是一种主动表达自己真实需要的方式，比如某用户想要给小孩报个英语培训班，但又不知道有哪些英语培训机构，它们的口碑怎么样，于是可能会通过搜索引擎搜索"少儿英语培训"等关键词。搜索引擎营销展现了企业从发布信息到用户获取信息的整个过程，具体包含以下几个环节：企业将信息发布在网站上成为以网页形式存在的信息源；搜索引擎将网站 / 网页信息收录到索引数据库；用户利用关键词进行检索；检索结果中罗列出相关的索引信息及其链接 URL（Uniform Resource Locator，统一资源定位符）；用户根据对结果的判断单击 URL 进入信息源所在网页。

因此综上所述，企业想要开展搜索引擎营销，需要完成以下几个基本任务。第一，构建适用搜索引擎检索的信息源，即企业需要生产网页内容信息。第二，创造网站网页被搜索引擎收录的机会，也就是提高网站搜索引擎的可见度。不管网站建设得如何优秀，搜索引擎没有收录，用户就无法获取信息。第三，争取让信息出现在搜索结果中靠前位置。由于搜索引擎检索出来的信息可能是海量的，因此除了网站 / 网页被搜索引擎收录以外，企业还需要努力让信息在搜索引擎结果中排名靠前。第四，以搜索结果中有限的信息获得用户关注。用户根据自己的判断对搜索结果进行分析，从而筛选出自己觉得有用的信息。因此，这一步需要通过有限的信息吸引用户的关注，进而获得点击。第五，方便用户获取信息。用户通过单击搜索结果而进入网站 / 网页，是搜索引擎营销产生效果的基本表现形式。企业的最终目的是希望将浏览者变成顾客，因此用户的后续行为决定了搜索引擎营销是否可以最终获得收益。而用户能否产生进一步的行为需要结合产品、服务、文案等多方面的因素。搜索引擎营销的主要方法包括搜索引擎优化和搜索引擎广告。

二、搜索引擎优化

搜索引擎优化是通过对网站栏目结构和网站内容等基本要素的优化设计，提升网站对搜索引擎的友好性，使得网站中尽可能多的网页被搜索引擎收录，并且在搜索中获得好的排名效果，从搜索引擎的自然检索中获得尽可能多的潜在用户。SEO 可以为网站带来大量、稳定的用户群，可以帮助企业带来搜索引擎排名、网站访问量以及品牌知名度三个方面的提升。

搜索引擎优化的优势在于：第一，与付费广告相比，用户更容易信任自然排名给出的排名结果，自然搜索流量的点击率和转化率会更高。正常的网页广告点击率会在 2%～5%，而自然搜索结果的点击率可以高达 30% 以上。此外，搜索引擎带来的用户都是主动搜索的，意向明确，这个时候将网站展示在他们面前，转化率也会大大提高。第二，SEO 是一种免费的营销方式，不需要向搜索引擎投广告，也不需要不断地投入广告费用。当通过 SEO 获得好的排名之后，企业可以持续获取免费流量。第三，SEO 可以为企业提供信任背书。

企业搜索引擎优化的主要任务有关键词优化、网站结构优化、页面优化、外部链接优化等。

（一）关键词优化

在搜索引擎优化领域，关键词指的是用户为了查找产品、服务或公司等相关信息，在搜索引擎的搜索框中输入的文本，它可以是一个词语、一个短语或一句话。没人搜索的词是没有任何价值的，因此，需要找到被搜索次数比较多，但难度还不是很大的关键词，否则优化难度很大。另外，流量引入是有效的，比如搜索"律师"的用户动机和目的是很难判断的，用户可能在找律师服务，或者在寻找律师考证内容。因此，关键词优化首先要从用户的需求出发。在选择关键词时需要注意以下几点，首先是相关性，也就是网站内容和目标关键词是相关的；其次选择竞争小的关键词，这样才能做到同样投入获得高产出；最后要选择商业价值高的关键词等。

（二）网站结构优化

网站结构优化可以更加合理的栏目，更清晰地展示网站内容以及内容与内容之间的逻辑关系，也方便搜索引擎"蜘蛛"爬行，抓取信息。对于用户来讲可以更便捷地获取自己想要的信息。好的网站结构一般遵循扁平结构或树形结构、优化网站导航、内部链接优化和建立网站地图等原则。一般扁平网站结构适用于较为简单的小型网站，这种结构的网站所有页面都保存在网站根目录，"蜘蛛"只需要一次访问就能遍历网站中的所有页面，爬行效率高，有利于网站的检索和排名。树形网站结构适合内容类别多、内容量大的综合性网站，这种结构将网站中的网页文件按照类别及其相互关系保存到不同文件夹和子文件夹中。

（三）页面优化

网站页面的质量直接影响网站在搜索引擎中的收录量。网站页面包括了首页、栏目页、专题页和内容详情页等，因此需要根据页面内容进行针对性的优化。在页面内容优化环节，最重要的是要做到坚持更新，其次就是提高内容的质量。其中内容是搜索引擎用来判断网页质量的重要标准，特别是优质原创内容，是搜索引擎最喜欢抓取的内容。

（四）外部链接优化

外部链接又叫反向链接，是指与外部网站的页面之间的链接，包括指向外部网站的链接以及外部网站指向内部网页的链接。外链作用主要有三点。第一，增加网站流量。优质的外链可以为网站带来很多流量。第二，提升网站权重。外部链接使被链接的页面以及整个域名的权重提高，信任度增加。第三，提升网站收录。一个新的网页，如果没有入口，"蜘蛛"很难发现它，如果给这个新页面增加外链，就可以方便"蜘蛛"发现和抓取，增加网页的收录率。

三、搜索引擎广告

搜索引擎广告是将企业的产品或服务等以关键词的形式在搜索引擎平台上推广的一种按效果付费的广告。以谷歌为例，企业可以投放的常见广告类型是搜索广告、展示广告、购物广告、视频广告、应用广告。

（一）搜索广告

搜索广告是用户搜索时展示的广告，当用户对某些关键词进行搜索时，相应的文字广告会出现在用户的搜索结果中。比如用户使用"seo services"关键词进行检索，就可以在搜索结果里看到带有 Ad 标记的广告，就是搜索广告，如图 4-5 所示。

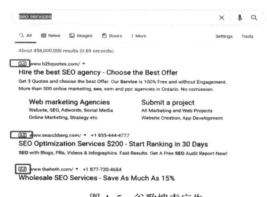

图 4-5　谷歌搜索广告

（二）展示广告

展示广告是指在广告主设置的特定目标群体或网站进行广告展示。也就是说当消费者在浏览网页的时候，展示与广告主的目标消费者相关的广告内容。展示广告主要以第三方流量为主，其触及受众的定位方式包括内容定位和人群定位。

（三）购物广告

购物广告将产品照片、名称、价格、商店名称等展示在用户的搜索结果中，如图 4-6 所示。Google 购物广告（PLA）被认为是提早吸引消费者和新客户的关键手段之一。Adthena 对超过 26 万家零售商的 4 000 万个搜索广告的研究显示，PLA 大多情况下主导零售搜索营销。在美国，PLA 广告花费占总付费搜索广告花费的 76.4%，而英国达到了 82%。

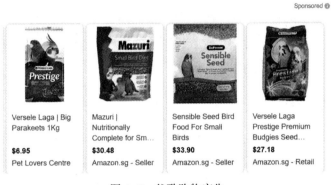

图 4-6　谷歌购物广告

（四）视频广告

视频广告是指将产品的视频广告投放在 YouTube 和整个展示广告网络上。目前，YouTube 面向 70 多个国家 / 地区开放，提供 61 种语言，覆盖了 71% 美国在线人口。

（五）应用广告

应用广告主要是用来推广 App，吸引用户下载使用，展示位置包括 Google Search、Google Play、YouTube 和 Google display network 等。这种广告形式，只要广告主提供文字、设置起始出价和预算，定位语言和地理位置等信息，系统会自动给出效果最优的广告并进行投放。

第七节　程序化广告

一、程序化广告的定义

随着人工智能和大数据等技术的应用，程序化广告（programmatic advertising）快速发展，推动广告行业向自动化、数字化的转型升级，已经成为网络广告中的重要力量。程序化广告指的是广告主通过数字平台，从受众匹配的角度由程序自动化完成广告的采买和投放，并能实时反馈投放效果的一种广告投放方式。2005年美国的广告交易平台（Ad Exchange，ADX）Right Media上线，美国程序化广告开始兴起，目前已经成为最受欢迎的程序化广告市场，此外加拿大、英国和丹麦等国家，80%以上的数字媒体都是以程序化方式进行交易的。2012年开始，中国的程序化广告进入探索期，腾讯、新浪、百度等都上线了广告交易平台，程序化广告市场得到飞速发展，业内一般认为2012年是国内程序化广告的元年。根据eMarketer的报告，2019年国内程序化总体市场规模达到2 074.3亿元，展示广告增长率为29.3%，71%的展示广告都是通过程序化购买方式进行交易。

传统广告购买方式是纯人力的，广告主需要与很多的媒体进行谈判或者通过广告代理商购买媒体资源，效率很低、投放效果一般。而程序化广告通过数字化、自动化、系统化的方式，可显著提升广告交易的效率，优化广告投放效果和扩大广告交易规模。对于广告主来说，可以实现程序化购买媒体资源，精准触达目标用户，同时能够获得广告投放效果、曝光或触达量等指标数据，使得广告投放效果更加可控，提高了转化率，节约了广告成本。对于媒体来说，通过程序化购买方式，资源可以直接进入交易市场，不需要单独与广告主、广告代理商进行商务谈判，提升了效率。另外，基于用户的属性、兴趣等标签，媒体可以将不同时段、不同区域下的同一广告位差异化定价，售卖给不同广告主，提升收入。同时，由于程序化广告是精准触达用户，也能够提升用户的体验。

二、程序化广告的参与者

国内的程序化广告市场历经了萌芽期、探索期、躁热期、洗牌期，已经趋于成熟，程序化广告产业生态日益优化完善。目前参与产业链的各方分别为需求方、流量供给方、需求方服务平台（Demand Side Platform，DSP）、供给方平台（Supply Side Platform，SSP）&广告交易平台数据及服务平台等。

（一）需求方

需求方指的是流量的消费者，是网络广告流量的最终需求方，通常为广告主或广告代理商。广告主进行广告推广时，既可以自主制订广告投放计划，并由公司内部人员进行投放操作，也可以委托广告代理商负责代表广告商进行广告投放。

需求方可以根据行业或广告类型分为效果类和品牌类两种。效果类需求方主要分布在游戏、电商等行业以及一些中小型公司。效果类需求方一般更关注广告的转化效果，广告形式更加偏重用户点击、电话拨打或应用下载等，如去哪儿、京东、招商银行等。品牌类需求方通常是大型快消品、汽车、房地产公司等。该类需求方的广告投放目的一般是品牌宣传，塑造品牌形象和扩大影响力，因此品牌类需求方的广告更偏展示形式，如宝洁、兰蔻等。如今越来越多的广告主，希望能在提升品牌认知的基础上促进效果转化，同时在效果广告中渗透品牌影响力，也就是品效合一。

（二）流量供给方

流量供给方就是提供流量并接收广告投放的媒体，是广告现金流的终端。程序化交易广告的主流供给方主要包括 PC（个人计算机）Web、mobile Web 和 App 等渠道。按照供给方的内容来看，媒体可以分为综合门户、垂直网站、视频、社交平台等。流量供给方的马太效应明显，头部社交、视频类应用占据更多的用户时间，为行业提供了很多优质媒体资源。

（三）需求方服务平台

需求方服务平台是给需求方提供的广告投放平台。在整个交易过程中，DSP 是非常重要的一个角色，是集数据、流量、需求、策略等于一体的平台。需求方可以在 DSP 上制订自己的广告计划、创意、设置出价和定向条件等，DSP 在广告展现后通过自身数据及算法对广告计划进行数据分析并产出数据报告。广告主在选择 DSP 的时候，一般从产品、服务、流量、效果以及收费等维度进行综合评估。产品即广告投放及管理的后台，服务指的是该平台服务能力等，流量指的是媒体资源情况，效果和平台的技术能力高度相关。

（四）供给方平台 & 广告交易平台

供给方平台是媒体资源聚合的平台，由供给方平台对接多家媒体资源以实现广告主大流量定向广告的需求。从理论上来看，SSP 对接媒体会接入广告交易平台。广告交易平台连接着 DSP 和 SSP，是程序化交易广告产生的核心产品。目前 SSP 的功能与 ADX 功能基本趋于一致，且行业内很少有公司在单独做 ADX，因此可以将 ADX 和 SSP 合并来讲。ADX/SSP 主要包括三类，第一类是大型媒体自建 ADX/SSP，如腾讯广告、穿山甲等，它们掌握着自有流量，希望通过平台提升效率和效果。第二类是广告网盟如阿里妈妈、百度等，它们掌握着大量的流量资源，希望平台提升广告填充率和售卖单价。第三类是 DSP 开拓 ADX/SSP 如聚效广告平台等，这类平台希望自己能掌握流量资源。

（五）数据及服务平台

数据及服务平台指的是广告投放平台之外的第三方广告投放服务提供商，这类服务平台不直接参与到广告的交易过程。第一类是广告验证平台（Ad Verification Platform）如 IAS、Sizmek、MOAT、RTBAsia 等旨在品牌安全、反作弊、无效流量验证等方面为广告主提供技术支持。第二类是数据管理平台（Data Management Platform，DMP），如达摩盘等为广告投放提供人群标签以实现精准定向，并能够根据投放数据建立人群画像，为后续投放提供数据策略。第三类是如百度统计、Google

Analytics 360、Nielsen 等监测分析平台，这类平台站在第三方的角度，为广告主提供广告投放数据的同步监测，更容易获得广告主的信任。

三、程序化广告交易模式

按照需求方有没有参与广告展示的出价，程序化广告交易模式可以分为实时竞价（real time bidding，RTB）交易模式和非实时竞价交易模式两类。而后者又可以分为程序化直接购买（programmatic direct buying，PDB）交易模式、优先交易（preferred deal，PD）模式和私有竞价（private acution，PA）交易模式三类。

（一）实时竞价交易模式

实时竞价交易模式是指用户在访问媒体产生曝光机会时，众多需求方服务平台根据曝光的上下文以及用户的属性，实时评估决定是否参与竞价，经过广告交易平台的竞价后出价最高的广告主最终赢得该次曝光机会。

（二）非实时竞价交易模式

1.程序化直接购买交易模式

程序化直接购买交易模式指的是广告主或代理商按照传统方式与媒体商议买断优质媒体资源，然后采用程序化购买的方式进行对接和投放。这类资源往往是广告资源中质量最高的，采取这种模式的往往是如联合利华、宝洁等大的品牌广告主，既可以满足它们购买优质广告资源的需求，又可以保证一定的广告投放效果。PDB 交易模式的广告资源和价格一般是预定的，因此可以保价保量，通常是一个媒体对应一个广告主，售卖的方式往往是按照时长付费（cost per time，CPT）。

2.优先交易模式

优先交易模式是指在广告投放前，根据广告主的投放需求，按照固定的每千人成本计价（cost per thousand/impressions，CPM）和固定的资源位在媒体上进行采买。在广告投放过程中，当用户在访问媒体产生曝光机会时，广告交易平台将广告请求发给单个需求方，需求方可以按照自己的意愿挑选流量，且无须进行竞价。在这种交易模式下，媒体不对广告投放量进行保证。从流量优先级来看，头部媒体按照 PDB 方式出售广告流量后，剩余流量将优先进入 PD 市场。

3.私有竞价交易模式

私有竞价交易模式将流量资源限制在某些受邀请的广告主范围内进行拍卖，从而满足了媒体对自身平台整体质量的要求。由于这个竞价市场是私有的一对多市场，一般不保价也不保量。媒体往往会通过设置白名单的形式允许特定广告主进入竞价市场。这种交易模式，大部分情况下广告会按照每点击（cost per click，CPC）或每千人成本计价售卖。

第八节 社会化媒体营销

一、社会化媒体营销概述

社会化媒体（social media）最早由美国学者安东尼·梅菲尔德于 2007 年提出，在 *What is Social Media*？一书中他将社会化媒体定位为"一个集参与、公开、交流、对话、社区性以及连通性为一体的，给予用户极大参与空间的新型在线媒体"。另一个经典概念是德国传播学者安德斯·M.卡普兰等提出的，他们认为社会化媒体是一系列建立在 Web 2.0 技术和意识形态基础上的网络应用，它允许用户创造内容（UGC）和交流。

Kantar 在《2019 年中国社会化媒体生态概览白皮书》一书中描绘了目前中国社会化媒体的生态格局，并将中国的社会化媒体分为核心社会化媒体、衍生社会化媒体以及复合媒体。核心社会化媒体的主要意义在于增强人际关系，用户通过核心社会化平台可以经常交换各自的生活体验或其他信息，包括以交友、兴趣、新鲜事、即时通信为目的的线上平台。如通过豆瓣进行兴趣社交、通过微博获取国内外最新资讯信息等。衍生社会化媒体的主要功能是帮助平台增加黏性，赚取流量。与核心社会化媒体重关系不同，衍生社会化媒体是重内容平台。用户从内容生产者身上获得更加个性化的信息，以进行更好的决策。衍生社会化媒体一般可以分为电商购物（如京东、拼多多等）、知识资讯（知乎等）、影音娱乐（抖音、快手、B 站等）、网络游戏（魔兽世界等）。目前，越来越多的平台不仅仅局限于某一功能，而是向多功能的复合媒体发展。Kantar 将复合媒体定位为那些总用户数超过 5 亿，且平台集成了交友、娱乐、通信、购物、社交、搜索以及游戏功能，如微信、QQ、淘宝、支付宝是典型的复合媒体。

社会化媒体的快速发展，深刻地改变了消费者获取信息和进行沟通的方式，越来越多的企业依托社会化媒体开展营销活动，社会化媒体也因此成为重要的传播渠道，社会化营销迅速崛起。特别是在 2020 年疫情的影响下，中国社交媒体行业却逆势上扬，发挥着重要的作用。社会化媒体营销指的是用户依赖或基于社会化网络、在线社区、微博或其他社会化媒体形成的互相连接的人际关系，来进行品牌或者产品的营销。

目前，社会化媒体已经成为企业与客户联系的主要方式之一，随着 AI、大数据等技术的发展，越来越多的企业开始利用社会化媒体去营销客户消费进程。如果企业想要开展社会化媒体营销，首先需要明确自身的营销目标，也就是希望社会化媒体营销为企业带来什么样的价值。Sprout Social 发布的新的"社交媒体指数报告"显示，69% 的受访者开展社交媒体营销的首要目标是提高品牌的知名度。46% 的受访者是希望增加品牌的受众，44% 的受访者是希望推广内容，43% 的用户是希望增加社区参与度，40% 的用户是希望促进销售。因此，我们可以归纳出社会化媒体营销的价值包括提高品牌知名度、促进产品或服务的销售、营销互动、客户关系管理等。

二、社会化媒体营销趋势

2020 年，易观联合赢联新媒体研究院发布了《2020 中国社会化媒体营销市场分析报告》，这份报告不仅梳理了社会化媒体营销的发展现状，而且提出了市场发展趋势，分别是私域流量、直播电商和圈层营销。

（一）私域流量

私域流量目前尚未有一个公认的定义，它是一个与公域流量相对的概念，公域流量指的是互联网中一切活跃的用户，如淘宝、京东、微博、抖音等这类平台是公域平台，其中的流量就是公域流量。而私域流量指的是品牌商或者私人可以自由反复利用、无须付费、又能随时触达的流量。其与公域流量相比具有可重复使用、性价比高的优点。比如完美日记，在品牌推广早期，就是通过在小红书投放大量腰部 KOL 和在微信运营私域流量等方式实现了爆红。对于品牌来说，通过那些具有高消费能力、高影响能力的品牌忠实用户的社交分享传播，可以更快地进行口碑裂变。

目前，小程序已经逐渐成为品牌开展私域流量的主要场所。QuestMobile 发布《2020 微信小程序生态洞察报告》称，截止到 2020 年 9 月，10 万级以上的微信小程序数量已达到 4 418 个，小程序总体月活跃用户规模达到了 8.32 亿；目前小程序已经与微信的内容体系（公众号、订阅号、视频号）、广告体系（微信朋友圈广告、小程序广告、公众号广告）实现了连接，帮助企业实现获取、留存、变现，形成整个内部闭环。

（二）直播电商

直播具有实时互动性、内容真实感更强的优势，品牌可以通过直播更好地和消费者进行沟通，更容易刺激消费者进行购买，缩短消费者决策链路，降低消费决策成本。直播电商的本质其实是商品销售的效率革命。2016 年，蘑菇街、淘宝、京东等平台陆续上线了直播功能，直播电商在 2019 年迎来了爆发式增长，特别是 2020 年的新冠疫情加速了直播带货的发展。经过 5 年多发展，越来越多的电商平台、视频平台、MCN 机构、品牌商参与到直播电商行业，直播电商产业链基本成型。CNNIC 发布的第 46 次《中国互联网络发展状况统计报告》显示，截至 2020 年 6 月，中国电商直播用户规模为 3.09 亿，比 2020 年 3 月增长 16.7%，成为上半年增长最快的个人互联网应用。

目前，直播已经成为国内社会化媒体平台的基础功能，而国外的 Facebook、Twitter、Instagram、YouTube 等也上线了直播功能，直播为社会化媒体生态带来了强流量势能。GWI 的《2021 年社交媒体趋势报告》调研显示，直播提升了社区的功能，比起一般社交媒体用户，那些把直播作为社交网络的最佳使用案例的用户更愿意选择具有共同兴趣的社区。

（三）圈层营销

凯度认为圈层是拥有同样兴趣或职业的人，不同的圈层间存在重叠和包含的关系。QuestMobile 发布《2020 圈层经济洞察报告》，深入总结了兴趣类、娱乐类、购物类、兴趣类四大圈层的特点。例如，在购物平台的使用方面，"辣妈奶爸"更喜欢拼多多，年轻用户则更喜欢手淘。泛娱乐领域，"00 后"比例比 2019 年增长了 24.4%，快手、抖音、芒果 TV 吸引了大量的年轻人。同时，该报告还归纳了圈层经济的三大特征，分别是文化认同、KOL 带动和个性定制、原创。文化认同指的是用户围绕某一核心文化而形成的独特社交圈子，具有相对的稳定性和可持续性，这是圈层经济发展的基础；KOL 带动则指的是消费者更愿意相信社交圈内的口碑传播，KOL 的意见会影响他们的购买决策。个性化、原创指的是用户需求的个性化和多元化，消费者更愿意为定制、原创的内容和服务付费。

圈层营销指的是基于爱好、兴趣、行为把消费者聚到一起，通过小圈子强关系的人际传播贯通信息流转触点，引爆营销话题，让产品影响力呈指数级扩散，甚至可能影响到圈外群体。

比如国产化妆品品牌花西子就专注"国风"圈层，将浮雕和雕花等国风元素融入产品，与泸州老窖等国货品牌进行品牌联名，同时利用李佳琦、深夜徐老师等 KOL 的影响力，通过专业评测、制造话题、美妆教程等方式进行种草，从而实现了品牌认知度的暴涨，实现破圈。

———————— **本章即测即练** ————————

eWTP 数字化平台

第一节　数字化平台的概念

一、数字化平台的定义

数字化平台是指在数字经济背景下，基于互联网技术、大数据技术建立的生产、交换、分配的信息技术市场服务型平台（图 5-1）。数字化平台包括但不限于电子商务平台、服务类平台和信息类平台。数字化平台不同于数字平台，数字平台更侧重于技术领域，尤其是以云为基础的互联网技术整合，而数字化平台多指数字技术在社会、商业等领域的多途应用，是新技术落地的体现。

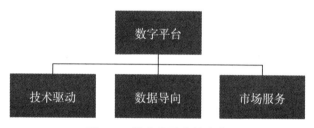

图 5-1　数字化平台的内容

二、数字化平台的特点

数字化平台是数字技术在生产、生活中的运用。其重要特点包括以下几方面。

（1）技术驱动：数字化平台不同于传统互联网平台的一大特点即重技术，尤其是区块链、AI 领域的以客户需求为导向的技术算法。比如，在电子商务平台中，根据用户喜好、搜索频率、产品停留时长而进行精准推广的瀑布流技术。在物流中，根据多方协同进行包裹全球追踪的物流技术和分拣技术。在支付中，根据确认收款时长、汇率等变量设计的自动回款技术。这些都是数字化平台技术驱动的体现。

（2）全空间、全链接、全智能：数字化平台的全空间、全链接体现在其技术的全球化中。它不受地域、空间的限制，全面采集数据信息，其技术原理和逻辑适用于多个领域。

（3）多场景、高效率：以技术驱动为核心的数字化平台可根据用户需求搭建不同场景，实现"人""货""信息""场景"多方交互，提高运营效率。其高效率、多链路的资源整合模式可以使技术、产品、服务、流量全域流动，打破传统行业的信息壁垒和资源壁垒。

需要注意的是，数字化平台包括但不限于电子商务平台。以淘宝网为例，利用大数据技术进行产品流的精准推送、物流的信息同步、资金流的及时回款及卖家中心后台的数据可视化呈现，可以将淘宝网看作数字化平台。与此同时，参与到交易中的卖家、买家、物流方、第三方支付方可以看作平台组织。而整个交易从下单到回款则可称为平台经济。

加速主义思想家尼克·斯尔尼塞克（Nick Srnicek）根据数字化平台的一般特征，将平台分为广告平台、云平台、工业平台、共享平台和精益平台五种类型，基本涵盖当今世界商业中的主要数字化平台类型。数字化平台在电子政务、社会服务中也有较多体现，如浙江政务网、医院查询和挂号系统等，都属于数字化平台的范畴。数字技术在数字化平台中的应用促成了平台经济，在这个过程中，数字化平台也不一定直接促成交易或其他活动。例如，Facebook 作为世界主流社交平台，除了具备社交功能之外，其采集的用户数据也为电商所用。亚马逊或其他电商平台卖家通过在 Facebook 平台上投放广告，可以间接获客，这也是数字化平台流量转化的一种重要方式。

三、数字化平台的发展现状

现如今，数字技术已经在多个领域内广泛应用，数字化平台的发展也在改变着人们的生活。在教育领域，数字化平台降低了人们获取教育资源的成本，线上课程、App 学习软件等提高了学习效率，丰富了教育内容。在生活领域，数字化平台提高了政府办事效率，多地政府、街道及相关办事处开设了云办理业务，方便了居民生活。在商业领域，数字化平台打破地域界限，给传统的中小企业更多的获客机会。当下，世界各国均在大力发展数字化平台，美国是在该领域发展较早的国家。1998 年 5 月，美国发布《新兴的数字经济 I》，第一次解释了新经济的信息内涵，后几乎每年均会发布相关的数字经济报告。2010 年，美国提出"数字国家"的概念，强调了居民互联网使用频率和互联网接入率的重要性。2010 年 5 月 19 日，欧盟委员会公布了"欧洲数字计划"，旨在建立一个统一的数字市场，在保护数据隐私的前提下，提高互联网应用技术，为企业提供更好的服务准入。英国于 2010 年 4 月开始实施《数字经济法案》，在推动数字经济发展的过程中，强调对信息和知识产权的保护，并就政府在这一过程中的监管作用做了明确解释。日本于 2009 年 7 月 6 日制定了《2015 年 i-Japan 战略》，该战略主要针对数字经济技术在政府行政、社会医疗、教育人力等领域的应用。

与此同时，我国在数字经济和数字化平台领域采取了多项举措，实施了多种政策。"十三五"计划中，国家就信息化和科技创新指出了数字经济的重要性，规划了网络技术发展的任务和行动。2016 年，工业和信息化部印发《大数据产业发展规划（2016—2010 年）》，提出了我国大数据产业的发展思路和目标。我国各省、区、市也纷纷制定了"互联网 +"的政策体系并根据各省、区、市产业特点，部署数字经济技术在各领域的应用。企业层面，互联网企业积极开发新技术，围绕电子商务领域驱动商业效率，建立数字化平台，运用新技术进行精准推送，所得数据通过平台进行多向反馈，从而倒逼制造业以产品为核心转向以客户为核心，进行更精准、更个性、更全面的销售推广。在这一过程中，SHEIN 作为服装制造业的黑马企业，是数字化平台逆向信息反馈的典型代表。2021 年，Google 联合全球传播巨头 WPP 发布了 BrandZ 中国全球化品牌 50 强榜单，SHEIN 作为线上时尚消费品牌，名列榜单第 11 位。在全球成熟的服装类消品牌中，SHEIN 凭借快速的推新频率、优惠的产品价格、落地的市场营销，在线上市场获得了一定份额，深受欧美消费者喜爱。目前，SHEIN 海外 App 装机量超过 1 亿，在美国，其在购物类 App 下载中排名第二，仅次于亚马逊。在欧洲，SHEIN 也是多个主流国家最受欢迎的购物类 App。SHEIN 的成功除了依托我国成熟的生产链、供应链、较低的人力资源成本等因素外，最重要的是其对数字经济技术的运用，以及在数字化平台中精准定位的销售策略。SHEIN 创立之初，借助 Google Trends 分析不同国家的流行热词，通过分析颜色、材质、款式在不同国家的搜索频率提前对流行元素作出判断，进行预设计和预生产，从而缩短了生产周期。在营销端，其持续在多个社交平台推广广告，并通过站外引流数据进而二次分析市场，继续巩固自身"个性化强、针对性强"的品牌特点。因此，SHEIN 是一家典型的基于数字智能平台的 C2M 的品牌制造业。

因此，不论是政府层面、社会层面，或是企业层面，均已重视数字经济技术的发展。数字化平台的发展与建设，既是必要举措，也是未来趋势。

第二节　eWTP 数字平台

一、eWTP 成立背景

世界电子贸易平台（Electronic World Trade Platform，eWTP）是 2016 年由阿里巴巴前董事局主席马云提出成立的一个民间企业驱动的数字化平台。eWTP 倡议旨在通过促进公私对话、分享最佳实践，创造更加自由、创新和普惠的国际贸易环境。2021 年，

eWTP 在 6 个国家落地实施，分别是中国、马来西亚、比利时、卢旺达、埃塞俄比亚、泰国。

我国自 2001 年加入 WTO 以来，出口快速增加，经济逐步崛起，初步建立了具有中国特色的工业产业链。一方面，入世初期，我国释放了大量农村劳动力，加快改革开放进度，提高生产力；另一方面，较早发展轻工业生产的地区逐渐形成聚集效应，产业链进一步升级。与此同时，我国在入世以后的前 6 年里，每年货物进口平均增长在 30% 以上，每年进口增长的金额净增 1 000 亿美元以上，这不仅促进了国际货物流通，也为世界经济作出突出贡献。

经济的发展伴随着技术的进步，随着互联网技术的革新，其产业成果也不断应用于经济贸易领域。在中国入世同期，阿里巴巴集团正式成立，淘宝、1688、天猫、飞猪、全球速卖通等产品陆续上线并改变了人们的生活，B2B（business to business，商家对商家）、B2C、O2O（online to offline，线上到线下）等平台经济概念应运而生。同时，京东、腾讯、苏宁等电子商务企业逐渐崛起，我国在新时期、新时代已成为数字平台的重要实践者。

2015 年 3 月 28 日，国家发展改革委、外交部、商务部联合发布了《推动共建丝绸之路经济带和 21 世纪海上丝绸之路的愿景与行动》，"一带一路"是我国经济进一步开放的体现，对推动世界和平发展、实现互利共赢有重大意义。2016 年，马云在博鳌亚洲论坛提出建立 eWTP 的倡议，旨在帮助中小企业、妇女和年轻创业者更方便地进入全球市场。这也是"一带一路"在线上建设方面的体现。因此，eWTP 是一项由私营部门牵头并由所有利益相关者共同发起的倡议，旨在通过公私合作来培育电子贸易规则，并为跨境电子贸易（eTrade）的发展营造更加有效和高效的政策与商业环境。

2020 年疫情期间，欧洲多国跨境运力受限，而位于欧洲中心位置的比利时列日机场仍保持快速运转，成为欧洲抗疫救援物资中转中心。比利时与阿里巴巴于 2018 年 12 月签订协议，成为欧洲首个，也是当下唯一一个 eWTP 共建国。合作达成后，阿里巴巴旗下的菜鸟网络以列日为中心开展了大量智慧物流基础设施建设和航空、铁路等线路布局。这使得疫情期间大量抗疫防护物资得以高效运输，帮助欧洲受疫情影响严重的国家应对危机。

二、eWTP 平台特点

传统贸易中，大型企业在商品交易中占据主导地位，中小企业的活力释放不充分。2018 年，联合国曾在世界中小微企业日中指出，中小微企业是世界经济的中坚力量，对于发展中国家来说，中小微企业扮演着经济基础搭建者的角色。同时，世界 90% 以上的企业为中小微企业，它们解决了世界 60% ~ 70% 的就业人口，占世界国民生产总值的 50% 左右。中小微企业的发展对解决世界贫困问题起着至关重要的作用。

现如今，随着互联网的发展及在经济领域中的运用，贸易主体正从曾经的大企业逐步向小微企业和个体网商转变，世界各国电子商务交易平台如雨后春笋般快速崛起。就贸易形势而言，集装箱模式统治了世界贸易 60 多年，而如今，尤其是后疫情时代，小包裹的贸易模式逐步焕发出活力，成为新兴的贸易模式。就供应链而言，传统供应链较为臃肿，呈现出大批量、低频次、高标准化、低个性化的特点。随着中间层的信息被打破，越来越多的消费者选择更符合自己需求的个性化产品。因此，碎片化、高频次、高时效性成为当今供应链管理的一大特点。尽管当下 B2B 的贸易模式仍占据世界贸易的主体地位，但 B2C 所占的贸易份额逐步增加，激活 B2C 贸易的潜力，成为世界各国在后疫情时代经济发展主要考虑的问题之一。

基于以上国际背景，eWTP 的提出既符合时代经济特点，又能解决中小企业国际贸易参与程度的问题。其主要特点如下。

（1）服务中小微企业，释放 B2C 电子商务活力。传统贸易环境下，中小企业因信息闭塞、规模小、融资渠道受限等问题，在国际贸易中参与度较低。eWTP 通过提供技术和信息支持，引领中小企业使用其服务平台，更方便地进行品牌推广和产品建设，降低了中小企业跨境贸易的成本。通过建立线上"虚拟自贸区"提高中小企业的参与度。

（2）市场与企业双驱动，政府、企业、平台、个人等多方联动，通过多方利益平衡建立一个新的贸易规则。eWTP 使政府和非政府组织、企业、个人、平台多方对话，在原有的贸易规则的基础上，进行重建和补充，目的是减少贸易壁垒，提高贸易效率和信息透明度，在电子支付、通关、税收等方面实现多方利益最大化。

（3）政策灵活，重点扶持发展中国家和落后国家的经济。目前，eWTP 6 个国家成员中，除比利时外，其他均为发展中国家或者不发达国家。以卢旺达为例，其是非洲第一个加入 eWTP 的国家。卢旺达盛产咖啡，在 eWTP 的贸易环境下，卢旺达的咖啡种植农户可以直接参与到国际电子商务贸易中，面向终端消费者，减少了中间商赚差价，保障了农户的利益。2020 年 1 月，卢旺达大猩猩咖啡豆在中国的电商平台上 1 秒卖出 1.5 万吨，相当于其过去 1 年的销量。5 月，薇娅直播间带货卢旺达大猩猩咖啡（图 5-2），3 000 斤咖啡豆秒空。

图 5-2　卢旺达咖啡在天猫国际超市销售界面

三、eWTP 发展现状及未来趋势

eWTP 目前有 6 个成员国，不同国家基于不同的地域特色，在 eWTP 环境下侧重发展的领域也不一样。宏观上讲，eWTP 作为全新的贸易系统，主要在规则层、主体层、贸易层和技术层中进行改革与创新（图 5-3）。

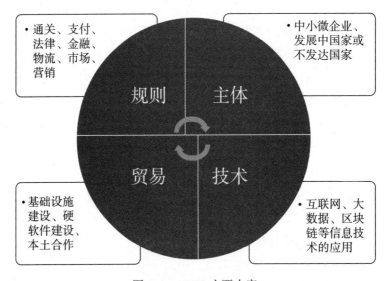

图 5-3　eWTP 主要内容

规则层：eWTP 不是与传统 WTO 的规则对抗，而是在其基础上进行改革和完善，基于互联网技术，提高贸易信息和服务信息的透明度，释放中小企业的商业活力。以杭州跨境电子商务综合试验区的"单一窗口"为例，其已形成信息共享、金融服务、智能物流、电商信用、统计监测和风险防控六大体系，为企业提供"一站式"报关、报检、收汇、退税等政务服务。通过"单一窗口"，跨境电子商务企业出口申报时间缩短到平均 1 分钟。

主体层：eWTP 旨在建立全球的电子商务贸易平台。就目前发展而言，其主体仍以发展中国家和不发达国家为主。一方面，发展中国家经济潜力大，中小企业参与积极性强，尤其在农业等基础产业领域，较大程度依赖海外市场。另一方面，主体国家发展程度和地域特点不一，根据不同情况 eWTP 重点扶持和发展的领域也不一样。例如，对卢旺达而言，其农产品等特产的出口是 eWTP 重点关注的领域。而针对比利时，其交流与扶持重点侧重于物流仓储和信息技术。

贸易层：eWTP 为关联方提供透明的信息服务平台，通过多方对话降低贸易壁垒，增加贸易频次和参与度。同时，eWTP 在硬件方面倡导贸易基础设施建设，积极搭建物流线路，是"一带一路"的线上发展的体现。目前，eWTP 设有三个公共服务平台，分别是中国（杭州）公共服务平台、比利时（列日）公共服务平台、跨境数字清关公共服务平台。其中，杭州和列日的公共服务平台目前仅面向企业开放，而跨境数字清关公共服务平台则面向个人、商户和服务商三者开放。以个人为例（图 5-4），用户只需注册账户，上传身份证信息进行核实，即可使用该数字平台提供的清关服务进行包裹追踪与清关。用户实名认证通过后，其在数字清关平台所产生的跨境包裹，都将不需要再次上传身份证信息用于清关。

图 5-4　eWTP 数字清关公共服务平台个人身份验证界面

商户一般指跨境贸易商户（海内外线下 / 线上商户、跨境电子商务平台、中小微线上创业者等商户），商户通过使用跨境数字清关公共服务平台，可实现数据互通，流程可视化、透明化、数字化。同时，平台为商户提供商户备案、申报订单查询、清关状态、物流动态轨迹等服务，开放相关 API（应用程序接口），允许商户接入，满足商户数据互通需求（图 5-5）。平台服务商一般指物流商和报关报检公司等。系统通过与第三方物流系统对接，实现物流下单、物流修改、航班回执、物流轨迹查询等业务。

图 5-5　eWTP 数字清关公共服务平台企业获取 API 接口流程

技术层：基于不同国家特点，eWTP 为成员国提供技术交流平台和扶持政策。以比利时为例，在菜鸟物流的支持下，比利时列日已建成智慧物流中心，通过大数据和云计算，提高物流交流频次和仓储管理能力，在疫情期间成功转运多批医疗物资，成为欧洲疫情物资转运的重要入口。

在上述四个层面中，规则层与主体层是 eWTP 得以发展的基础层，贸易层与技术层则为目的层。只有搭建好了基础层，才能在目的层落实政策与技术。以电子商务为例，其与传统贸易的一大区别在于互联网技术的应用。然而，大数据时代，不同国家对数据的保护程度与应用范围都做了不同的规定。

以欧盟为例，其对欧盟居民的个人隐私与数据保护极其严格。1949 年，德国《基本法》第一条明确表示人的尊严不可侵犯。2019 年 3 月 26 日，欧盟以 348 票赞成、274 票反对的投票结果，通过《数字化单一市场版权指令》，加强对个人隐私和知识产权的保护。例如，其规定各大互联网平台必须取得"发布具有版权作品"的许可，不许用户进行未授权素材的二次创作。该法案也被称为"表情包大屠杀法案"，因许多表情包的使用涉及人物肖像、音乐、电影等素材的二次编辑，因此在欧洲也引起了轩然大波。这也说明，欧盟对待个人数据的使用及知识产权保护的严苛性。在电子商务领域，大数据的采集与技术运用无法照搬其他国家的模式，采集难度也将加大。诸如此类法律和规则等问题，是 eWTP 在规则层需要解决的主要矛盾。针对该类问题，其主导解决方只能是政府。因此，规则层面的信息推进需要政府间的密切合作与互相支持。

就主体层而言，不同国家发展程度不一、需求不一。上文提到，eWTP 在比利时（图 5-6）与卢旺达推进的项目侧重点差异性较大。以比利时列日为例，其地理位置优越，处在欧洲大陆的核心交通枢纽点。其物流仓储中心连接欧洲各大国家。

因此，大数据及物流技术在该国物流产业中的运用成为 eWTP 主要推进的发力点。

图 5-6　比利时（列日）公共服务平台入口

针对卢旺达、埃塞俄比亚等不发达国家，产品主导和营销是 eWTP 主要关注的领域。再以埃塞俄比亚为例，该国人口总数超过 1 亿，是全球人口最多的内陆国家，也是人口第二多的非洲国家。该国贫困率较高，常年需要粮食援助。其自然条件恶劣，工业落后，农牧业人口占全国人口的 80%。但正因如此，政府及民间企业积极谋求经济增长机会，大量的青壮年劳动力成为经济发展的有利因素。埃塞俄比亚创新科技部、阿里巴巴、义乌商城集团共同签署了《eWTP 埃塞俄比亚项目合作备忘录》。关联方将共同开发多功能数字贸易枢纽，该枢纽也将成为非洲商品出口到中国的门户以及非洲境内跨境电子商务贸易中心和物流中心。阿里巴巴商学院还将为埃塞俄比亚创业者、商业领袖和大学讲师定制培训项目，帮助埃塞俄比亚加快培养数字经济转型所需人才。因此，针对埃塞俄比亚，加紧基础设施建设、培养技术型人才成为 eWTP 主要关注的问题。

另外，eWTP 在东南亚拥有两个成员国——马来西亚与泰国。马来西亚是 eWTP 落地的首个国家，作为多元文化国家，马来西亚超 25% 以上的人口为华人，这也为 eWTP 的成功落地提供了文化基础。阿里巴巴（包括蚂蚁金服、菜鸟网络和 Lazada）在马来西亚建设包含一站式国际贸易服务、超级物流枢纽、云计算和大数据中心、普惠金融服务和数字人才培养等功能的综合性项目，赋能马来西亚数字经济转型，帮助企业，特别是中小微企业、年轻人和妇女参与全球化；同时，与马来西亚政府在跨境贸易政策和便利化方面进行了深入合作，帮助其建立国际贸易"单一窗口"，逐步实现数字化报关，优化跨境贸易流程。eWTP 在马来西亚落地以来，不仅促进了马来西亚农产品在全球的销售，阿里云技术使得吉隆坡 281 个道路路口接入城市大脑，救护车和消防车节省 48.9% 的通行时间。同时，阿里巴巴商学院已为马来西亚培训超 15 000 名电商从业者、创业者和其他数字化人才。最重要的是，菜鸟全球智能物流落地马来西亚，2018 年马来西亚中小企业节省 3 000 万小时通关时间，99.9% 的线上申报包裹实现秒级通关。这不仅提升了马来西亚本土中小企业的经济活力，还使得其他电商平台的卖家得以打开马来西亚市场。

未来，eWTP 将基于上述框架进行深入对话。eWTP 公共服务平台将与全球 eWTP 枢纽互联互通，打造跨境贸易的数字网络，为全球中小企业提供全球贸易的数字服务解决方案。随着 eWTP 的全球布局的落实，平台的业务也将不断拓展，遍布全球。在规则层方面，促进公私对话，积极解决报关、报检、收汇、退税等问题。在主体层方面，积极开拓新兴国家和地区，释放地区活力。针对拉丁美洲、非洲等国家和地区开展商业活动，在农业、工业、教育方面积极谋求线上合作。在技术层方面，依托大数据、阿里云、菜鸟物流等数字技术，帮助更多中小企业参与到国际分工中。

本章即测即练

第六章

信息技术

纵观人类的发展史，每一次的技术革命都会颠覆原有的生产生活方式。由电子计算机的诞生和互联网的普及所带来的信息技术革命更加不是一个例外，从 20 世纪 90 年代互联网开始普及到今天，仅仅 20 多年的时间，信息革命已经推动人类社会产生了翻天覆地的变化。贸易是人类社会最重要的经济活动，在数字化技术的带动下，贸易方式也无可避免地发生了颠覆性的变化，目前人类社会正迈入以数字贸易为核心的第四次全球化浪潮中。要成为数字贸易浪潮中的冲浪者，且在冲浪中游刃有余，必须要对产生浪潮的技术有所掌握。本章将介绍数字贸易赖以生存的相关信息技术，包括基础的网络工作原理、与电子商务密切相关的 EDI 技术，以及近年来新兴的 5G。

数字贸易具有两个层面上的含义，一是贸易方式的数字化，即传统的贸易将通过电商平台在互联网上进行；二是贸易对象的数字化，即销售的产品或提供的服务以数字或数据的形式在互联网上提供给消费者。无论从哪个层面来看，都少不了计算机网络这个最基本的基础设施。网络是数字贸易活动的基础，进行数字贸易的各方，包括卖方、买方，还有银行等金融机构都要在网络的平台中密切合作，才能最终实现贸易活动。网络为数字贸易提供了硬件保障和操作环境，下面我们就展开对计算机网络基础知识的介绍。

第一节　构成网络的基础硬件

计算机网络是指将地理位置不同的具有独立功能的多台计算机及其外部设备，通过通信设备和传输介质连接起来，在网络操作系统和网络通信协议的管理与协调下，实现对资源进行共享、对信息进行传递和协同工作的计算机系统。

在这样的网络系统中，计算机是通过传输介质和通信设备进行互联的。常见的传输介质有双绞线、同轴电缆、光纤以及无线电波等。常见的通信设备则有调制解调器（Modem）、网卡、集线器、交换机（Switch）、路由器（Router）/网关（Gateway）、防火墙（Firewall）以及服务器等。

一、传输介质

（一）双绞线

双绞线（图 6-1）是普通办公室、家庭网络环境中最常用到的网络传输介质，其通常由 8 根绝缘铜导线相互成对缠绕而成，相互缠绕的目的是减少信号在导线中传输时产生的相互干扰。双绞线信号传输稳定、成本低廉，但传输距离有限，最大不超过100 米，因此特别适用于局域网（Local Area Network，LAN）。

图 6-1　双绞线

（二）同轴电缆

同轴电缆（图 6-2）是指有两个同心导体，而导体和屏蔽层又共用同一轴心的电缆。最常见的同轴电缆由绝缘材料隔离的铜线导体组成，在里层绝缘材料的外部是另一层环形导体及其绝缘体，然后整个电缆由聚氯乙烯或特氟纶材料的护套包住。同轴电缆主要用于有线电视信号的传输，在宽带网络普及的初期，为了充分利用已架设好的有线电视网络，部分互联网服务提供商在由同轴电缆组成的有线电视网上提供互联网服务。目前在互联网宽带的建设中已不再使用同轴电缆作为传输介质。

图 6-2　同轴电缆

（三）光纤

光纤（图 6-3），全称是光导纤维，是一种由玻璃制成纤维，利用光在这些纤维中以全内反射原理传输的光传导工具。光纤通常为圆柱形，由纤芯、包层和涂层构成，其中纤芯和包层的主要成分都是二氧化硅，但含有不同量的杂质，从而产生不同的光折射率，当纤芯的光折射率大于包层的光折射率后便可发生全反射，进而通过不断的全内反射进行信号的传递。涂层大多采用硅橡胶、尼龙等，以提高光纤的柔韧性。多条光纤集成在一起便是光缆。

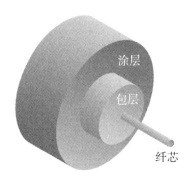

图 6-3　光纤结构图

　　光纤的特点是通信容量大，稳定性与保密性都很好且传输距离长，在不需要中继的情况传送距离可达 200 公里。正因为这些特性，光纤的应用在近些年得到了极大的提高，目前被广泛地应用于城域网（Metropolitan Area Network，MAN）和广域网（Wild Area Network，WAN）的建设中。

（四）无线电波

　　网络信号可以以各种形式的无线电波为载体进行传播，如微波、LTE（长期演进）（4G）、5G、Wi-Fi 等。无线网络是通过发射无线电波来传递网络信号的，只要处于发射的范围之内，人们就可以利用相应的接收设备来实现对相应网络的连接，这极大地摆脱了空间方面的限制。根据网络覆盖范围的不同，可以将无线网络划分为无线广域网、无线城域网和无线局域网。无线广域网，如微波网络，其直线传输距离大致50 公里，通过中继可以实现远距离传输；无线城域网，如 4G、5G 网络；无线局域网，如常见的由无线路由器或 AP（Access Point）发出的 Wi-Fi 信号等。

二、通信设备

（一）调制解调器

　　调制解调器（图 6-4），因为其英文名单词发音的首个音节是 M，所以也常被戏称为"猫"。调制解调器的作用主要是进行数模转换，即将计算机中使用的数字信号与网络传输介质中的模拟信号进行相互转换。在计算机网络普及的初期，计算机网络是以电话网络为基础进行构建的，信号在电话线上是以正弦波式的模拟信号进行传输，而计算机中使用的是二进制的数字信号，因而初期需要联网的计算机都需要通过一台调制解调器连入电话网络。

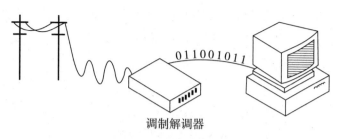

图 6-4　调制解调器

（二）网卡

网卡（图 6-5）的学名是"网络适配器"（Network Interface Card，NIC），用于协调计算机与网络之间的数据和指令。网卡负责信息的收发，在发送信息时，网卡将计算机主机的数据转换成在传输介质（如双绞线）上传送的比特流；在接收信息时，将收到的比特流转换成主机能处理的数据。为了确保与网卡相连的设备可以准确地传递信息，每个网卡都拥有一个独一无二的地址，被称为 MAC（Media Access Control）地址，也被称为物理地址。MAC 地址由一个形如"7C：7A：91：27：9B：B5"的 12 位的十六进制编码组成，该编码由 IEEE（电气与电子工程师协会）分配给各网卡制造商。

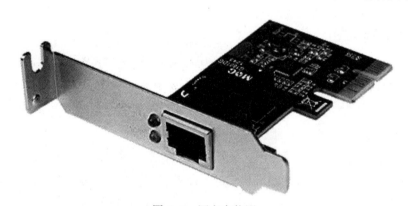

图 6-5　网卡实物图

（三）集线器

集线器（图 6-6）的英文名称是"Hub"，意为汇集点。它的主要作用是对信号进行中继和扩展线路上的可接入终端的数量。集线器可以对接收到的信号进行再生整形和放大，从而扩大网络的传输范围，常用于采用双绞线为传输介质的局域网中。当接入网络的终端通过集线器互联时，集线器对数据包的转发采用的是广播的形式，即将转发的数据包投递到所有接入的终端设备上，由这些设备自行决定是否接收和处理该数据包。这一特性导致了集线器的效率较低，安全性也较差，目前集线器很少被使用在现代网络中。

图 6-6　集线器实物图

（四）交换机

交换机（图 6-7）是集线器的升级换代产品，交换机同样对信号进行中继和扩展线路上的可接入终端的数量。但交换机在进行数据包的投递时，不同于集线器，通常情况下不会将数据包"广播"出去，而是通过交换机内部的地址表，根据终端设备的 MAC 地址找到与之对应的物理端口号，然后将数据包通过该端口直接投递给该终端设备。这样交换机的工作效率和安全性都有了极大的提升，在现代网络建设中均使用交换机而非集线器。

图 6-7　交换机实物图

（五）路由器 / 网关

路由器（图 6-8）的本质是一台专用的计算机，硬件方面包含 CPU（中央处理器）、内存以及输入输出部件等，软件方面则有操作系统和专有的路由控制软件。路由器的主要功能是连接不同的逻辑网络和在数据包转发时作出路由的选择，通过选择最佳的路径，将数据包传送到目的主机。路由器支持多种网络协议，当路由器将一个逻辑子网接入另一个逻辑网络中时，该路由器也被称为网关，比如常用的家庭网络，互联网服务提供商将一条线路引入客户家中后，客户通过路由器连接家中的局域网。

图 6-8　路由器

（六）防火墙

防火墙（图6-9）和路由器一样，也是一台专用的计算机，只是在软件配置方面设置了专门的操作系统以及对数据包进行检测、分析的软件。防火墙属于网络安全设备，它通常放置在企业局域网的网关之后，对企业局域网进行保护。防火墙通过对所有进出局域网的数据包进行检测和分析，屏蔽端口、过滤恶意流量来保护企业内部网络的安全。

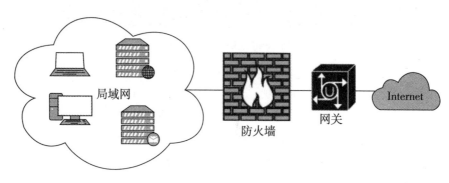

图6-9 防火墙工作位置图

（七）服务器

服务器（图6-10）从硬件层面来讲依然是一台计算机，但通常而言，作为服务器的计算机在硬件配置上具有较高的计算能力，比如拥有更快的CPU、更大的内存、更大更快的硬盘，以及更稳定的架构设计等，从而可以处理大量用户的并发请求。从软件层面上来讲，服务器通常运行服务器操作系统，如GNU/Linux、Windows Server或Unix。针对提供不同服务的服务器需要安装运行特定的服务程序，比如常见的提供网站访问服务的万维网（World Wide Web）服务器，如果使用Windows Server操作系统，则通常要安装IIS（Internet Information Services）服务软件；如果使用Linux操作系统，则通常需要安装Nginx或Apache服务软件。这些服务软件程序需要常驻内存，不间断地运行，随时对客户端发起的请求作出响应。

图6-10 服务器实物图

针对业务量多的大型企业，通常所使用的服务器是独立主机，即为一台完全独立的物理服务器。但随着计算机硬件的发展，服务器的性能越来越强劲，业务量并不大的中小型企业往往并不需要一台真实的物理主机。为了降低成本，可以使用虚拟专有服务器（Virtual Private Server，VPS）。虚拟专有服务品是利用现代虚拟化技术，在一台物理服务器上由软件模拟出几百个至几千个虚拟服务器，这些虚拟服务器共享物理服务器上的硬件资源，每一台虚拟服务器在使用上与真实的独立物理服务器并无差别。在今天的互联网上，大量的网络服务是运行在虚拟服务器中的。

第二节　网络类型

从不同角度出发可以对计算机网络进行不同的分类。

一、根据计算机网络地理范围分类

根据计算机网络地理范围的大小，IEEE 将网络类型划分为局域网、城域网和广域网。通常来讲广域网中包含城域网，城域网中又包含局域网。

（一）局域网

局域网是网络结构相对最为简单的计算机网络系统，也是应用最广的一类网络。通常情况下局域网被架设在一栋建筑物内或某个单位、实体的内部，属于架设单位或人员的私有网络，如常见的办公室、学校、企业、家庭内部的网络。局域网通常采用高质量、大容量的通信介质，如光纤、双绞线、无线 Wi-Fi 等进行架设，同时局域网也有可能按使用机构的需要，以不同的拓扑结构进行建设。其特点是内部传输速度快、稳定性高、用户密集度高。以往局域网给人的印象是覆盖范围有限，十几米到几千米，但随着通信介质的改善，局域网的覆盖范围也可达几十千米。

（二）城域网

城域网，顾名思义，是一个城市内部的网络。网络的覆盖面积由城市的大小决定，通常从几十平方千米到几百平方千米，规模介于局域网和广域网之间。城市中各个单位和家庭的局域网通过互联网服务提供商接入城域网，从而实现互联互通。以往的城域网受国际标准化组织（International Organization for Standardization，ISO）所制定的 MAN 网络标准影响，结构单一。但随着计算机网络的快速发展，如今的城域网结构复杂，往往是各种拓扑类型网络的混合结构。城域网结构复杂、传输距离远也导致了城域网中的网络信号容易受到环境的影响，网络稳定性低于局域网。

（三）广域网

广域网可以是几个城市互联形成的网络或一个国家的内部网络，如我国的教育科研网、公众网等。更进一步，广域网也可以代指我们今天的全球互联网——因特网。鉴于广域网的覆盖面积非常广，可以是跨国家的，甚至是跨大洲的，因此广域网主要以海底光缆、卫星通信等介质进行互联，主干道基本上都采用光缆铺设，主干线路数据传输速度非常快。广域网的组织结构形式复杂，基本上采用网状或与其他拓扑形式的组合结构。由于传输距离远，广域网常采用转接信道的交换型传输制式，信道的带宽资源被分段共享，而数据的传输也是逐段进行的。

二、根据计算机网络拓扑结构分类

在对网络的分类上，除了依据物理范围的大小进行划分外，还常按网络的拓扑结构进行分类。常见的网络类型有总线型、星型、环形、树形、网状以及蜂窝型等。

（一）总线型

总线型是将网络中的所有设备都接入一条连接介质上，所有设备共享一条介质进行通信，信道利用率高，但安全性较差。连接在总线上的设备进行通信时往往不是以点对点的形式进行，而是采用广播的形式，一台设备发出的信息，总线上的所有设备都可以接收到。

（二）星型

星型是局域网中最常见的网络拓扑结构，比如家庭网络中各种设备连入交换机 /路由器所形成的结构，值得一提的是星型虽然在物理结构上呈现出星状，但在网络工作的逻辑层面上依然是总线型结构。

（三）环形

环形结构是将所有通信节点连接在一条首尾相接的闭合环形通信线路中。这种结构的特点是每个节点都与两个相邻的节点互联，发送的信号通过节点依次传递，因此环形网络在节点过多时会产生较大的网络信号延时，同时当一个节点出现问题时，网络就会中断。环形网络拓扑结构主要用于城域网和大型国家骨干网中。

（四）树形

树形结构是计算机科学中应用非常广泛的一种结构。其形象为一棵倒立的树，最顶端的节点被称为根节点（树根），根节点下带有分支（树杈），分支下可以继续带有分支，分支末端的节点被称为叶子节点（树叶）。这种拓扑结构的网络最大的好处在于易于扩展且分支网络中的故障不会影响上游的网络。其最常见的应用便是宽带提供商向消费者家中安装宽带时，引入一个分支入户，然后通过路由器 /交换机产生新的分支，用户的上网设备连上新的分支后接入网络。用户的终端设备便是扩展出的网络上的叶子节点。

（五）网状

网状网络是目前最复杂的网络拓扑结构，同时也是实际上应用最为广泛的结构，整个 Internet 就是一个错综复杂的大型网状网络。其特点是结构复杂、成本高，但稳定性高，某条链路出现故障时，信息可以通过其他链路/路径进行传递。

（六）蜂窝型

蜂窝型网络结构类似蜂巢结构，主要应用在移动网络的建设中。移动网络并非指网络本身是移动的，而是指网络支持终端设备（用户）的移动。通过建设基站，确保每个基站的网络覆盖面，以及基站间对入网设备的平滑切换，实现入网终端设备的可漫游/移动。

第三节　网络协议

只要进行信息的交换，那么就需要遵守一套通信双方共识的规则，如生活在不同地区讲不同语言的两个人，当他们需要进行沟通时，必须使用同一套语言（如普通话或英语）进行沟通，才能做到彼此理解对方。在计算机网络系统中亦是如此，要让两台计算机理解彼此发送的信息，则必须建立一套双方都遵循的规则、标准或约定，而这套规则、标准或约定就被称为网络协议。显而易见，网络协议是计算机网络工作的基础。构成网络协议的三要素是：语法、语义和时序。

语法指的是在进行数据交换时，数据的格式和结构。这里的数据通常包含通信时所要传达的具体内容和辅助数据传输的相关控制信息。格式和结构确定后，信息发送方的计算机便可按语法规定对数据进行封装（打包），然后发出。信息接收方在收到通过传输介质传来的数据后按语法规定进行解析，分别提取出具体的通信内容和相关的辅助控制信息。

语义则规定了那些辅助数据进行传输的相关控制信息的具体内容。这些具体内容明确了发送主机或接收主机所要完成的工作，也就是在数据传输过程中的不同阶段分别要采取哪些行为。

时序指的是"时间和序列"，也就是规定了数据在传输的过程中，计算机网络系统对数据操作的执行顺序，即要解决数据抵达的先后次序问题，实现速度的匹配。

人们需要在网络上进行各种各样的工作，如浏览万维网、下载资料、收发电子邮件、拨打语音视频电话（VOIP）等。这些形形色色的应用要求导致了网络协议的复杂化，而解决复杂问题的工程思想就是将一个大问题划分成许多个小问题，再逐个解决，即我们应该为每个小问题设计自己的通信协议，最后再将这些通信协议进行统一的规划，让它们以某种结构或架构在计算机网络中进行工作。

一、开放系统互联参考模型

开放系统互联参考模型（Open System Interconnection/Reference Model，OSI）是国际标准化组织为解决计算机网络的实现问题而提供的一个参考模型，下面简称"OSI参考模型"。它的基本设计思想是按照数据的传输过程，将网络的整体功能划分成多个不同的层次，这些层次各自负责自己层面的内容，且低一级的层次向高一级的层次提供服务，换句话说高一级层次中的内容需要低一级层级的支持才能进行通信。这样设计的最大优点是各层之间相互独立，工作在不同层面的人员不用关心其他层面的工作情况，只需专注于本层面的工作，易于网络功能的开发和维护。

OSI参考模型将网络结构划分成了七层，从下到上依次为：物理层、数据链路层、网络层、传输层、会话层、表示层和应用层，如图6-11所示。每一层都在信息传输的过程中承担着特定的功能。

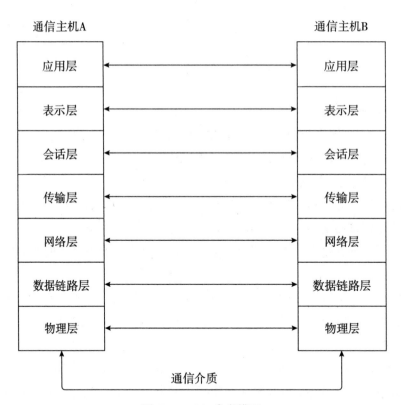

图6-11　OSI参考模型

物理层：物理层是OSI参考模型中的最底层，它负责管理计算机通信设备和网络传输介质之间的互通，为上一级数据链路层的实体提供物理链路。网卡、集线器、中继器以及线路接口和标准等都工作在物理层上。

数据链路层：数据链路层的主要功能是网络寻址和确保数据投递的正确性。网络寻址是指找到数据应该被投递到的在物理空间上相邻的下一个节点。确保数据投递的正确性是通过在物理空间上相邻节点之间建立起纠错机制来实现，当上一层递交的数据帧在某两个节点间传输中出现错误时，两节点上的设备会通过纠错机制进行修复或重传，这样数据链路层就为上一层网络层提供一条稳定可靠的数据链路。交换机工作在数据链路层。

　　网络层：网络层的功能主要是对数据传输路径进行选择。计算机网络非单一线性结构，而是复杂的网状结构，工作在网络层上的设备需要通过路由算法在源地址和目标地址之间选择一条最优的路径来传递数据包，如找到最短的路径和避开拥塞路径。路由器工作在网络层。

　　传输层：传输层是网络传输中高层与低层之间的分水岭，它的作用是向高层屏蔽低层通信的细节，这样处于高层的协议设计人员就无须关心低层的数据传输，只需要按传输层中要求的数据报文的格式对数据打包即可。传输层负责控制报文的时序。

　　会话层：会话层处于 OSI 参考模型中的较高层次，它负责设置和维护两台计算机上两个互相通信的进程之间的连接状态。也就是为上一层表示层中具体的某个应用程序进程建立通信会话连接，并以报文为单位进行数据交换，通信完成后关闭会话连接。

　　表示层：表示层的作用是将用户要传送的信息按语法要求完成信息格式的转换，这期间可以对用户信息进行加密和解密。

　　应用层：应用层是 OSI 参考模型中的最高层，是用户直接接触的层面，属于应用层面，如具体的某个网络通信应用软件，以及这个软件为实现自身功能所定义的协议。比如：人们在收发电子邮件时用到的 IMAP（Internet Mail Access Protocol）、POP3（Post Office Protocol 3）、SMTP（Simple Mail Transfer Protocol，简单邮件传送协议）；浏览万维网时浏览器是通过 HTTP（Hyper Text Transfer Protocol，超文本传输协议）进行工作的等。

　　OSI 七层模型（图 6-11）在工作时每个层面有自己的协议。通信时，收发双方的各个层面只与对方处于同一层面上的设备或模块进行沟通，每个层面各司其职，最终实现信息在计算机网络上的通信。而为实现不同应用领域功能的其他协议则可封装在应用层中。这样的架构提高了网络的稳定性，简化了整体网络设计的复杂度。然而OSI 模型只是一个参考模型，在现实世界中并没有任何实际应用的网络协议是完全按照 OSI 七层模型进行开发的，它往往是作为一个理论模型进行网络设计和分析。

　　实际开发出并投入应用的经典底层框架通信协议有：IPX/SPX（网间分组交换／顺序包交换）协议和 TCP/IP（传输控制协议／网络互连协议）。其中 IPX/SPX 是由 Novell 开发，早期在 NetWare 网络操作系统上使用的网络基础协议。TCP/IP 则是今天全球互联网工作的基础协议，要了解今天互联网的工作原理则必须要对 TCP/IP 进行学习。

二、TCP/IP

TCP/IP 最初是美国国防部为实现阿帕奇网（Advanced Research Projects Agency Networks，ARPANet）而设计的底层通信协议。TCP/IP 与 OSI 参考模型非常相似，可以说在概念上和功能上基本相同，也采用了分层的设计原理，但在划分时颗粒度粗于 OSI 模型，一共划分为 4 个层面，从上到下依次为应用层、传输层、网络层和网络接口层 / 链路层，如图 6-12 所示。

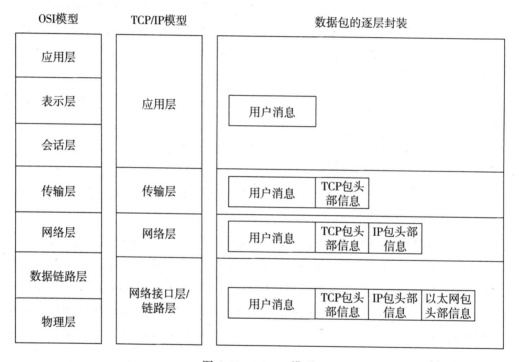

图 6-12　TCP/IP 模型

从图 6-12 中可以看出，TCP/IP 中的应用层对应于 OSI 参考模型中的应用层、表示层和会话层；OSI 模型中的数据链路层和物理层在 TCP/IP 中被合并成为网络接口层 / 链路层。整体而言，TCP/IP 设计更加符合实际应用，应用层面向用户，由具体应用程序的开发人员负责，传输层及以下的部分面向数据传输，应用程序开发人员无须关心。将数据链路层和物理层合并简化了模型的复杂度。

TCP/IP 从字面上看似乎是只由 TCP 和 IP 两种协议构成的通信协议，但其实是一组由不同协议构成的网络协议簇，包含但不限于 ICMP（Internet 控制报文协议）、ARP（地址解析协议）、RARP（反向地址转换协议），甚至还有 HTTP、FTP（File

Transfer Protocol，文件传输协议）等应用层协议，因此 TCP/IP 也被称为网际协议群。在此我们仅介绍 TCP、UDP 和 IP，帮助读者认识 TCP/IP 的大致工作原理。

TCP，该协议工作在传输层，是对数据传输方式进行控制的协议，主要解决端到端可靠性和保证数据按照正确的顺序到达之类的问题。TCP 的特点是，它是一种面向连接的、可靠的流协议。这里的"流"指的是数据的发送不是以固定大小的数据块为单位，可以任意大小，甚至可以是一个字节一个字节地接收，如同水流一般。TCP 尽量连续不断地测试网络的负载并且控制发送数据的速度以避免网络过载，同时，TCP 试图将数据按照规定的顺序发送；"面向连接"指的是当通信双方进行通信时，数据在正式传输之前，有一个确认连接状态的过程，通过模拟三次"握手"，发送端和接收端首先彼此同意，建立起连接状态，然后再进行数据的传输，发送端发送的数据，接收端接收后会给发送端一个确认，这样的好处是 TCP 确保了通信的可靠性，接收到的数据不会因缺少数据包而受损。正因为 TCP 的可靠性，互联网上绝大多数的流量都是 TCP 流量，如浏览页面、下载软件等。

UDP（User Datagram Protocol，用户数据报协议），该协议与 TCP 一样，也是工作在传输层上。数据在传输层上传递时要么选择 TCP 方式，要么选择 UDP 方式。与 TCP 方式不同的是，UDP 是一种面向无连接的通信服务协议，也就是说当采用 UDP 方式进行数据传输时，发送端和接收端之间没有建立起一种连接状态，发送端只管数据的发送即可，接收端不会向发送端确认数据包是否收到，也不会对收到的数据包进行重排，这样做的特点是通信效率大大提高了。正因为 UDP 的不可靠性，它常常被应用在流媒体、VOIP 和网络游戏中。因为个别数据包的丢失对流媒体、VOIP 等服务不会造成严重问题，最多只是视频质量或语音质量下降，但免去连接的确认，可以大大提高通信的效率，保证了通信的及时性。

不管发送端在传输层是采用 TCP 方式还是采用 UDP 方式，它们都需要对从应用层接收到的数据进行封装，加入自己协议的控制信息，以便接收端传输层进行相应的操作，也就是添加传输层自己的头部信息，如图 6-12 所示（以 TCP 为例）。将数据封装好后递交给下一层网络层。

IP（Internet Protocol，网际协议）工作在网络层上。它的主要作用是跨越不同的数据链路，即在不同的数据链路上也能实现两端节点之间的数据包传输。数据链路指的是同一种链路的相邻节点之间的互联，比如两台直接相连的路由器，它们之间的连接是通过各自的网卡和双绞线，那么两台网卡之间的互联就是一条数据链路。当数据需要在不直接相连的两台路由器之间传递时，单靠数据链路层面的设备（网卡）无法完成，这时就需要 IP 中定义的内容来实现。IP 中最核心的内容便是 IP 地址（图 6-13），IP 地址是计算机在 Internet 上的唯一标识，根据 IP 地址，路由器可以可靠地把数据传送到指定的地址。当下使用的 IP 地址主要是版本 4 的 IP 地址 [IPv4（网际协议版本4）]，但随着互联网爆炸式的增长，越来越多的设备需要接入互联网，IPv4 的地址已经用尽，目前全球互联网正在积极从 IPv4 向 IPv6（互联网协议第 6 版）升级。接下来我们先介绍目前仍然占据主导地位的 IPv4 地址，然后对 IPv6 地址进行说明。

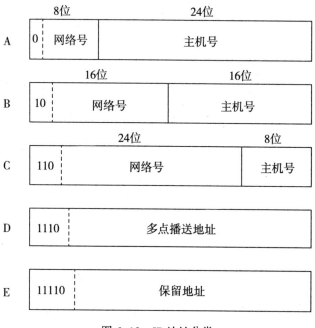

图 6-13　IP 地址分类

IPv4 地址本质上是一个 32 位的二进制数，理论上支持 $2^{32}=4\,294\,967\,296$ 个地址，但其中一些地址是保留地址，如大约有 1 800 万个专用网络的内部地址和 2.7 亿个多播地址。在我们日常使用时，IPv4 的地址采用的是带点十进制的写法，以每 8 个二进制位为一组，将 32 位分成了 4 组，这样每组的十进制取值范围就是 0 ~ 255，每个组之间用"."进行分割，便形成了如 202.100.64.89 这样的地址，这样的 IP 地址中包括网络号和主机号。IPv4 的地址空间被划分成了 A、B、C、D、E 五类，其中 A、B、C 是主类地址，D 类是组播地址，用于多点传送，而 E 类则作为预留资源，保留给未来或用于研究。下面我们介绍一下 A、B、C 三类地址。

（1）A 类地址。A 类地址的特点是使用 32 个二进制位中的前 8 位作为网络地址，其中首位规定为 0，后 7 位可变。这样 A 类地址的网络号总数就是 $2^7=128$ 个，但全是 0 的网络地址和 127 开头的网络作为特殊用途，全 0 地址保留，不予分配；127 开头的网络用作回路测试，如 127.0.0.1 代表本机地址。这样在 IPv4 的网络中，A 类网络就只有 126 个，但每个网络内可包含 $2^{24}=16\,777\,216$ 个主机地址（这里包含不能用于分配的网络地址和广播地址），也就是说 A 类网络中可以构建的网络数最少，但每个网络中拥有的地址数最多，适用于大型企业和互联网服务提供运营商等。A 类地址的范围：1.0.0.0 ~ 127.255.255.255。

（2）B类地址。B类IPv4的地址中，前16位网络号中头两位规定为"10"，剩下的14位可变，也就是说B类地址的网络号总数有2^{14}=16 384个，由于地址的最高两位是"1"和"0"，B类地址的网络号范围的第一个字节十进制的取值范围是128 ～ 191。网络号第二个字节的十进制范围是1 ～ 254，255被当作广播地址进行保留。地址中的后16位（也就是第三、四个字节）代表了主机号，即每个B类网络中可包含2^{16}=65 536个主机地址。如此，130.253.89.64便是B类网络中某台主机的IP地址，这其中130.253是网络号，89.64是主机号。B类地址适于网络规模适中的组织。B类地址的范围：128.0.0.0 ～ 191.255.255.255。

（3）C类地址。C类地址中占24位的网络号中的前三位已经确定，是"110"，这样C类地址可包含的网络数即为$2^{(24-3)}$=2 097 152个。C类地址中的主机号仅仅占了8位，也就是最多容纳2^8=256台主机，再除去二进制位全为0的网络地址和全为1的广播地址，一个C类网络中的主机数量就仅有264台。显而易见，C类地址拥有庞大的网络数，但每个网络中的主机数很有限，适合于数量庞大的小型企业或机构。C类地址的范围：192.0.0.0 ～ 223.255.255.255。这里值得一提的是192.168开头的网络地址是保留地址，常常用作某个企业或单位局域网的内部专有地址。在整个IPv4的地址空间中，还有10开头的网络地址和以172.16 ～ 172.31开头的网络地址也是专有地址，专有地址不能直接通过因特网路由。

IPv6地址的推出在根本上是为了解决IPv4地址不够用的问题，当然相对于IPv4，IPv6在路由算法、安全性等方面也进行了改善和提升。为了扩充IP地址的范围，IPv6采用了128个二进制位来表示网络地址，将128个比特位（二进制位）以每16位分为一组，共分8组，每组用16进制数进行标记，组与组之间用"："进行分割，如此便形成了形如"2001：0BD8：FFCC：FFFF：1233：0：A8C8：FFFF"的IP地址。这比起采用32个二进制位来表示IP地址的IPv4协议，地址范围空间足足扩充了296倍，而IPv4已经拥有高达42亿个IP地址，因此有人说IPv6的地址数量比地球上的沙子还多。IPv6充足的地址资源确保了未来相当长一段时间内网络的发展，因此IPv6已成为发展物联网的基础条件之一。

IPv6并不是简单的IPv4的升级，相对于IPv4，IPv6是一种全新的设计，它采用了全新的分组格式，简化了报头结构，缩短了路由表长度，此外IPv6还内置了安全机制，简化了协议。这样的设计提高了路由寻址的速度，增强了安全性，加入了优先级，具有支持移动通信等优势，但同时也造成了IPv6与IPv4不兼容，即使用IPv4和IPv6地址的主机之间不能直接互相通信，不兼容性造成了当下IPv6网络普及的困难。

我们回到TCP/IP的分层工作原理上来。在网络层上，IP将TCP传过来的TCP头部信息和TCP数据合起来当作自己的数据，并在TCP头部的前端加上自己的IP头部信息。这样含有 IP 信息的数据包便生成了，路由器参考路由表决定将此数据通过本级的哪条链路进行投递，也就是通过哪个端口上的网卡进行传递。对于数据链路层中以太网的网卡，从 IP 传过来的 IP 包就是数据，链路层给这些数据附加上以太网头部信息，最关键的是网卡的 MAC 地址，最后生成的以太网数据包将通过物理层传输给接收端。接收主机收到以太网包后，首先从以太网包头部找到 MAC 地址判断是否为发送给自己的包，若不是，则丢弃数据。如果是发送给自己的包，则移除以太网头部信息，将数据包向上交给网络层处理。以此类推，直到数据抵达应用层，如此接收端的应用程序便可收到发送端应用程序发出的数据。

从以上过程中可以看到，数据在 Internet 上传输时，IP 地址至关重要，每一台接入因特网的设备都必须要有一个 IP 地址，无论是发送数据还是接收数据都需要知道该设备的 IP 地址。然而即使是经过十进制转换过的 IPv4 地址对于人们而言依然难以记忆，为了方便人们对主机地址的记忆，互联网采用了以字母为基础的域名系统。

三、域名和 DNS

人类对于自然语言的记忆能力远高于对数字的记忆能力，显而易见，使用以字母为主的自然语言来标记主机地址远比使用纯数字进行标记要更加方便和友好。

域名全称"网域名称"，是由一串用点分隔的字符组成的互联网上的某一台计算机或计算机组的名称，用于在数据传输时标识计算机所在的电子地址，域名可以说是 IP 地址的别称。比如"www.tsinghua.edu.cn"这个域名就是清华大学万维网服务器 IP 地址的别称。该域名由 4 个部分组成，其中"cn"代表国家（中国），属于顶级域名；"edu"代表行业或机构性质（教育），在此为二级域名；"tsinghua"则表示机构名称（清华），是机构自行选定注册的名称，在此例中为三级域名；位于最前的"www"代表了主机名（万维网服务器），这些不同级别的域名之间用"."进行分隔，通常域名级数不超过 5 级。从字面意思上可以从右向左理解为"中国的→教育机构中的→清华大学网络中的→万维网服务器"。在域名系统中，通常国家域名和行业机构域名是顶级域名，是由域名管理机构事先定义好的，相关机构在申请注册自己的域名时只能选择已开放的自己所属的顶级域名。常见顶级域名及解释如表 6-1 所示。

表 6-1 常见顶级域名及解释

顶级域名	行业 / 机构性质或国家	备　　注
com	商业公司、组织	传统顶级域名，最为通用的域名
org	非营利组织	传统顶级域名
net	网络基础服务提供机构	传统顶级域名
edu	教育机构、大学	传统顶级域名
gov	政府组织	传统顶级域名
mil	军事机构	传统顶级域名

续表

顶级域名	行业 / 机构性质或国家	备　注
cn	中国	国家顶级域名
uk	英国	国家顶级域名
de	德国	国家顶级域名
jp	日本	国家顶级域名
info	信息服务	新开放顶级域名
shop	销售型企业	新开放顶级域名
⋮	⋮	⋮

当一名用户在自己计算机的浏览器中输入"www.tsinghua.edu.cn"访问清华大学的主页时，计算机系统会通过 DNS（Domain Name System，域名系统）对该域名进行解析，得到对应的 IP 地址，从而再按数字形式（二进制）的 IP 地址进行路由寻址，最终通过超文本传输协议实现页面数据从服务器端到客户端的传送。在这一过程中，DNS 提供了至关重要的在数字地址与符号地址之间相互转换的机制。

DNS 是一个分布在因特网上的分层式主机信息数据库系统，它采用了客户端 / 服务器工作模式，即客户端拿到一个域名后，向服务器发送解析请求，服务器将查询到的该域名所对应的 IP 地址返回给客户端。DNS 本身是 TCP/IP 簇中的一员，位于应用层上，因查询及时性高、内容简单，所以采用 UDP 的传输方式。

域名查询系统对域名进行解析时采用的是分层递归解析的方式，具体来说便是：当用户在某台终端计算机上输入"www.tsinghua.edu.cn"的域名，该终端客户机的域名缓存中如果没有该域名的 IP 地址，则向它的上一级 DNS 服务器发送查询请求，这一级的 DNS 服务器通常是本地 DNS 服务器，由企业自身或 ISP 提供；如果在本地 DNS 服务器的缓存中有记录，则直接返回给客户端，如果在本地 DNS 服务器中没有查询到该域名的 IP 地址，则该 DNS 服务器向自己的上一级 DNS 服务器发出查询请求；依次类推，直到抵达根服务器。本例中根服务器为负责顶级域名"cn"的服务器，在该根域名服务器中记录有负责"edu"类域名的服务器的地址；查询转向该负责"edu"类域名的服务器，该服务器中记录有"tsinghua"网络自己 DNS 系统的服务器地址，然后将查询递交给清华大学的 DNS 服务器，清华大学自己的 DNS 服务器记录有负责大学万维网站点的"www"的服务器地址。查询到的内容依次返回，最终客户端得到了域名"www.tsinghua.edu.cn"的主机地址，参看图 6-14。在这一过程中，本地 DNS 服务器会将查询结果记录在自己的缓存中，从而加速下一次的查询。

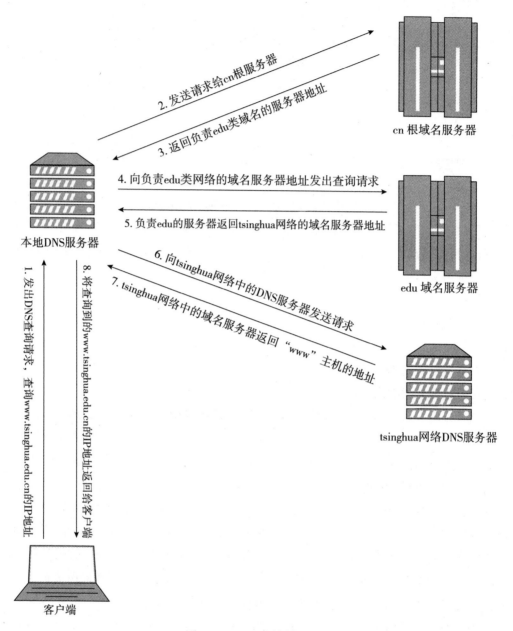

图 6–14　DNS 查询原理图

第四节　网络应用

　　计算机与计算机通过 TCP/IP 实现了彼此之间的通信，以通信为基础我们可以构建形形色色的应用和服务，这些应用和服务真正地将互联网带到了每一个普罗大众的身边。电子商务，乃至数字贸易正是这些应用和服务的一种综合体现。要驾驭互联网，进行数字贸易活动，对互联网的基础应用必须有所掌握。在很多情况下，某一种应用或基础服务其实就是在 TCP/IP 的应用层内封装了自己独有的协议，在应用（程序）内部使用自己定义的特有协议进行通信，但数据的传输则靠 TCP/IP 来完成。本节中将依次介绍因特网上的基础服务。首先来看一个概念——"全球统一资源定位符"。

一、URL

URL 用来标识某个资源（通常以计算机文件的形式存在）在互联网上的存在地址。URL 原本是万维网创始人所发明的用于定位网页的万维网地址，但其语法格式可以扩展，也可适用于以其他协议为基础的服务。URL 的完整格式如下。

协议类型：//[访问资源需要的凭证信息 @] 服务器地址：[端口号]/Unix 系统形式资源路径 / 资源名 [? 查询][# 片段 ID]

其中 [访问资源需要的凭证信息 @][端口号] 以及 [? 查询] 和 [# 片段 ID] 都属于可选项，不一定给出。下面我们通过两个具体的网址来进行说明。

http：//www.tsinghua.edu.cn/exploring/welcome.html

在该例中，"http"是协议类型，表明该 URL 所定位的资源应该通过 HTTP 进行访问。"www.tsinghua.edu.cn"是服务器地址，它可以是域名，也可以是 IP 地址，用于定位资源所在的服务器。"/exploring/"代表了所要访问资源在服务器上的具体位置，这个"位置"是以 Unix 系统路径的形式给出的，但在这里路径字母不区分大小写。最后的"welcome.html"则是要访问资源（文件）的名称（文件名），本例中就是一个超文本语言写成的静态页面文件。完整的理解便是：（浏览器）通过超文本传输协议去访问清华大学万维网服务器上位于"exploring"目录下的"welcome.html"文件。

https：//username@secure-search-machine：8080/query.php?wd=keyword

在该例中，模拟了一个安全搜索服务的场景。用户通过 HTTPS（安全超文本传输协议）向名为"secure-search-machine"的服务器发起了加密后的查询连接。由于该服务器不提供匿名服务，所以用户需要提供自己的"username"信息给服务器，同时该服务器还不使用默认的 443 端口，所以在 URL 中需要在主机地址后显式指出"8080"端口号。提供搜索服务的页面名是"query.php"，而用户查询的关键字是"keyword"。

二、万维网服务

WWW 服务，俗称 3W 服务，是由许许多多相互链接的超文本组成的系统，是今天全球使用最为广泛的互联网服务。公司、机构、组织通过万维网服务进行信息管理与发布，用户通过浏览器软件（如 Firefox）浏览发布到网站上的信息。

网站对信息的组织和管理是通过页面文件进行的，而页面文件就是超文本

（HyperText）文件。超文本的内容可以包括文字、图片、音频、视频、超链接等。在超文本文件中包含指向其他页面（超文本）的"指针"，这些"指针"允许用户从当前阅读位置直接跳转到"指针"所指向的页面，这些指针就叫作"超链接"。超链接的本质其实就是 URL，浏览器根据 URL 直接定向到了新的资源文件上。超文本文件通过这些超链接互相关联起来了，从而形成了一个巨大网——万维网。

在浏览器和万维网服务器之间进行数据传输时是使用 HTTP 进行的，浏览器向万维网服务器发出资源请求，万维网服务器将超文本文件传输给浏览器，浏览器根据超文本文件中的内容进行渲染，显示页面给用户。万维网的标准由 W3C（万维网联盟）组织进行制定，浏览器开发商应当遵循 W3C 的标准对超文本进行解析和渲染，网站开发人员也应按 W3C 的标准进行页面开发。超文本传输协议属于 TCP/IP 簇，在服务器端默认使用 80 端口。

常用的万维网服务客户端（浏览器）有：Firefox、Chromium、Chrome、Microsoft Edge、Opera、Brave 等。

常用的万维网服务端软件有：Apache、Nginx、Microsoft IIS 等。

三、FTP 服务

FTP 服务是互联网上"最古老"的服务之一，它也属于 TCP/IP 簇。顾名思义，FTP 是一个用于在计算机网络上，在客户端和服务器端之间进行文件传输的应用层协议。FTP 提供了便利的跨平台文件传输，可以在 Windows 和类 Unix 系统之间进行文件传输，正因为 FTP 的跨平台性，大量使用 Windows 进行网站设计和开发的人员，在站点设计好以后通过 FTP 客户端程序将开发好的站点文件上传到类 Unix 服务器上，从而实现了网站的发布。对于电子商务从业人员，如果负责自己的独立站点，则经常需要通过 FTP 来对自己的网站进行维护。

FTP 服务在工作的时候需要 20 和 21 两个端口。端口 20 用于客户端和服务器端之间的数据传输，端口 21 则用于传输控制命令，如列出服务器上已有的文件或删除某个文件的命令。FTP 的工作模式有两种，分别是主动模式和被动模式，主动模式要求客户端和服务器端同时打开并且监听一个端口以创建连接。然而当客户端的计算机处于某个局域网内部，或者说客户端的计算机的 IP 地址是一个为企业或组织内部使用而保留的 IP 地址（如 192.168 开头的 IP 地址），往往服务器无法直接向客户端发起连接，导致 FTP 不能正常工作。在这种情况下则需要在客户端里设置被动模式，然后连接服务器。在被动模式下，只要求服务器端产生一个监听相应端口的进程，企业内部网络的网关会自动为内部网络中的 FTP 客户端保留连接，确保了 FTP 的正常工作。

FTP 服务器端常用的程序有：vsftpd、pure-ftpd、FileZilla Server 等。

FTP 客户端常用的程序有：FileZilla Client、FlashFXP、CuteFTP 等。

四、Telnet/SSH

互联网上的服务器通常都放置在专有的数据中心，24 小时工作，从而确保提供不间断的在线服务。如果某商家决定开设自己的电子商务网站，该商家需要租用一台这样的服务器，然后商家工作人员需要从他的办公室远程连接到数据中心的该服务器上进行相关的设定和维护，这里进行远程维护所要用的服务就是 Telnet/SSH（Secure SHell，安全外壳协议）服务。

Telnet 是一种应用层协议，也属于 TCP/IP 簇，它提供了一种双向的、以文字形式为主的命令行互交式操作接口，是一种虚拟终端。当用户通过 Telnet 客户端程序发起对某台服务器的 Telnet 连接时，需要输入用户名和密码，通过验证后便可登录进入该主机。此时在虚拟终端上的操作就如同在真实物理机上操作一样，可以实现对主机的完全控制。由于历史原因，Telnet 在进行传输的时候并没有对数据进行加密，也就是说客户端和服务器之间的 Telnet 数据是明文的，任何处在中间的恶意用户都有截获通信数据的可能性，这就造成了 Telnet 在现代网络中很不安全。目前绝大多数的服务器提供商都屏蔽了 Telnet 服务，取而代之的是 SSH 服务。

SSH 和 Telnet 的功能基本一致，主要也是提供远程登录服务，但是 SSH 是一种加密的网络传输协议，可在不安全的网络中为网络服务提供安全的传输环境。Telnet/SSH 服务主要在类 Unix（如 Linux）服务器上运行，Windows 服务器则主要通过远程桌面协议（Remote Desktop Protocol，RDP）来进行远程控制。

Telnet 的默认端口号是 23，SSH 的默认端口号是 22。当下，在可以购买到的 Unix 和 Linux 服务器上基本上都默认开启了 sshd 服务器程序，提供 SSH 远程登录服务。

常用的图形化 Telnet/SSH 客户端程序有：PuTTY、MobaxTerm、XShell 等。

五、电子邮件

电子邮件是互联网上使用最为广泛、频率最高、最受欢迎的因特网服务之一。现在的电子邮件系统主要提供存储与转发的功能，即可以对电子邮件进行保存和投递。电子邮件系统采用客户端 / 服务器的工作模式，这里的服务器包含发送邮件服务器和接收邮件服务器，客户端则为用户的邮件处理程序（包括 Web 页面方式的客户端）。

因特网上的电子邮件地址具有唯一性，也就是说每个用户的电子邮件地址都是独一无二的，其具体格式是：用户名 @ 主机名。该格式中的主机名往往是某个电子邮件提供商的域名，这个主机名确定了电子邮件收发服务器的地址；用户名则是在该邮件收发服务器系统中的注册账号名称，在同一个邮件系统中，账号的名称不可重复。互联网上域名是不可重复的，而一个域名所对应的邮件系统里的账号亦是不可重复的，这便保证了电子邮件地址的唯一性。

电子邮件系统的整体工作过程如图 6-15 所示。

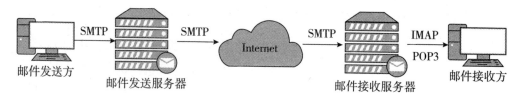

图 6-15　电子邮件系统的整体工作过程

当一名拥有 alice@A-company.com 邮件地址的用户在自己的邮件客户端上写好邮件，然后向 bob@B-company.com 发送时，客户端程序会通过 SMTP 将邮件投递到他自己信箱系统（A-company.com）的邮件发送服务器上，此刻该邮件发送服务器会根据"@"符号后面的主机名（B-company.com）去查询收件方邮件接收服务器的 IP 地址，然后通过 SMTP 与该 IP 地址上的邮件接收服务器进行通信，提交"@"符号前的用户名（bob）。B-company.com 的邮件接收服务器会判断本系统中是否存在 bob 这个账户，以及这个账户的状态，如果一切正常，B-company.com 的邮件接收服务器会接收 A-company 发送服务器发来的邮件，并保存到 Bob 的账户中，此刻邮件的发送便完成了。当 Bob 打开自己的邮件客户端查收邮件时，他的客户端可以通过 POP3 或 IMAP 连接到自己邮件系统的接收服务器上，下载邮件到本机系统，完成邮件的收取。

在此介绍一下 POP3 和 IMAP 的差别，它们都是邮件收取协议。POP3 叫作邮局协议第 3 版，是一种较早的邮件收取协议，其未加密连接的端口为 110，加密连接的端口为 995。它仅仅支持从服务器端的收件箱（inbox）中收取邮件，同时不能记录邮件的收取状态，在多客户端的情况下 POP3 无法同步信箱的状态。IMAP 叫作交互式邮件存取协议，它是比 POP3 更先进的邮件收取协议，支持 IMAP 的邮件服务器可以在信箱内创建不同的文件夹，同时可将这些文件夹的状态在多个邮件客户端之间进行同步，目前 IMAP 已经是主流的邮件收取协议了，其未加密连接的端口号是 143，加密连接的端口号是 993。

常用的邮件客户端程序有 Thunderbird、Microsoft Outlook、Evolution、Foxmail 等。

六、新闻组 /Usenet

新闻组（newsgroup）是一种讨论交流系统，它和 Web 方式的论坛截然不同。新闻组基于 NNTP（网络新闻传输协议），使用特定的客户端连接服务器，服务器上有各类话题的分组，用户可以向感兴趣的分组投递邮件，所有订阅了该分组的用户均可下载到该邮件并进行回复，从而形成了一种开放自由的讨论系统。新闻组基于 Usenet，而 Usenet 是一种分布式的互联网交流系统，各大 Usenet 提供商保持话题分类的同步，从而形成了全球互联的讨论，用户无须关心自己使用的是哪一个新闻组服务器。随着 Web 技术的发展，新闻组已经没落，Usenet 变成了一种偏向于资源分享的系统。

常用的新闻组客户端程序有 Outlook Express （Windows Mail）、Thunderbird、Opera、Pan 等。

七、BBS

BBS 是一种比较早期的网站系统，它是今天 Web 页面论坛的前身。BBS 使用的是 Telnet 协议，通过虚拟终端的形式，以字符串的方式进行数据的发送与接收。BBS 站点里面有"公告栏""分类论坛""新闻阅读""聊天室""用户查询""邮件系统"等栏目。BBS 早期在华人社区较为流行，其站内文章与新闻组同步，但目前基本上被 Web 形式的论坛所取代，现在较为流行的 BBS 系统主要集中在华人高校群体中。

常用 BBS 客户端程序有 FTerm、QTerm、FQTerm 等。

八、即时通信

即时通信是一种基于网络进行实时通信的软件系统，即时通信的鼻祖协议有 IRC （Internet Relay Chat）协议，它允许用户通过专有的客户端连接进入 IRC 服务器，选择特有的话题 / 聊天室进行聊天。IRC 协议与 Usenet 略有相似，也是一种分布式协议，不同的 IRC 服务器之间互相连接，只要登录一台 IRC 服务器便可进入其他 IRC 服务器上的频道 / 聊天室，实现了真正全球互联的即时通信系统。但如今 IRC 已经不再流行，仅仅保留在一些技术型用户群体中。

今天即时通信市场主要被大量即时通信软件所占据，如 Skype、QQ、微信等。这些软件使用开发公司的私有协议，彼此之间并不互通，通常允许两人或多人进行文字、语音、视频等的信息交换。类似这些商业即时通信软件的开放式协议是 XMPP（Extensible Messaging and Presence Protocol，可扩展消息与存在协议，旧称 Jabber），该协议也是一种分布式协议，每台 XMPP 服务器可以互联，这样任何一台 XMPP 服务器上的用户均可和其他 XMPP 服务器上的用户互加好友，进行实时通信。互联网上有大量免费开源的支持 XMPP 的软件可以使用。

常见的 IRC 客户端有 HexChat、mIRC 等。

常见 XMPP 客户端有 Gajim、Jitsi、Conversions 等。

九、代理

代理（proxy）是一种特殊的网络服务，它为一台计算机（通常是客户端）提供中转服务，使得客户端与目标计算机之间实现非直接的连接。常见的代理协议有两种，一种是 HTTP 代理，主要用于网页，一般有内容过滤和缓存功能，端口一般为 80、8080、3128 等；另一种是 SOCKS 代理，这种代理只是单纯传递数据包，不关心具体的协议和用法，速度快，端口一般为 1080。一般在应用软件中均有提供进行代理设置的选项，只需填入代理服务器的类型、地址和端口即可。

使用代理服务可以起到以下作用：①提高访问速度。很多代理服务器内部有缓存机制，可加快网络访问的速度。②控制对内部资源的访问。对某些资源主机进行设置，只允许来自代理服务的连接。③过滤内容。部分组织关闭正常的网络连接，强制要求通过代理服务器联网，并在代理服务器中设定过滤机制。④隐藏真实 IP。通过代理服务器进行访问，被访问网站记录到的 IP 只是代理服务器的 IP，而非真实访问者的IP。⑤突破限制。目标网站不允许访问者 IP 进行访问，通过代理可以欺骗目标网站，实现成功访问。

第五节　网站技术

在第四节中我们看到了互联网可以提供各式各样的服务，正是这些互联网服务奠定了现代数字贸易的基础。在这些服务中影响最大、直接推进电子商务发展的技术便是万维网技术，也就是人们平日里所说的网站技术。不论是个人还是企业，如果要在互联网上展开商务活动，那么一定需要一个平台，这个平台就是可被广大网民访问的网站。在这一节中将介绍架设网站所需要的必备知识。

一、域名注册

在前面的章节中已经讲解过域名的概念和工作原理。对于电子商务企业而言，域名被视为企业在网络上的商标，一个企业只有通过域名注册，才能在互联网上确定自己的一席之地，在注册之前首先要确定域名的名称，那么选择一个容易记忆、具有代表性的域名则显得至关重要。下面介绍一下注册域名的大致过程。

（一）了解域名的命名规则

域名只能由 26 个英文字母和"0 ~ 9"10 个阿拉伯数字以及英文中的连字符"–"构成。除了连字符不可以单独注册，也不可以放在域名开头、结尾和连续出现外，英文字母、数字和连字符可以随意组合，域名的最大长度为 63 个字符。

（二）选择顶级域名的分类

在前面的小节中已介绍过顶级域名的分类，但在实际运作中，除了".gov"".edu"".mil"这类不允许个人或公司注册的顶级域名外，其他类型的顶级域名是开放注册的，这便造成了今天互联网上网站的类型和顶级域名的匹配并不严格，如很多商业公司也在使用".org"或".net"的顶级域名。这里依然建议商业公司选择 com 域名，因为这是使用最为广泛的，同时也是最容易被人们记忆的顶级域名。但由于域名是有限资源，目前容易记忆的传统顶级域名基本上都已被注册，新的公司可能需要从已注册人手中购买想要的域名或使用新开放的顶级域名注册自己想要的名称。

（三）选择域名注册服务商

域名是由 ICANN（互联网名称与数字地址分配机构）统一进行管理，该机构直接负责".com"".org"".net"等通用顶级域名的管理，同时各个国家有自己的域名管理机构，负责自己国家顶级域名下的域名的注册和管理，如我国的 CNNIC 负责".cn"顶级域名的管理。ICANN 和 CNNIC 与大量商业公司合作，由这些商业公司提供代理服务，普通用户通过这些具有代理资质的公司进行域名的注册。国际上大的域名注册公司有 www.godaddy.com、www.domain.com、www.namecheap.com、Gandi.net 等，国内大的域名注册商有万网（wanwang.aliyun.com）、美橙互联（www.cndns.com）等。购买域名前必须先要对选定好的域名进行在线查询，看域名是否已经被注册，如果尚未被注册，那么可以申请购买。注册域名的费用并不高，通常一年期限的使用费用只有 100 多元人民币，但若从别人那里购买已被注册的域名，则价格可能非常昂贵。这里需要提醒的是，在国内注册域名，需要提交个人或公司的相关材料进行备案；通过国外注册公司注册通用顶级域名无须备案。

拥有域名后则需要一台服务器来放置网站。接下来我们简单地介绍一下服务器准备的途径。

二、准备服务器

传统的方式是，企业购买专有的服务器，放置在自己的私有场所，申请互联网提供商的专线网络，然后将服务器接入网络，并派专人进行维护。这种方式成本高昂，且普通企业一般很难保证服务器长时间不间断地正常工作。这种方式适合于要求对数据完全自我掌控的大型企业。

目前更多被采用的方式是普通中小型企业租用大型 IT 企业所提供的服务器，这些服务器一般放置在专有的数据中心或机房，拥有良好的网络线路（比如直接接入骨干网等），机房硬件设备由 IT 企业进行管理、维护，保证服务器的网络速度和正常工作。根据企业业务量的大小，租用企业可以选择要租用服务器的不同硬件配置，通常主机提供商会有不同的方案供用户选择，越贵的方案可以得到越多的内存、硬盘、带宽以及流量等，从而应对更大的业务需求。国际上的大型提供商有亚马逊的 AWS（aws.amazon.com）、微软的 Azure（azure.microsoft.com）等；国内的大型提供商有阿里云（www.aliyun.com）、腾讯云（cloud.tencent.com）和华为云（www.huaweicloud.com）等。

拥有了域名和服务器，商家便可以开启自己的商务站点，下面介绍网站开发的常用技术。

三、静态页面

静态页面是最基础的网页技术，是万维网的基础，之所以被为"静态"，是因为静态网页是固定不变的，在服务器端设计好的页面是什么样子，客户端（浏览器）接收到的页面就是什么样子。静态页面本质就是一个文本文件，该文件中包含要显示的文本、图像、超链接甚至音频、视频等多媒体信息。该文本文件通过一种描述性的语言将这些信息有机地组织起来，而这种描述性的语言就是 HTML（Hyper Text Markup Language，超文本标记语言），HTML 不属于编程语言。HTML 通过不同的元素 / 标签对页面上的信息进行定义，每种元素 / 标签都有自己的格式和属性，页面开发人员只需要按照规定的格式 / 语法对页面信息内容进行定义即可。保存 HTML 内容的文件就是超文本文件，也就是我们通常所说的网页文件，这种文件采用纯文本的格式进行保存，也就是说它是一种在可以任何操作系统上被任意文本编辑器打开编辑的文件，网页开发人员可以选择自己喜好的页面开发工具进行页面开发。下面为一段简单的 HTML 文档的内容。

```
<!DOCTYPE html>
<html>
 <head>
  <title> 这是网页的标题，显示在浏览器的标题栏上 </title>
 </head>
 <body>
  <p> 这是一段网页的正文内容 </p>
 </body>
</html>
```

HTML 的发展经历了多个阶段，从 1993 年 IETF（互联网工程任务组）正式发布 HTML 标准算起，已经经历了五六个大的版本，目前的主流版本是 HTML5，在这些版本当中值得一提的是 HTML 4.0 和 XHTML（可扩展超文本标记语言）。从 1997 年开始互联网的普及迅速展开，互联网的发展高峰期到来，HTML 4.0 便是 1997 年开始的版本，因此早期互联网上的页面大多数都是 HTML 4.0 标准的。但随后，W3C 认为 HTML 4.0 的定义过于松散，重新制定了 XHTML 标准，并于 2000 年推出了这一新的标准。XHTML 采用了类似 XML（可扩展标记语言）的语法要求，对标签 / 元素的语法和格式要求比 HTML 4.0 严格得多，这导致了 XHTML 的标准不能兼容早期的 HTML 4.0 页面。众多浏览器厂商出于对市场的考虑，决定推出新的 HTML 标准以兼容 HTML 4.0，于是就有了 HTML5 的标准。在经过了五六年的发展后，W3C 接受了现实，承认 XHTML 的弊端，最终于 2009 年正式支持 HTML5 的标准，至此，网络上两种页面标准并驾齐驱的状态结束了，统一到了 HTML5。尽管在今天的互联网上依然可以看到由 XHTML，甚至是 HTML 4.0 写成的页面，但新的站点的开发应该采用 HTML5 的标准。

在 HTML5 的标准中，HTML 只负责页面内容的组织和结构，并不负责页面的表现，也就是说页面的排版或显示样式不由 HTML 进行定义。在页面开发时，将要呈现给用户的信息通过 HTML 组织好，打好页面框架，页面的显示样式则需要通过层叠样式表

（CSS）来进行控制。

四、层叠样式表

CSS 是英文 Cascading Style Sheet 的缩写，中文翻译成"层叠样式表"，简称"样式表"。和 HTML 类似，CSS 也不属于编程语言，它是一种用于网页页面设计的技术手段，是 HTML 的补充和扩展。CSS 页也是一种文本文件，其中包含一个或多个决定网页某特定元素如何显示的规则，这些规则是首先通过对 HTML 文档中的元素进行选择，然后再通过属性和值对选定的元素的显示进行设定。CSS 里有控制基本格式的属性，如字体大小、字体颜色，段落背景色等；有控制布局的属性，如页面上某个元素具体位置的设定等；还有决定访问者打印时在哪里换页的打印控制元素等。

CSS 的优势在于开发人员可以在 HTML 页面之外创建 CSS 文件，再将它应用于网站上所有的页面，从而确保了多个页面采用相同的显示风格的要求，很轻松地实现了网站统一的风格。

CSS 和 HTML 都工作在网站的前端，也就是说它们都是在浏览器中工作，负责对页面的显示。但由于它们都不属于编程语言，不支持逻辑判断等功能，在页面前端无法实现对用户输入内容的判断等操作。以往的网站开发都是将数据发送服务器，由服务器上的后端程序进行处理，再把结果返回给前端用户，这样不仅工作效率低，也加大了企业服务器的负担，因此在网页设计的前端部分又加入一项支持编程的技术——脚本语言（JavaScript）。

五、脚本语言

正如前面所介绍到的，在网站技术的发展过程中，需要在前端加入支持编程特性的技术，即由浏览器负责解释运行程序的一种机制。这便是浏览器所支持的脚本语言，这类脚本语言是一种特殊的编程语言，它们不具备过于复杂和严谨的语法规则，可以嵌入 HTML 文档中，使得 HTML 具有一定的程序特征。目前使用最为广泛的浏览器脚本语言便是 JavaScript。

JavaScript 可以实现对 HTML 文档（页面）内容的实时改变，制作出许多动态的效果。目前基于 JavaScript，已有大量的前端设计库被开发出来，如著名的 jQuery 和 Bootstrip，这些库已经成为当下网页开发设计的基础。在整个网站工作的前端中，HTML 定义了网页的内容和结构，CSS 设置了页面的显示风格，JavaScript 则实现了页面上具有"行为"的机制。

然而前端所呈现的内容都是已被事先设计好的内容，当网站需要根据用户的特殊需求实时展示不同的内容时就需要在服务器后端动态、实时地生成新的页面，这种技术就被称为"动态页面"技术。

六、动态页面技术

为了实现前端用户和后端服务器之间的互交性操作，较早期采用的技术是 CGI （common gateway interface，公共网关接口），即在服务器上运行由某种编程语言（如 C、C++）所开发编译好的程序，该程序可以接收客户端（浏览器）传递过来的信息，然后根据这些信息动态地生成 HTML 文档，回传给客户端。由于 CGI 技术采用的是通用的编程语言进行开发，这导致了网站开发成本高、效率低，灵活性差，极为不方便。为此，新的动态页面编程语言应运而生，它们最显著的特点是代码可以和 HTML、JavaScript 等前端代码轻松地结合在一起，提高网站开发的效率，降低了开发成本。后端万维网服务器（如 Nginx、Apache）中集成了对某种动态页面生成语言的解释引擎，网站开发人员可以高效、轻松、自由地编写混合有前端页面代码的程序，使得后端生成新页面变得很容易。

目前在业界最常用到的后端动态页面开发技术有 PHP（超文本预处理器）、ASP （动态服务器页面）和 JSP（Java 服务器页面）。PHP 是开源技术，免费使用，通常安装在类 Unix 服务器上，在 Windows 服务器上也可以工作，和 MySQL 数据库是常见组合。ASP 是微软公司借鉴了 PHP 的思想后，为 Windows 平台推出的动态页面开发语言，ASP 安装在 Windows IIS 服务器上。PHP 和 ASP 不同于 CGI，它们不再为某个功能事先开发编译出一个可执行的程序，而是采用一种脚本式的、解释型的方式工作。JSP 是 Sun 公司推出的动态页面技术，它继承了 Java 的特性，跨平台工作，但与 PHP 和 ASP 不同的是，JSP 在工作时是一种编译后的程序，因此 JSP 的执行效率较高，但是 JSP 依然是运行在 Java 虚拟机上的，这也导致了 JSP 对服务器的硬件配置要求略高。

页面在动态生成的时候，往往不可或缺的技术支持就是数据库技术。比如网站提供的搜索功能会根据用户键入的关键字，调取数据库中的相关数据，然后生成与该关键字联系紧密的内容的页面。

七、数据库技术

数据库是以一定方式储存在一起、能与多个用户共享、具有尽可能小的冗余度、与应用程序彼此独立的数据集合。为了管理数据库而设计的软件系统就是数据库系统。从应用层面来讲数据库系统提供了数据的结构化存储，从而满足了用户高效地对数据进行检索的需求。数据库主要有关系型数据库和非关系型数据库。

关系型数据库是指采用了关系模型来组织数据的数据库系统，通常这种类型的数据库内含有很多张二维表，每张二维表又有自己的字段结构，表和表之间通过外键进行关联，通过表和表之间的关系可以快速检索到相关联的信息。关系型数据库主要有 SQL Server、Oracle、MySQL、PostgreSQL 等。

非关系型数据库主要是应对关系型数据库在因维护表格关系而造成读写性能下降的问题而生的。在很多情况下，网站存储的数据结构比较简单，并无复杂的关联性，如微博、贴吧等，但是这些网站的并发读写非常高，要求极高的读写性能，这种情况下非关系型数据库就更加适合。非关系型数据库主要有 MongoDB、Redis、CouchDB 等。

任何一种动态页面开发语言都可以和不同的数据库系统相连接，实现数据的存储与查询。对网站开发技术的选择和搭配要根据业务的模型、规模以及预算等多种因素综合考虑，然后才能作出决定。电商从业人员如计划开启自己的商务站点，应该在实际行动前对技术部分进行仔细的权衡。

第六节　网络支付与安全技术

支付在贸易环节中的重要性毋庸置疑，没有支付，贸易就无从谈起。随着贸易模式的数字化，支付方式和手段也必须要适应数字化的要求，由传统的现金支付、支票支付等方式转变为基于现代网络技术的数字化支付方式。这种方式被称为网络支付，确切地来讲，网络支付是指电子交易的当事人，包括消费者、厂商和金融机构，使用安全电子支付手段，通过网络进行的货币支付或资金流转。网络支付包括电子货币类、电子信用卡类、电子支票类、第三方平台类等。

一、网络支付

（一）电子货币类

电子货币也称为电子现金或数字货币，它可以被看作是现实货币的电子或数字模拟，以数字的形式存在，通过互联网流通，在进行支付时买卖双方使用电子钱包软件进行转账。比如近年来出现的以比特币（Bitcoin，BTC）为代表的加密货币就是电子货币。2020 年中国人民银行开始试点发行数字人民币。这两者同为电子货币，但有着本质的区别，以比特币为代表的加密货币并非国家银行发行，是去中心化的，但数字人民币是中国人民银行发行的、以国家信誉为担保的法定货币。

（二）电子信用卡类

电子信用卡是在网上使用信用卡进行支付的方式，在进行支付时需要通过加密的连接对信用卡敏感信息 [如卡号、CVV（卡片验证值）码、持卡人姓名和住址等] 进行传输。信用卡发行公司会对在线商家的资质进行审核，在交易时需要认证客户、商家和信用卡发放机构，从而避免欺诈和抵赖的行为发生。目前世界上最大的电子信用卡支付系统有 VISA、MasterCard、American Express 等。近年来，电子信用卡支付成为电子商务在线交易中最重要的支付途径之一。

（三）电子支票类

电子支票和传统支票有着相同的功能，利用纸质支票的电子替代形式，使用数字签名和自动验证技术来确定合法性，然后将钱款从一个账户转移到另一个账户。用电子支票支付，事务处理费用低，而且因为是账户资金的转移，不涉及透支额度或者预支付，所以成功率高，消费者付款后也很难赖账，因此是非常有效的支付方式。国内各大银行推出的网银本质上就是一种电子支票类的支付方式，当用户在线支付时，浏览器需要安装银行为用户生成的电子签名/证书（或使用 U 盾等）进行验证，验证通过即可进行转账。

（四）第三方平台类

这一类也是目前互联网上使用最为广泛的支付方式之一，商家和客户的银行信息被托管给值得信任的第三方机构/公司，这些第三方公司向商家提供支付网关，商家通过支付网关来连接第三方支付平台的服务。当要对某一宗交易进行结算时，公共互联网上只传送订单信息、支付确认信息等，无敏感信息的传输，真实的转账由第三方作为中介从支付方账户中获得资金并转移到收款方账户。这种支付类型为个人和大量微小型企业的在线业务提供了可被买卖双方接受的支付方式。目前全世界最大的第三方支付类平台是美国 eBay 公司旗下的 PayPal，除此之外，市场占有率高的还有荷兰的 GlobalCollect，英国的 WorldPay、MoneyBookers，中国的支付宝（Alipay）、微信支付、e 支付，澳大利亚的 eWAY、Paymate 等。

无论哪种支付方式，都需要有特定的电子系统的支持才能实现最终的支付。通常基于互联网的电子交易支付系统由客户、商家、认证中心、支付网关、客户银行、商家银行和金融专网所组成，如图 6-16 所示。

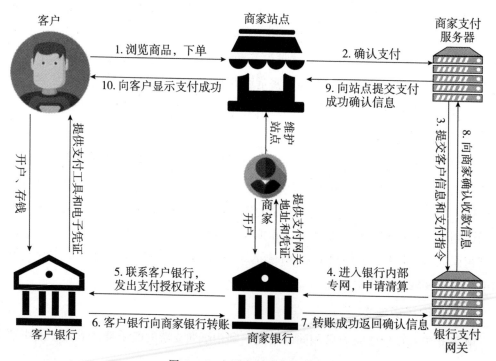

图 6-16　电子支付系统原理图

（一）客户

客户一般是指在互联网上利用电子手段进行交易中的付款方，他们可以是个人或单位。如果支付方式是类似比特币的加密数字货币，那么客户只需要知道收款方的钱包地址，然后通过向去中心化的、开放式的区块链系统添加记录来完成转账。

（二）商家

商家也可以是个人或实体，一般是电子贸易中的收款方，在以法定货币进行结算的交易中，他们需要根据客户发出的付款信息向金融机构提出结算请求。商家往往会提供自己的网站并为网站配有专有的支付服务器，用于和金融机构进行连接处理业务。

（三）认证中心

认证中心是交易各方都信任的第三方中介机构，主要负责对交易中各方身份进行核实认证，当确认身份后会向各方发放数字证书，交易中各方的电子设备通过数字证书确认彼此的身份，从而确保交易安全平稳地进行。

（四）支付网关

支付网关是位于银行内部网络和公共互联网之间的一台或一组专有服务器，这些服务器由银行维护，向外界网络提供进入银行内部网络的安全接口。支付网关通常需要对银行内部网络和公共互联网之间交互的数据进行格式（协议）的转换，并进行必要的加密解密。外部商家必须通过支付网关才能向银行申请对交易进行结算。

（五）客户银行

客户银行就是指客户所使用的银行，在交易中通常是支付方。客户银行需要为客户提供支付工具（如电子信用卡、签名证书等），并保证与其他金融机构之间转账的平滑性和成功率。

（六）商家银行

商家银行就是为商家提供资金账户的银行，通常商家银行会向商家提供支付网关的链接地址以及凭证信息。当交易发生时，客户向商家的网站递交了订单和支付指令，商家的支付服务器会发起向支付网关的连接，将支付指令递交给银行，发起结算申请，商家银行此刻会向客户银行发出支付授权请求，最终完成转账支付。

（七）金融专网

金融专网是指在银行或第三方金融机构平台内部所使用的专有网络系统，这些系统自身具有很高的稳定性和安全性，并与外界隔离，只能通过特有的接口/网关进行信息交流。

电子支付是电子商务，乃至数字贸易发展的前提与基石。对于支付而言，最重要的便是安全的保障，支付的安全性出问题，则整座数字贸易的大厦都会坍塌。我们接下来便针对网上支付领域相关的安全技术进行介绍。

二、安全技术

电子支付系统是依赖网络实现的，所以要保障电子支付系统的安全，首先要保证网络本身的安全。关于这一点 TCP/IP 尽可能地保证了网络对信息的传输，但对于安全性则显得有些力不从心。为了让传输的通信数据不被窃听或篡改，安全支付协议在数据传输时采用了 HTTPS、SSL（Secure Socket Layer，安全嵌套层）/TLS（Transport Layer Secure，安全传输层）协议和 SET（Secure Electronic Transaction，安全电子交易）协议。

HTTPS 是对 HTTP 的改进，HTTP 在传输数据的时候是明文传输，通信双方中间的节点很容易对通信内容进行窃听、篡改和冒充。为了提高安全性，HTTPS 将传输数据通过 SSL/TLS 进行加密后，再通过 HTTP 进行传输。这里 TLS 是 SSL 的升级加密协议，现在使用的都是 TLS 协议了，不过很多时候习惯上依然称之为 SSL 协议。在介绍 SSL/TLS 之前，我们先了解一下两种常用的加密模式：对称加密和非对称加密。

对称加密指的是对数据的加密和解密都使用相同的密钥。这种加密算法相对简单，加解密速度都比较快，易于使用，加密方使用某个密钥对数据加密，将加密后的数据发送给接收方，接收方收到数据后使用同一套密钥进行解密即可。这种算法只要保证通信双方在交换密钥时不发生泄露即可，因此密钥的交换是确保对称加密算法有效性的关键部分。目前常用的对称加密算法有 DES（数据加密标准）、AES（高级加密标准）、RC2、RC4、Blowfish 等。

非对称加密指的是对数据加密和解密所用的密钥不同，我们把用于数据加密的密钥称为公开密钥（公钥），公钥可以对外公布，任何人都可以使用公钥对数据进行加密；被加密后的数据只能由专用密钥（私钥）进行解密，而专用密钥则作为机密只能由解密人掌握。非对称加密算法的好处是不用担心密钥的交换，加密密钥本身就是公开的，任何人要给接收人发送加密数据，都可以使用该接收人已公开的公钥进行加密，然后将加密后的数据发送给接收人，接收人则使用只有自己才有的私钥进行解密，而没有私钥的人是无法对数据进行解密的，这便实现了没有密钥交换的加密传输过程。如果私钥拥有者使用私钥进行加密，则任何人都可以使用公钥进行解密。非对称加密算法较为复杂，加解密的速度要远慢于对称加密算法。常用的非对称加密算法有 RSA（Rivet、Shamir、Adelman）和 ECC（椭圆曲线加密）等。

在计算机加密领域，常常将对称加密算法和非对称加密算法结合起来使用，从而实现更加高效和完善的加密系统。在这一领域中，还有一项关键技术，我们也有必要进行了解，那就是哈希（hash）算法。

哈希算法是一种单向算法，也就是说如果我们把它当作一种加密算法来看，那么经过哈希算法加密的数据是无法被解密（还原）回原来的数据的。这样来看似乎哈希算法并没有什么用处，然而哈希算法还有另一个特点：任意信息经过哈希算法处理后都会生成一个特定长度且独一无二的字符串（哈希值）。当这两个特性结合在一起，哈希算法就变得非常有用了，常用于不可还原的密码存储和信息完整校验等地方。常用的哈希算法有 MD5（message digest algorithm 5）、SHA（安全散列算法）等。

SSL/TLS 的基本思路是采用非对称加密法，即客户端先向服务器端索要公钥，然后用公钥加密信息，服务器收到密文后，用自己的私钥解密。但这里有两个问题，一个是安全漏洞，另一个是效率问题。安全漏洞：在服务器向客户端传送公钥时依然是明文传送，如果此刻在服务器和客户端之间有一个恶意节点，那么该恶意节点可以轻松地篡改公钥，然后冒充服务器与客户端进行通信。为此我们引入了证书，证书由权威机构对网站（域名）所有者进行验证后颁发，证书中包含站点的公钥，那么浏览器只要确认证书没有问题，也就确认了公钥是没有被篡改过的，以此解决了漏洞问题。效率问题：非对称加密算法的计算量过大，导致通信效率降低，为了提高通信效率，数据的传输改为对称加密算法，对称加密算法中密钥的交换是关键。服务器和客户端相对于对方都不是固定不变的，因此不可能采用事先确定好的密钥，事实上每次客户端和服务器进行会话的密钥都是在确定本次会话时由客户端生成的，被称为"会话密钥"，客户端利用服务器的公钥对会话密钥进行加密，然后发送给服务器，服务器利用自己的私钥解密出会话密钥，此后两者之间使用会话密钥进行对称加密通信。SSL/TLS 巧妙地利用了两种加密算法，既保证了通信双方的安全性，也保证了通信的高效性。

在这里我们可以看到解决公钥传输的问题是通过数字证书来确保公钥的完整性和正确性，在进一步阐明数字证书技术前，我们先来看数字证书的技术基础数字签名。

数字签名在现代计算机认证技术中发挥着重要的作用。数字签名与传统纸质签名的差别在于纸质签名通过笔迹来判断是否是本人，无法对内容是否修改过进行判断，但数字签名不仅可以判定信息发送方是否本人，也可以确保信息在传输过程中未被修改过。

数字签名的原理是：发送方首先对要发送的信息进行哈希处理，得到一个唯一的哈希值，这里通常称之为"报文摘要"。然后发送方使用自己的私钥对报文摘要进行加密，形成数字签名。发送方在发送原始信息时会把数字签名附带进来一起发送。接收方收到带有数字签名的信息后使用发送方的公钥进行解密，如果解密不成功，说明发送方可能是冒充的（发送方没有真实的私钥），如果解密成功则会得到报文摘要，这时接收方对收到的信息同样进行一遍哈希处理，产生自己计算出来的报文摘要，对两个报文摘要进行对比，如果两个报文摘要绝对一致，说明收到的信息和发送方发送的信息一致，未被修改过；但若不一致，则说明收到的信息并非发送方的原始信息。数字签名利用非对称加密算法和哈希算法实现了对传输内容的正确性以及对发送方真实性的保障。

数字证书本质就是一个带有一些辅助信息的经过数字签名的公钥。当某个商家计划开启自己的电子商务网站，那么至少在支付页面必须使用 HTTPS 来进行数据传输，也就是说商家必须要先申请到含有自己网站（域名）公钥的数字证书。这里签发和管理数字证书的机构被称为 CA（Certification Authority，认证机构），CA 往往是一些具有资质、公信力好的大型企业、非营利性组织或网络管理机构，每个 CA 拥有自己的根证书。当一家企业向某个 CA 申请自己域名的数字证书后，该 CA 会检查申请者身份的合法性，以及是否对申请域名具有使用权等信息，核实无误后，CA 会为该域名发行一个属于自己根证书下的数字证书。在申请的过程中，企业往往需要递交相关的身份证明材料并支付一定的费用。企业拿到数字证书后便可安装到自己的企业服务器上，开启安全超文本传输协议。

在客户端层面上，浏览器在出厂前会预置好各大 CA 的根证书，因此当浏览器遇到有这些根证书签发的数字证书后会默认接受该证书的合法性。普通用户在浏览时遇到无资质的企业或个人发行的证书时，浏览器会发出警告信息，阻止用户继续访问网站，从而保护普通用户。

数字证书的用途不仅仅是开启网站的 HTTPS 服务，它还被广泛应用于发送安全电子邮件、网上签约、网上缴费、网上炒股、网上报关等方面。

SET 协议是由 MasterCard 和 VISA 联合微软、IBM 等公司于 1997 年推出的一套专注于信用卡在线支付的安全通信协议。其使用的技术与 SSL/TLS 类似，也是基于数字签名、数字摘要、数字证书等技术，但 SET 协议比 SSL/TLS 复杂得多，SSL/TLS 提供了从客户端到服务器端的安全连接传输，适合于各种网络应用环境，而 SET 协议则是专注于保障网上购物信息的安全性。SET 提供了消费者、商家和银行之间的认证，确保了交易数据的安全性、完整可靠性和交易的不可否认性，特别是具有保证不将消费者银行卡号暴露给商家等优点，因此它成为目前公认的信用卡 / 借记卡的网上交易的国际安全标准。但由于其复杂的设计，当前互联网上 SET 协议并未被真正普及开来。随着电子商务、数字贸易的发展，SET 协议的后发趋势不可小觑。

在本节的最后我们介绍一下现代企业在基于互联网进行运作时必不可少的一项安全技术——VPN（virtual private network，虚拟专用网络）。

VPN 是在公共网络上建立起来的。VPN 通过特殊加密的通信协议，为连接在 Internet 上不同地理位置的两个或多个企业内部网，建立一条专用的通信线路，就像架设了一条专线，但不需要真正去铺设光缆之类的物理线路，从而实现不同网络的组件和资源之间的相互连接。比如，某企业一名员工在外地出差，此时他需要企业内部网络中的数据资源，那么他便需要通过 VPN 连接回公司的内部网络。在这种情况下，该员工的 VPN 客户端软件会在笔记本电脑与企业内部网络中的 VPN 服务器之间建立起一条加密连接 / 隧道，使这台笔记本电脑获取到企业内部网络的 IP 地址，就如同这台笔记本电脑是在公司内部上网一样，从而可以随意访问公司内部网络资源，如图 6-17 所示。

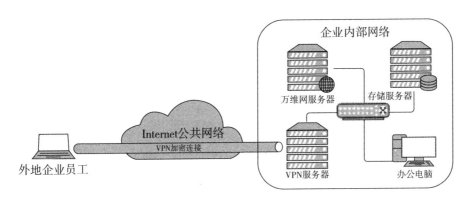

图 6-17 VPN 工作模式图

常用的 VPN 协议有 PPTP（点对点隧道协议）、L2TP（第二层隧道协议）、IPSec、OpenVPN 和 IKEv2 等。

第七节 EDI 技术

20 世纪 60 年代，全球跨国贸易开始大幅增加，各国进出口公司在进行贸易时必不可少地要用到大量的纸质单证 / 文件。据统计，每进行一笔交易要用到 30 ~ 40 份纸质单据、凭证，甚至更多，而且交易的过程中很多文件是内容相同的备份或拷贝。伴随着全球贸易额的不断上升，纸张的消耗迅速加大，从宏观上造成了巨大的浪费。除了造成浪费之外，还有一个严重的问题逐步显露出来，即每份交易单证都需要业务员手工处理，虽然单证等文稿已经是计算机打印稿，但是每次交换和改动，业务员依然需要重新录入稿件内容 / 数据，出错的概率很高，导致返工等各类问题。据统计，有大约 5% 的单证在最终版本中依然含有因操作造成的错误。在交易过程中买卖双方不断需要通过传真甚至是邮局寄送的方式来交换文档，效率低下。这些因素在当时已成为国际贸易发展的主要瓶颈。与此同时，在美国等发达国家，计算机的使用已经大量普及，而且关键的网络也开始逐步应用到民用领域，对计算机的应用从单机应用向系统化应用转变。

在这样的背景下，使用计算机和网络进行贸易双方之间的单据、凭证的自动处理与传输便成为人们理所当然的追求。这样的理念最早由美国运输业率先尝试使用，然而这种基于计算机和网络的对贸易数据进行自动化交换的完整概念最早则是由英国提出，随后在 20 世纪 80 年代和 90 年代，EDI 技术得到了实质性的发展，成为"无纸化贸易"的实现途径和代名词，也成为 B2B 电子商务的雏形。

一、什么是 EDI

由 EDI 技术的由来，我们可以看出其是融合现代计算机技术和远程通信技术为一体的产物，用于计算机之间商业信息的传递，包括日常咨询、计划、询价、合同等信息的交换技术。为了更好地理解 EDI，我们先来看几个不同组织对 EDI 的定义。

国际标准化组织将 EDI 描述为：将商业或行政事务处理，按照一个公认的标准，形成一个结构化的事务处理或信息数据结构，从计算机到计算机的数据传输。

联合国贸易法律委员会（UNCITRAL）对 EDI 的定义是：EDI 是利用符合标准的结构化的信息从计算机到计算机之间的电子传输。

联合国标准化委员会给出的定义是：EDI 是用户的计算机系统之间的对结构化的、标准化的商业信息进行自动传送和自动处理的过程。

国际标准化组织电工委员会 ISO/IEC14622《信息技术——开放式 EDI 参考模型》国际标准中给出的定义是：EDI 是指两个或两个以上组织的信息系统之间，为实现业务目的而进行的预定义和结构化的数据的自动交换。其对开放式 EDI 的定义是：为完成明确的共同业务目标在多个自治组织之间，根据开放式 EDI 标准进行数据交换。

通过这些定义我们可以看出 EDI 技术是电子商务范畴中的一个特定组成部分，是企业对企业电子商务的基础，是实现电子商务的一种手段。虽然各个定义的表述方式不同，经过归纳总结我们可以发现这些定义都包含 EDI 技术的三个核心要素。

（1）资料用统一标准。

（2）利用电信号传递信息。

（3）计算机系统之间的连接。

通俗地来讲，EDI 就是将企业和贸易伙伴之间的商业信息（订单、票据、单证等）或文档，按照数据文件的统一标准，以直接可以读取的、结构化的信息形式在计算机之间通过网络进行传输。

二、EDI 的发展历史

EDI 经过了近 60 年的历程，不断得到新的发展和应用。在国际上最早应用 EDI 的国家是美国，20 世纪 60 年代末，美国航空业首先使用了 EDI 技术，随后在美国国防部的支持下，美国运输数据协调委员会（TDCC），对 EDI 技术进行定制和完善，形成了当时用于包括航空、铁路、公路、海运等整个运输行业内部的 EDI 标准，称为 TDCC 标准。随后美国国家标准协会在 TDCC 的基础上进行完善，制定了美国国家标准的 EDI，称为 ANSI X.12。到了 20 世纪 80 年代，美国国家标准协会与欧洲合作，推进 EDI 的国际标准，于 1986 年推出了 EDIFACT（行政、商业和运输电子数据交换）标准，用于行政管理、商业和运输业。在 20 世纪 80 年代和 90 年代，EDI 的发展进入高速发展阶段，如美国海关总署采用了 EDIFACT 的 EDI 处理海关业务，采用 EDI 方式的外贸公司清关过程被优先处理，大量的企业开始正式接入 EDI 系统。在欧洲，英国、法国、德国、意大利、挪威等发达国家也基本上与美国同步展开了对 EDI 的使用。在亚洲，新加坡和日本对 EDI 的采用也非常积极。

中国的 EDI 建设和应用相对于发达国家起步较晚，20 世纪 90 年代初，由国务院电子信息推广应用办公室牵头，国家科委、外经贸部、海关总署等部门共同组织成立了中国促进 EDI 应用协调小组，并以中国 EDI 理事会的名义参加了亚洲 EDIFACT 理事会，成为该组织的正式会员，正式开始了 EDI 在我国的建设与应用。经过几十年的发展，目前我国的 EDI 发展、应用特点如下。

政府积极推动 EDI 技术：国家组织各方技术力量进行 EDI 技术的研究和实际应用工程的试点工作。如"八五"期间，科技攻关计划投资了 500 万元支持 EDI 技术在我国的应用，确定了国家外贸许可证、中国化工进出口总公司石油橡胶贸易、山东抽纱总公司的轻纺出口业务等 5 个 EDI 系统试点工程。这些试点工程对我国 EDI 应用起到了很好的推广作用。到了"九五"以后，政府进一步加大了 EDI 应用项目的推广力度，海关、交通、商检和商业的 EDI 应用项目被列为国家重点项目。与此同时，各省、区、市及中央部委也几乎都设立了专门的职能部门来负责协调督促有关 EDI 应用的推广工作，为 EDI 的应用积极创造条件，并组织 EDI 应用试点工作。

行业内应用逐步展开：比如，开通了北京、天津、上海、广州、九龙、拱北、杭州、宁波、厦门等 EDI 海关系统。1995 年 1 月，中国海关完成了 EDI 海关系统的全部开发工作，高起点地制定了 EDI 海关系统所需的 15 个 EDIFACT 标准报文子集，设计了普通货物进出口和快递物品海关软件；税务系统为实施 EDI 做了大量基础工作，对税收经管、防伪税控、出口退税等都进行了数据报文格式的统一，开发出了相应的 EDI 信息系统。

建设大量的 EDI 服务中心：如 1993 年筹建了广东省 EDI 服务中心，在全省范围的进出口贸易主要环节推广采用 EDI 技术。外经贸部于 1996 年 2 月成立了国际贸易 EDI 服务中心，组建了中国国际电子商务网，成为集外贸管理、信息、服务于一体的国家统一的外经贸专用网络。1998 年 7 月，该中心在 Internet 上建立了中国商品交易市场，成为"中国永不落幕的交易会"。这些 EDI 中心的建成营运，在很大程度上推动了我国的 EDI 应用，帮助企业成为 EDI 用户，改善了商务环境。

三、EDI 标准

EDI 的标准是 EDI 技术的核心，具体而言是指被处理的业务数据格式的国际统一标准，使不同的商业用户的计算机能够识别和处理这些单据。正如前面所介绍到的，在 EDI 的发展过程中，出现过两个标准，一个是美国国家标准 ANSI X.12；另一个是国际标准 EDIFACT，ANSI X.12 和 EDIFACT 在 1997 年已经合二为一，统一成 EDIFACT。EDIFACT 由两个国际组织负责，国际标准化组织负责研制语法规则的数据手册，联合国欧洲经济委员会（UN/ECE）负责研制单证标准。我国采用的 EDI 标准体系是以联合国欧洲经济委员会的 UN/EDIFACT 标准为基础的，因此，我们学习了解一下 UN/EDIFACT 的标准。

UN/EDIFACT 由电子交换标准、指南和规则、目录以及标准报文组成，共 10 个部分：《EDIFACT 语法规则》（ISO 9735）、《EDIFACT 报文设计指南》、《语法应用指南》、《EDIFACT 数据元目录》、《EDIFACT 代码表目录》、《复合数据表目录》、《EDIFACT 段目录》、《EDIFACT 标准报文格式》、《贸易数据交换格式构成总览》和《适当的说明解释》。

《EDIFACT 语法规则》：EDI 标准的根本准则，它包含 10 个部分和 3 个附录，以简略形式表达了"用户格式化的数据交换的应用实施"的语法规则。所有的 EDI 参与方在进行电子数据交换前都必须按照该标准准备他们的报文。该规则是描述 EDI 信息的标准语言，只有遵循该标准，才能使传输的信息不受地域、语言环境和领域的限制。

《EDIFACT 报文设计指南》：该指南的意义在于让联合国标准报文草案的设计者、联合国标准报文草案的修改者和区域性国际标准报文的设计者可以了解 EDIFACT 报文的规则，为开发不同类型的报文提供统一的方法，为开发新报文和修改已有报文提供一种持续性方法，以及推荐一种 EDI 报文的标准层次结构和表示法。

《语法应用指南》：其作用是帮助 EDI 用户使用 EDIFACT 的语法规则，该指南由 11 部分构成，提出了 EDI 的基本要求，包括内部系统接口、软件、通信、交换协议、传输成分等内容，还对 EDIFACT 报文的标示和管理规则进行了说明。

《EDIFACT 数据元目录》：数据元就如同自然语言中的字，是电子单证的最小单位。《EDIFACT 数据元目录》是联合国数据元目录的子集，收录了近 3 000 个与设计 EDIFACT 报文相关的数据元。该目录对这些数据元的名称、定义、数据类型和长度等信息进行了具体的描述。

《EDIFACT 代码表目录》：该代码表目录给出了数据元中的代码型数据元的代码集，包含单证名称的代码表、国家与货币的代码表、运输方式的代码表等，共 103 个数据元代码。

《复合数据表目录》：该目录收集了 60 多个在设计 EDIFACT 报文时涉及的复合数据元，并对每个复合数据元的用途进行了描述。复合数据元就如同自然语言中的词，由数据元（字）构成。

《EDIFACT 段目录》：数据段是标准报文中的一个信息行，由逻辑相关的数据元素构成。这些数据元素在数据段中有相应的固定形式、定义和顺序。数据段的基本内容有：数据段标识符，其由 3 个字母组成，用以说明是什么数据段；数据元素或复合数据元素；用加号“+”或冒号“：”表示的用于分隔数据元素和成分元素的分隔符；每个段的最后使用单引号“’”表示段的结束。该目录定义了 70 多个 EDIFACT 报文中用到的段，每个段通过段标与 EDIFACT 标准报文联系。

《EDIFACT 标准报文格式》：联合国欧洲经济委员会下属的第四工作组每年都会根据各行各业的实际需要对报文的具体内容进行调整，然后向全世界公布。EDIFACT 的报文格式分为三个等级：0 级是草案级；1 级是推荐草案级；2 级是推荐报文标准级。在以 EDI 方式交换数据时，按照通用的标准格式经数据结构化处理后，以报文的形式，通过计算机网络传递给对方的计算机。

《贸易数据交换格式构成总览》：该文档介绍了 EDIFACT 国际标准产生的背景、所要达到的目的和对用户的要求等信息。

《适当的说明解释》：其他相关的补充信息。

企业如果想要开发出适合自身需要的 EDI 软件进行商贸活动，则必须对 EDIFACT 的标准准确地理解与掌握。图 6–18 即为符合 EDI 标准的一份报文。

EDI 标准报文

UNB+UNOA:0+IBISENDER+IBIRECEIVER+971104:0816+374++APINCEMUNH+374+APINCE:0:97A:IBMB
GM+855::APINCE+000000001+9 'DTM+150:19971104:102 'NAD+MS+3101915045++上海市食品进出口
公司+四川北路 525 号 'CTA+MS+：吴继浩 'COM+63747380:TE 'RFF+AEK:1716 'NAD+MR 'NAD+CZ
+15376221755766+上海市食品进出口公司 'NAD+ CN+ default Tomen Corporation 'NAD+PL+310191504
5+上海市食品进出口公司 'DMS+2222+B 'RFF+ZZZ:ALF 'FTX+ACB+++GB 'FTX+SSR+++请在商检证书
上注明 3300/02202 编号，已采取了防止残留的同时请注明生产厂名称地址及收货人、数量及箱数 'LOC+
36+127 'LOC+14+慈溪:ZZZ 'LOC+9+156162 'DTM+11:19971115:102 'PCI++N/M ' GID++2803:120MMO
A+44:568164.8:USDMMOA+44:4500000:CNYMDTM+179:19971110:102 'PAC+++110:ZZZ 'QTY+101:3360
0:035 'QTY+100:28030:035 'UNS+D 'LIN+1 'IMD+++CHN:161::冻烤鳗 'IMD+++ENG:161::Frozen Roaste
d Eel 'RFF+HS:16041900 'RFF+ZZZ:3300/0 2202 'GID++2803:110 'LOC+48 'PRI+INF::INV 'QTY+101:3
3600:035 'QTY+100:28030:035 'LOC+14 慈溪 'DTM+94::102 'RFF+BT 'UNS+S 'UNT+43+374 'UNZ+1+
374 '

图 6–18　EDI 标准报文样本

四、EDI 系统

EDI 系统工作模型如图 6–19 所示，发送方企业的业务员在计算机上启动 EDI 软件，从数据库中提取或手动输入单证数据，然后 EDI 软件会将单证数据按照 EDI 标准生成标准 EDI 报文，通过网络发送到接收方企业的计算机上，接收方的 EDI 软件会将标准报文还原成适合人类直接阅读的信息并存储在本地计算机系统上。

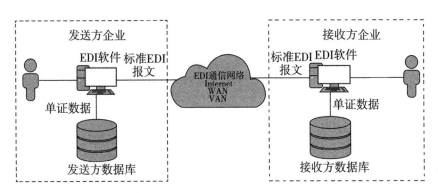

图 6-19　EDI 系统工作模型

从这一过程我们可以看出 EDI 要完成企业间商务信息的交换,至少需要三个条件:数据的标准化、EDI 软件和硬件以及通信网络。这三个条件便是 EDI 系统的三大要素,它们相辅相成,缺一不可,构成了 EDI 系统的技术框架。三大要素中的核心是数据的标准化,这一点我们在前面已向读者进行了简要的阐述,这里不再赘述;关于 EDI 软件和硬件这一要素,硬件指的是支持 EDI 软件运行的计算机,包括普通的运行 EDI 桌面程序的个人计算机,也包括运行 EDI 服务端程序的服务器,甚至还包括网络连接、通信线路等设备。而 EDI 软件则是我们接下来要重点介绍的内容。

EDI 软件的核心功能是将用户数据库系统中的信息翻译成 EDI 标准报文格式,投放到网络上进行传输,从而进行企业间的信息交换。然而现实情况是每个公司或企业对商务信息的管理方式并不相同,各个企业所用的数据库系统和数据存储格式也不尽相同。那么 EDI 软件在工作的第一步中就必须要有一个模块,专门把企业原有的复杂格式的数据转换成一种较为简单直白的格式,这种简单直白的格式通常被称为"平面文件"(flatfile)。将数据转换成"平面文件"的目的是为下一步将数据翻译成 EDI 标准报文做准备。从用户数据库系统中提取信息并转换成"平面文件"的模块被称为"转换软件"(mApper)。"转换软件"可以将图 6-20 的数据内容(单证)转变成图 6-21的平面文件。

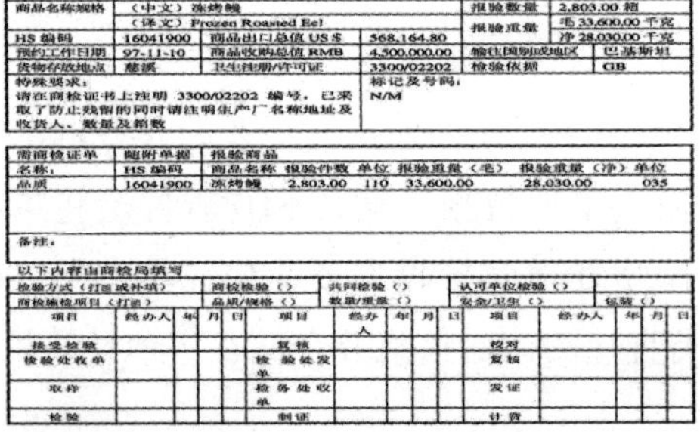

图 6-20　单证样本图

```
EVPHDIBISENDER                          IBIRECEIVER
CIHDR374        000000001                          9  19971104
SNDER3101915045      上海市食品进出口公司
SNADR 四川北路 525 号
CTACM 吴继浩                                        63747380        1716
RECVR
CZZNA15376221755766  上海市食品进出口公司
CNZNA default        Tomen Corporation
PAYER3101915045      上海市食品进出口公司
DMSIFB    2222
DOCCZALF                          GB
SPISP 请在商检证书上注 3300/02202 编号, 已采取了防止残留的同时请注明生产厂名称
地址及收货人、数量及箱数
LOCDM127 慈溪              15616219971115
SHMRKNVM
GIDMO2803      120568164.8        4500000   1997111011033600   28030   035
MERCH1        冻烤鳗
YWMERF rozen Roasted Eel
HSCOD160419003300/02202    2803    110    0
PRODU33600        2803    035 慈溪
```

图 6-21　平面文件样本图

EDI 系统得到平面文件后便启用翻译软件（translator），将平面文件翻译成 EDI 标准文件（标准 EDI 报文）。在接收企业方，则是一个逆向的过程，翻译软件会将收到的标准报文翻译成平面文件，以便让转换软件根据平面文件生成便于用户阅读的单证。翻译软件在进行翻译的时候是严格遵照 EDI 标准进行的。

当翻译软件完成报文的生成后，通信软件（Communicator）就会将生成的 EDI 标准报文重新进行打包并投放到 EDI 系统的邮箱中，以电子邮件的形式发送给对方企业 EDI 系统的邮箱中，从而实现了信息的投递。这里所谓的"打包"我们可以理解为给 EDI 报文加上了一个"信封"，其实质就是将 EDI 标准报文的外层加上一个头部信息，这个添加头部信息的操作和 TCP/IP 底层为上层服务的工作原理相同。接收方在收取到邮件后，通信软件会对邮件进行解包，将解包出来的报文再递交给翻译软件，依次类推，直到用户获取到适合人类阅读的单证信息。

关于 EDI 软件系统的三大模块转换软件、翻译软件和通信软件的工作流程图如图 6-22 所示。

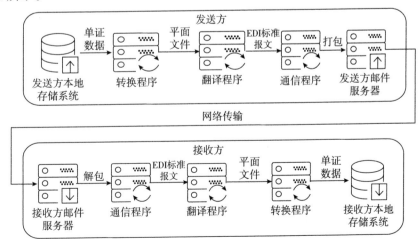

图 6-22　EDI 软件工作流程图

在上面的讲解中我们提到通信软件将报文打包成邮件发出，其实这只是交换信息的一种方式。通信软件还可以利用其他现有的互联网技术对报文进行打包发送。

五、基于 Internet 的 EDI 技术

在 EDI 发展的初期，EDI 通信双方使用的是专线进行互联，成本高昂，尤其是当贸易伙伴增多后，专线的连接成本就会变得非常昂贵。

随着网络技术的进一步发展，EDI 开始利用已经架设好的线路，也就是说企业和企业之间可以利用已有的计算机通信网络，将 EDI 作为一种增值数据业务附加到现有的网络中来，这样的网络叫作 VAN（value added network）。通过 VAN 的方式成本低廉、线路架设快，但 VAN 的实现方式是在计算机网络（OSI 模型）的下三层中，并不是在上方的应用层中来实现，因此不够灵活、适应能力差，效率也不高。

随着基于 TCP/IP 的 Internet 在全球普及开来，EDI 充分利用 Internet 上已有的良好的服务 / 协议来进行通信。比如上面提到的利用 E-mail 来对报文进行打包传送，由于 ISP 会为所有接入互联网的客户提供电子邮件服务，所以 EDI 通过电子邮件进行数据交换成为当前极为便利和廉价的方式。除此之外，EDI 还利用了 Internet 上的 Web 和 XML 技术进行数据交换，分别被称为 Web-EDI 和 XML/EDI。

Web-EDI 是万维网技术与 EDI 的融合，该项技术允许用户通过浏览器访问 EDI 系统上的 Web 服务器，以在线的形式对单证信息进行录入、修改等操作，然后 EDI 系统会自动验证数据的正确性和自动完成报文的转换。交易双方可登录到同一台 EDI 系统上来，这样对于企业而言实际上只需要使用浏览器即可，其他的功能均由服务器（EDI 服务的实施方）来处理。对于中小型企业而言易于使用且成本低廉。目前 Web-EDI 已成为最为流行的 EDI 方式。

XML/EDI 是 XML 技术与 EDI 技术的融合。XML 是计算机系统中广泛使用的一种可扩充的标记语言，它的优势是很容易对数据进行模板化的组织和管理。XML/EDI 与 Web-EDI 不同之处在于 Web-EDI 要求客户只能通过浏览器来进行业务的处理，但 Web 自身也有一定的局限性。XML/EDI 则可以使用自己的客户端软件来进行业务的处理，同时由于 XML 的模板化数据组织这一特点，XML 可以为 EDI 系统中的转换软件提供一种解决方案，简化了 EDI 客户端软件的开发。

六、EDI 的优势

由于 EDI 利用了现代化的计算机网络系统，使用标准化的数据格式，实现了业务流程的自动化处理，显而易见 EDI 相对于传统的贸易业务流程具有了很多优势，其优势有以下几点。

（1）缩短了业务处理周期，降低了成本，提高了竞争能力。

（2）降低了出错率，提高了质量。

（3）改善了企业内部的信息管理流程，提高了商业效率。

（4）改善了企业间的沟通，增进了贸易伙伴间的联系。

第八节　第五代通信技术——5G

由计算机和网络的应用所引发的信息革命已经给人类社会带来了巨大的变革，改变了人类生活的方方面面，创造了一个又一个的新兴行业。计算机和通信领域的技术从未停止过前进的步伐，近年来不断有重大的新技术涌现出来或产生重大突破，如云计算、大数据、人工智能、5G、物联网和区块链等。这些新技术所产生的生产力将远远高于人类社会以往任何时代所具有生产力的总和。它们必将对数字贸易产生重大影响，甚至将是未来数字贸易的主要技术引擎。在第七章中我们将介绍大数据、人工智能、云计算、物联网和区块链的相关知识，本节中我们对 5G 进行简要介绍。

所谓的 5G 是指第五代通信技术。在谈论 5G 前，我们先对前四代通信技术进行一下简要回顾。

第一代通信技术 1G，在 20 世纪 80 年代开始进行部署，是模拟通信技术。其表现出来的特点是系统总体容量低，接入设备数量比较有限；终端设备体积大，第一代手持电话"大哥大"便是 1G 的终端设备；1G 网络功能单一，只解决了语音通话问题。

第二代通信技术 2G，从 20 世纪 90 年代开始部署。在进行语音传送的技术上，其通过窄带分组数据通信实现了慢速的数据业务，也就是我们常看到的 GSM（全球移动通信系统）和 EDGE（增强型数据速率 GSM 演进技术），我国的手机便是在 2G 时代开始迅速普及。

第三代通信技术 3G，于 2000 年左右开始部署。从 3G 开始，移动通信进入分组交换的时代，不仅通话技术的安全性有了提高，数据传输的速度更是有了大幅的提升。3G 的网络速度从 2G 的 384KBit/ 秒（理论最高值）提升到了 42MBit/ 秒（HSPA+ 理论最高值）；同时网络延时也从 600 毫秒降低到了 200 毫秒。3G 使用的制式标准主要有 WCDMA（宽带码多分址）和 CDMA2000，3G 带动了移动宽带的发展。

第四代通信技术 4G，就是目前广泛使用的 LTE 技术，于 2010 年左右开始部署。4G 的网络速度在理论上达到了 1GBits/ 秒，延时降低到了 10 毫秒的级别。4G 的 LTE 技术在系统容量、数据传输稳定性和速度几个方面都有了极大的提升。在 4G 时代，移动互联网产业达到了前所未有的高度，手机变成了人们生活必不可少的工具。

从前四代的发展历程来看，基本上每 10 年移动通信技术就会更新换代，每次更新换代都会在网络的系统容量、带宽和网速（延时）上有一次重大的提升。从 4G 的部署到今天，又一个 10 年过去了，如今第五代通信技术已经完成对技术标准的制定，开始进行部署。相较于前四代无线通信技术，5G 的设计初衷已不再局限于仅为人们提供更好的无线上网业务体验，而是要将 5G 网络系统打造成能够将社会上所有的有数字化需求的物体进行连接，进而成为一个为数字化社会服务的基础网络。显而易见，这样的设计初衷对网络的容量、带宽和网速提出了极高的要求，目前的 5G 设计标准达到了每平方公里可以接入上百万台设备；带宽理论值达到了 10GBits/ 秒，是 LTE 的 100 倍，用户体验到的网速也可达 100MBits/ 秒 ~ 1GBits/ 秒，是 4G 的 10 倍以上；网络延时被降低到了小于 1 毫秒，同时支持 500 公里 / 小时以上高速移动下终端的稳定连接。不仅如此，为了将 5G 网络系统打造成一个为数字化社会服务的基础网络，5G 网络需要整合新的无线技术和已有的 3G、4G 网络技术，可以使用现有的 3G、4G 网络基础设施，实现新旧技术共存，从而满足不同的需求，成为一个真正意义上的融合网络。

根据国际电信联盟（ITU）的定义，5G 面向的三大应用场景分别是"大带宽"（eMBB）、"大规模连接"（mMTC）、"超低时延和高可靠"（uRLLC）。基于这三项基本应用，5G 可以满足人们在工作、居住、休闲和交通等各个领域的多样化的业务需求，即便是在具有超高流量密度、超高连接数密度、超高移动性特征的场所（如机场、高铁站、高速公路、高密度住宅区、办公区等）中，依然可以确保网络接入设备在数据传输上的高带宽、低延时和稳定可靠，从而实现如超高清晰视频、虚拟现实、云桌面等应用。5G 还将渗透到物联网以及各种行业领域，与工业设施、医疗仪器、交通工具等深度融合，有效满足工业、医疗、交通等垂直行业的多样化业务需求，实现真正的"万物互联"。下面我们介绍一下 5G 网络的关键技术点。

频段：在无线电波通信的规律中，频率越高，能使用的频带越宽，频带越宽，能实现的传输速率也就越高。在 1G、2G、3G、4G 的发展过程中，使用的电波频率是越来越高的。5G 在无线通信技术中首次采用了全频段接入，也就是说 5G 系统可以同时使用低频段和高频段进行数据传输，其中低频段是指 6 吉赫以下的频段，这和以往的 2G、3G、4G 差别不大，但高频段通常是使用频率在 24 吉赫以上的频段。为了便于 5G 设备的全球漫游，在对 5G 的无线电波频段进行选定时努力做到了将 5G 的频段定义在目前各个国家均未使用的统一的频段上。全球各个国家普遍将 3.3 ~ 5.0 吉赫的低频段和 24 ~ 53 吉赫的高频段分配给了 5G 系统。

频率的提高虽然可以提高传输速率，但也会造成信号传输距离变短、穿透力变差的问题。当频率高于 24 吉赫的频谱就属于毫米波频段了，毫米波在传播的过程中会遭遇非常严重的路衰和雨衰，传输距离大幅缩短，穿透能力变差，覆盖能力大幅减弱。这便导致了在 5G 网络部署的时候所需要的基站数量远大于原来的 4G 的基站数，因此在 5G 网络的部署上运营商会采用宏基站和微基站配合的架设方案，数量庞大的微基站将被放置在各个区域对信号进行覆盖。

新型大规模多天线传输：理论上，天线越多，就可以发射或接收越多的信号空间流、频谱效率和传输可靠性也就越高。因此采用多天线，可以显著增加频谱效率，尤其在容量需求较大或者覆盖范围较广时。这一技术被称为 massive MIMO（multiple-input multiple-output，大规模多进多出），对天线的增加可以在基站端也可以在移动端，现代移动端的发展趋势都是越来越小，在越来越小的设备中加入大量的天线显然不现实，所以只能在基站端叠加更多的 MIMO。

多天线技术经历了从无源到有源、从二维到三维、从高阶 MIMO 到大规模阵列的发展，实现了频谱效率提升数十倍的效果，是目前 5G 的核心技术之一。

设备到设备传输（device to device，D2D）：传统的蜂窝通信系统的组网方式是以基站为中心实现信号覆盖的，而基站是无法移动的，其网络结构在灵活度上有一定的限制。随着无线多媒体业务不断增多，传统的以基站为中心的业务提供方式已很难满足海量用户在不同环境下的业务需求，因此让终端设备和终端设备直接互相通信则是一个不错的解决方案。5G 的高频型号在近距离的时候有着非常高的信道质量，当用户端密集度高的时候，设备之间能够形成高带宽、低延时和低功耗的传输网络。

D2D 技术主要有两部分，一部分是直连发现功能，用于找到与自身物理空间上较近的其他 5G 终端设备；另一部分是直连通信功能，用于与找到的设备建立链路，进行数据传输。

网络切片：5G 的目标是成为整个数字社会的基础网络，也就是说 5G 网络要支持各种不同的应用场景，如虚拟现实、超高清视频、自动汽车驾驶等，每种应用场景的要求不一样，对网络属性的要求也不尽相同，如有的应用要求大带宽，有的要求能进行大规模连接，还有的则需要超低时延和高可靠的连接。因此通常是在 5G 网络上划分出不同的虚拟网络，以此来满足应对不同的应用场景，而对一个物理网络进行分隔建立不同的虚拟网络的技术就是网络切片。5G 网络是通过 NFV/SDN（软件定义网络/网络功能虚拟化）技术来实现网络切片。

边缘计算：边缘计算技术其实是为了解决不同应用场景而带来的多样化网络（网络切片）需求的核心技术之一。在传统网络结构中，传输信息的处理主要位于核心网的数据中心机房内，所有信息必须从网络边缘传输到核心网进行处理之后再返回网络边缘。而在 5G 网络系统中，传输网架构中引入边缘计算技术，在靠近终端接入侧的边缘机房部署网关、服务器等设备，对传输数据进行处理，使得数据不需要通过传输网返回核心网，进而降低了时延、减少了回传压力、提升了用户体验。

C-RAN：C-RAN 指的是 Cloud-RAN，云端无线接入网。4G 网络技术 LTE 接入网采用网络扁平化架构，减小了系统时延，降低了建网成本和维护成本。而 C-RAN

是基于集中化处理、协作式无线电和实时云计算构架的绿色无线接入网构架。其基本思想是通过充分利用低成本高速光传输网络，直接在远端天线和集中化的中心节点间传送无线信号，以构建覆盖上百个基站服务区域，甚至上百平方千米的无线接入系统。

C-RAN 架构适于采用协同技术，能够减少干扰，降低功耗，提升频谱效率，同时便于实现动态使用的智能化组网，集中处理有利于降低成本，便于维护，减少运营支出。C-RAN 是目前 5G 的核心技术之一。

当然，5G 网络所涉及的具体技术还有很多，我们在此无法一一介绍，相信读者对 5G 网络已有了一个大致的认识与了解。

—— 本章即测即练 ——

第七章

数字技术

第一节　大数据技术

随着移动互联网的迅猛发展，社会生产和生活的数字化进程大大加快。各行各业都在不断产生海量的数据，其中也包括数字贸易行业。例如，电子商务中的订单和业务活动数据、流媒体播放平台上的数字媒体产品、付费社交网络上的用户点击流量。这些数据反映了大量用户的消费能力、消费习惯和商品偏好。如果能很好地利用这些数据，将对数字贸易起到巨大的促进作用，大数据技术是解决这一问题的新兴手段。经过近些年的发展，大数据分析渐渐形成了较为规范化的方法和流程，并在数字贸易行业中发挥了重要作用。同时，大数据分析是一个开放的系统，以分析的眼光看待不断涌现的数据类型，以开放的姿态接纳不断涌现的新技术，以入世的态度服务于数字贸易。

一、大数据的定义

不同的人对"大数据"有不同的理解。对于社会大众而言，大数据就是很多数据；对于互联网工程师而言，大数据是在常规软硬件条件下难以进行捕捉、管理和处理的数据集合。对于数据科学家而言，大数据则有比较清晰的内涵，即大数据具有5V属性：数量（volume），多样性（variety），数据更新的速度（velocity），低价值密度（value）和真实性（veracity）。

（1）数量：众所周知，计算机中最小的存储单位是二进制位（比特），而存储器容量的度量单位习惯上是字节（byte）。下面列出了常用的一些度量单位和字节之间的换算关系：1 KB = 2^{10} 字节（相当于一个很小的文本文件），1 MB = 2^{20} 字节（相当于一幅普通的数字图像），1 GB = 2^{30} 字节（约等于一部压缩后的高清电影），1 TB = 2^{40} 字节（目前主流台式机硬盘的容量）。当然还有更大的数据单位，如 1 PB（1 024 TB）、1 EB（1 024 PB）和 1 ZB（1 024 EB）。一般而言，当数据的数量级达到几十 TB 到几 PB，用传统的硬件平台和软件技术就比较难以存储和管理，于是这样的数据就具有了大数据的数量特征。

（2）多样性：随着硬件设备和网络技术的发展，数据的格式也变得十分复杂。除了传统的关系数据库表格，还有来自网页、社交媒体、数字贸易、网络视频监控、电子邮件中的原始、半结构化和非结构化数据。如电商网站的用户评论文本和商品展示图片就属于非结构化数据，用传统的关系数据库很难存储。

（3）数据更新的速度：传统的数据管理模式是批量管理，即数据总是事先收集好，然后进行预处理、规范化、存储和分析。但在大数据时代，我们常常需要对实时产生的大量数据进行分析并迅速作出反馈。如淘宝"双11"购物节启动时网站的点击流量、春晚期间的社交媒体评论数据、上下班高峰期的城市路况实时监控数据等。

（4）低价值密度：低价值密度指的是有价值的信息被隐藏在大量半结构化和非结构化数据中。传统的关系数据库表格中，每个字段都是有用的，而网站的访问日志、海量的监控视频则蕴含了大量没有价值的信息，需要采用数据挖掘、统计分析、机器学习等手段将那些有价值的信息提取出来，这是大数据分析的主要目的。大数据量和低价值密度是大数据的两个特点，但也不意味着数据量越大，价值的密度越低，这与数据的结构化程度也有关联。

（5）真实性：只有真实而准确的数据才能让数据的管控和治理真正有意义。大数据应该具有真实性，才会反映客观规律并有助于分析预测。然而，真实性往往成为影响大数据分析效果的重要因素。互联网上存在大量虚假、错误的数据，如淘宝的虚假交易信息、社交媒体上误导社会公众的谣言等。真实性的缺失也是导致低价值密度的一个原因。目前已经有一些新技术用于自动筛除虚假数据，如基于深度学习（deep learning）的微博谣言检测模型。

二、大数据分析的概念

大数据分析，是指用适当的方法对收集到的大量数据进行分析、发现规律、形成知识、进行预测、得出结论并用于指导社会经济活动的整个过程。大数据分析是数据到知识再到创造价值的核心环节。

广义的大数据分析包含数据的收集、清理、验证、管理、分析、可视化、分析结果的应用等各个环节的完整流程。狭义的大数据分析指上述流程中的数据分析部分。与传统数据分析不同，大数据分析结合了传统统计分析方法和计算分析方法，在大量数据中发现模式、相关性和其他信息，帮助企业更好地适应变化并作出更好的决策。

从对分析结果的展示和描述方式来看，大数据分析可以分为定性分析和定量分析。定性分析专注于用语言描述分析结果。例如，牛仔裤销量分析表明12月份销量不像11月份那样高。仅仅用"不像11月份那样高"来表述分析结果，但并没有提及具体数字。所以定性分析的结果是描述性的，是用语言对结果的描述。定量分析则是用形式化方法（符号表示）描述从数据中挖掘到的模式和关系。由于是定量表示，因此很容易推广应用到整个数据集上。定量分析的结果是数值型的，可以提供准确的数值比较。

从分析的深入程度来看，大数据分析可以分为描述性分析、诊断性分析、预测性分析和规范性分析四类。

描述性分析描述数据的基本特征，能够回答"发生了什么"这类问题。相关问题可以是以下几种。

（1）过去一年的出生率是多少？

（2）接种疫苗的人数是多少？

（3）晚高峰时间段的平均通勤时间是多少？

描述性分析采用的常见技术包括数据的聚类、主成分分析（principle component analysis，PCA）、相关性分析、概率密度估计等，分析的结果可能是大量数据的统计特性，如均值、中位数、标准差、方差、峰度、偏度、分布函数等。描述性分析的结果经常需要以报表或图表的形式可视化。

在描述了已发生的事实后，需要深入探讨为什么会发生，这就是诊断性分析。诊断性分析从描述性分析中获取与事件相关的信息来回答特定问题，最后得到事件发生的原因。这些问题可以是以下几种。

（1）为什么春节后住院病人的数量呈上升趋势？

（2）为什么某个地区的发货总是很慢？

（3）为什么商品 4 月的销量大大低于 3 月的销量？

诊断性分析比描述性分析提供了更有用的信息，因此需要更加复杂的算法和技术的支撑。为了提升诊断效果，往往也需要对数据进行很好的组织和标注。

预测性分析试图回答"可能发生什么"问题。这种类型的分析利用从数据中习得的规律和知识，对未来的趋势进行预测。预测性分析常常基于合理假设提出一些数学模型，利用已有数据求解这些数学模型，并把模型推广应用在新数据上。常见的数学模型有用于预测数值的逻辑回归和用于预测轨迹的基于神经网络的自回归。由于需要保证模型具有良好的泛化性能，预测性分析前也需要对数据进行精心筛选、规范化和标注。预测性分析常常能够回答类似下面的问题。

（1）如果一个消费者购买了商品 A，那么他购买商品 B 的概率有多大？

（2）如果住宅成交价格连续 7 个月上扬，那么继续上扬的概率有多大？

（3）如果 CT（电子计算机断层扫描）影像 A 和影像 B 中的病灶都是良性病变，那么 CT 影像 C 中的病灶是恶性病变的概率是多大？

规范性分析建立在预测性分析的基础上，基于对已有观测数据的描述、数据内在关系的挖掘和蕴含规律的认知，进一步规范需要作出的反馈，帮助大数据分析用户进行更加合理的决策。规范性分析比其他三种分析的价值都高，也具有更大的难度，所以规范性分析要求最高级别的训练集。规范性分析已经在不少行业得到了成功应用。例如在旅游业中，在线票务网站、酒店预订网站纷纷采用规范性分析，通过对旅行要素、订单和客户变量的多次复杂迭代，从而优化其定价和销售策略。

三、大数据分析的影响

大数据及大数据分析对现代社会的方方面面产生了巨大影响。在科学研究方面，大数据已经成为除实验、理论、仿真三种范式之外的第四范式，使得在大量已知数据的基础上，通过计算得出之前未知的可信理论成为可能。在思维方式方面，大数据具有"全样而非抽样、效率而非精确、相关而非因果"的显著特征。由于数据存储和处理能力的飞跃，科学分析可以直接针对全样数据进行分析而不是抽样数据。抽样带来的随机误差将不存在，因而大数据分析将注意力放在提高效率上。在社会发展方面，大数据决策成为一种新的决策方式，有力促进了信息技术和各行业的深度融合。在人才培养方面，大数据的兴起将在很大程度上改变我国高校信息技术相关专业的现有教学和科研体系。

具体到数字贸易行业，大数据分析的主要作用如下。

（1）决策管理。基于大数据的决策管理能让贸易主体在进行决策之前有效预测将来哪些行为可能会获得成功，优化成果并解决特定的业务问题。传统的决策管理主体往往是业务专家和精英高管。随着大数据的兴起，数据渐渐成为真正的决策主体，因为数据中隐含了规律和知识。同时，决策管理的方法也从"经验决策"转变为"数据决策"。

（2）滚动预测。预测是根据已有的经验和知识决定未来行为的过程。传统的商务智能（BI）中，对数据的挖掘往往不能做到实时。而在商业活动中，7×24 小时的业务运营造就了一个瞬息万变的环境，风险、波动和不确定性持续出现。为了抓住机遇，很多企业从静态的预测模型转向利用时序数据的动态预测模型，这就是滚动预测。滚动预测可以提供更短的迭代时间、更高的预测精度、更短的决策周期，使得企业能够应对持续变化的环境。

（3）预测分析与自适应管理。为了应对复杂的商业环境，企业员工需要具备更高的技能，各级管理人员需要针对自己的工作内容作出更好的决策。这就需要持续对计划周期进行管理，利用滚动预测及时报告关键指标，以实现自适应管理。

大数据在数字贸易各个环节中无处不在，因而大数据分析也在各个相关领域逐渐得到应用。在制造业中，工业大数据有效改进了产品故障诊断与预测、改善了工艺流程、优化了过程能耗和供应链管理。在电子商务中，大数据技术可以分析客户行为，进行商品推荐和有针对性的广告投放。在物流管理中，大数据技术优化了物流网络，提高了物流效率，降低了物流成本。

四、大数据分析的原则

数字贸易中，企业的运转节奏加快，需要对频繁出现的新问题、新数据进行及时的整理、分析，并快速对经营过程作出调整。为此，企业需要有专门的大数据分析人员，能建立合适的预测分析模型，搭建符合开放标准的软硬件分析平台，运用先进分析理念和技术。总体而言，企业若要利用大数据分析创造商业价值，需要遵循如下6项原则。

（1）明确分析的指标。单一指标无法对业务发展进行准确衡量。比如我们衡量一个淘宝店的业务发展，用一个核心指标——上月收入500万元。只考虑这个指标，我们会认为这个店的发展还是不错的，但是加上上个月收入1 000万元这个指标，我们对业务发展情况的认知就会完全不同。因此，需要使用一系列的指标作为分析依据。大数据分析总是在特定的指标体系下推进的。在电子商务中常使用的指标包括：用户存量，用户访问次数、访问频率，转化率等。然而，还有一些潜在指标在识别上具有一定难度，需要认真考虑那些对商业决策产生影响的因素。

（2）用系统的观点组织分析流程。数据分析的最终目的是产生商业价值，所以数据分析的结果需要由信息技术团队负责生产部署。然而这部分人员通常不是数据分析师、统计人员或者机器学习专家，而后者正是负责进行分析模型搭建的专业人员。建模和部署工作跨越了组织边界，彼此之间可能会存在信息不对称及信息割裂等问题。所以，建模和部署、评估是一项系统工程，不同团队之间应该进行深度合作。建模要依据业务需求来开展，而模型部署也要充分听取数据科学家的意见。

（3）快速迭代。大数据分析旨在快速实现价值。瞬息万变的商业环境不允许我们耗费大量时间打造"完美的"分析模型以供使用，数据分析通常是以建模—部署—评估—反馈—建模的闭环模式持续改善。分析团队需要消除项目周期中不必要的耗时步骤，在短时间内快速迭代，持续提高模型的分析预测效果，从而不断提供商业价值。

（4）持续学习。大数据的来源、类型与格式层出不穷，现代分析团队可能需要不断尝试新的理论、方法、技术和工具来进行数据的挖掘，这就需要保持学习能力。比如，我们可能需要为新的数据类型寻找合适的处理手段，我们往往需要为新的问题寻求建模方案，我们也常常把解决已有问题的经验迁移到新的问题域中去。同时，为了实现数据分析过程的快速迭代，分析团队需要有近乎实时在线学习的能力。

（5）选择合适的架构。在大数据出现之前，数据分析工作已经经历了长足的发展，尤其是以商务智能系统为主的数据分析，已经有了非常成熟和稳定的技术方案与生态系统。但BI系统更多以分析业务过程中产生的密度高、价值高的结构化数据为主，对于非结构化和半结构化数据的处理非常乏力。所以以Hadoop体系为首的大数据分析平台逐渐表现出优异性，围绕Hadoop体系的大数据架构也日益成熟。例如，专门处理流数据的流式架构，同时兼顾流失处理和批处理的Lambda架构，消除Lambda架构冗余部分的Kappa架构，将机器学习和数据处理糅为一体的Unifield架构。需要根据具体的业务需求选择合适的架构。

（6）构建人力因素。随着数据分析走向成熟，它在组织中的应用广度和影响范围有所增加。不再只有一个类型的角色需要建立、使用和理解分析方法，有多种不同角色都需要具有不同的分析技能和责任。大数据分析组织需要了解团队成员具有怎样的技能，以及需要什么样的技能和人才来实现业务目标。通过拓宽和提升兴趣、意识和专业分析技能，可以保持团队参与度并激发创新。

五、大数据分析的运用

企业是数字贸易的重要主体。根据大数据分析在企业经营过程中不同层次和角度的运用，可以将大数据分析归结为 5 类：战略分析、管理分析、运营分析、科学分析和客户分析。

（1）战略分析。在企业管理和营销领域，战略分析被认为是一种科学的分析工具，可以明确企业的发展方向，统一达成目标，清晰业务模式，建立正确的决策机制，使企业核心竞争力不断提升。战略分析针对高层管理人员的决策支持需求，解决战略级的问题，这些问题具有四个鲜明特点，即风险性、全局性、长期性、不确定性。风险性指的是企业战略方向错误将带来严重后果。全局性指的是企业战略需要把握全局，根据总体发展制订措施。长期性是指在一定时间内企业战略不会轻易发生变动。因为战略问题往往是不可重复的，在大多数情况下，企业解决了一个战略问题，就不会再考虑同样的另一个。不确定性是指企业管理人员对于战略问题并未达成共识，有很多不确定因素会影响决策。

（2）管理分析。为中层管理者的需求服务的数据分析属于管理分析，这种分析更加关注具体功能问题。当前商务智能系统已经有了成熟的报表功能、仪表盘和多维数据钻取工具，但企业分析团队往往要为不同部门经理分别准备分析报告。这是由于缺乏一致的评估标准，所以单个项目或产品的经理难以展现各自的项目或产品的优势。在各自的评估标准下，每个项目都是最优的。需要领导者建立一致认可的评估标准，大数据管理分析才能发挥应有的作用。

（3）运营分析。运营分析是为提高业务流程效率或效益而进行的分析。在业务流程开始前就应该有数据分析的计划，在流程中不断监控数据指标并调整运营方案，以期达到运营目的。运营分析大体上包含 5 个步骤：梳理业务流程，确立评估指标，进行指标预测，监控指标状态，作出运营决策。大多数运营分析可以归为三类，即通过得到更优的决策改善业务流程；通过自动化技术提高事务处理的速度，提高业务流程的效率；借助业务预测系统规划影响运营的一些关键因素。

（4）科学分析。战略、管理和运营分析针对的用户群体是管理者，而科学分析的目的主要是知识发现，通常由数据分析人员如科学分析师、数据科学家来组织实施。数据分析人员使用统计方法、机器学习技术从数据中挖掘出新的知识，这些知识对企业的战略、管理和运营分析起到重要支撑作用。由于知识产权的高回报率，企业在知识分析（如生物技术、制药和临床研究）方面的投资在分析总支出上往往占据很大比重。

（5）客户分析。客户分析是针对最终消费者消费的产品进行细分的分析。客户分析的目的是区分产品和替代品，以便于企业在市场上创造更大的价值。目前有三种不同类型的面向客户的分析，即预测服务、分析应用和消费分析。

六、大数据分析的生命周期

数字贸易行业中的大数据分析总是和特定的商业活动密切相关的，可以采用项目的方式来组织、管理、实施和评估大数据分析业务。大数据分析项目在起始时，需要对业务问题进行评估，以辨别这是不是一个大数据分析的问题，然后将业务需求转化为易于理解和沟通的形式并制定合适的评估指标。接下来，需要明确分析过程所使用的数据以及获取数据的渠道，然后对数据进行预处理。数据分析的核心环节是对预处理过的数据进行特征的提取和数学建模，利用模型进行一系列的分析预测活动。分析预测的结果需要以可视化的形式直观展示。基于对指标的评估，这一过程可能会有反复和迭代。最后将优化后的分析结果进行部署和应用。下面我们将从 6 个方面来展开讨论大数据分析的生命周期。

（一）商业案例评估

每一个大数据项目的生命周期都起始于一个商业案例，这个案例一般应有清晰的理由和动机，也有明确的目标。对这种案例进行评估，首先就要确定相关需求是不是真正的大数据分析问题。为此，这个案例所涉及的问题必须直接与一个或多个大数据的特点相关。案例评估的作用还包括将业务问题转化为易于理解和沟通的形式，具有明确的标准，并可通过工具和数据科学技术解决。大数据分析通常将业务问题转化为一系列的假设，并探讨在现有数据的情况下如何运用技术手段来验证这些假设。为此，还需要有具体的评估指标。如果关键指标不容易获取，也要让这个项目变得SMART，即 specific（具体的）、measurable（可衡量的）、attainable（可实现的）、relevant（相关的）和 timely（及时的）。商业案例评估的另一个目的是确定执行这个项目的基本预算。相关软件工具、硬件资源、人力资源都要提前规划，以对预期投入和收益进行衡量。

（二）数据标识

大数据分析项目中，理解好数据才能很好地使用数据。数据标识的作用是标识项目分析所需要的数据集及其他相关资源。大数据的特点之一是多样性，围绕同一业务问题，可能会有多种不同的数据集从不同的角度进行标识和描述。因而，标识种类众多的数据资源可能会提高找到隐藏模式和相互关系的概率。例如，为了提高洞察能力，尽可能多地标识出各种类型的相关数据资源非常有用，尤其是当需要探索的目标不是那么明确的时候。

数据分析所需要的数据集可能有两种不同的来源：首先，数据集可能来自企业内部。在这种情况下，可以通过预定义的数据集规范来进行收集和匹配。其次，数据集也可能来自企业外部。当数据集属于一些公开可用的第三方数据集时，可以按照相关规范直接使用。当数据集属于内嵌在互联网（博客、网页等）中的非结构化数据时，可以通过自动化和网络爬虫技术进行收集。关于数据的获取，在下文有专门的说明。

（三）数据的获取与预处理

数据的获取是指从真实世界对象中采集原始数据的过程。根据数据源特征的不同，数据采集大致采用如下几种方法：基于传感器的数据采集、基于系统日志的数据采集、基于网络爬虫的数据采集和基于"众包"的数据采集。传感器用于测量物理环境并将其转化为可读的数字信号。传感器包括声音、振动、视觉、电流、压力、温度和距离等类型，是采集物理世界信息的重要途径。对系统日志进行记录是广泛使用的数据获取方法之一。系统日志由系统运行产生，以特殊的文件格式记录系统的活动。系统日志包含了系统的行为、状态以及用户和系统的交互信息。网络爬虫是指搜索引擎中自动漫游、下载和存储网页内容的程序。爬虫会下载网页上的文本、图像，保存网页的链接，分析网页包含的 URL。"众包"是指将数据收集的任务通过众包平台分发给大量的普通用户来完成。这些普通用户并非专家，但通过大量参与的用户仍然可以获得有价值的数据。例如，可以利用用户的移动设备作为基本采集单元实现数据采集。

由于传感器、数据源和采集方法的原因，获取的数据往往具有不同的组织形式，并含有被污染的和没有价值的数据，因此需要进行数据的过滤和集成。数据的过滤就是指去除对分析任务没有价值的数据。数据的集成是将从多种来源获取的，反映同一实体对象的具有不同格式、性质的数据通过某种一致的、精确的和可用的标识方法做整合的过程。根据数据集成方式的不同，其分为传统数据集成和跨领域的数据集成。传统数据集成利用模式匹配、数据映射、语义翻译等手段通过统一模式访问多个数据集中的数据。传统数据集成的主要目的是数据共享，在商务智能等领域已有广泛应用。同时，不同领域的数据集与某些共同对象存在隐含的关联性。然而，对不同领域的数据进行集成不能简单地通过模式匹配等手段实现。因此，需要采用其他方法进行跨领域的数据集成。常用的方法有基于阶段的方法、基于特征的方法和基于语义的方法。

获取并集成后的数据需要经过一些变换，将数据转换成可用于大数据分析和可视化的格式，这就是数据的预处理。数据的预处理首先要完成数据的变换，常用的变换方法包括简单函数变换（乘方、开方等）、数据标准化处理（0-1 标准化、归一化等）、数据编码、数据的平滑去噪等。另外，需要采取措施保证数据的质量和可用性。可以从如下四个方面特性入手提升数据质量：数据的一致性、数据的精确性、数据的完整性和数据的时效性。常用的技术包括异常检测与修复、缺失值填充、实体识别与真值发现。

（四）数据的分析

数据分析的作用是根据预处理好的数据，提取其特征并对特征的性质进行描述、刻画、分析、建模，进而获取关于事物发展方向的预测性信息以帮助决策。根据业务需求的不同，数据分析也分为不同的层次，包含描述性分析、诊断性分析、预测性分析和规范分析。

描述性分析是指通过某些指标对已有数据的属性和分布特性进行客观的反映。统计特征提取与无监督的机器学习是描述性分析常采用的方法。常用的统计特征包含均值、中位数、方差、标准差、概率密度函数、累计分布函数、偏度、峰度、协方差等。无监督的机器学习是指在没有关于数据的类别和其他语义标签的情况下学习数据标识方法的一种技术。最典型的无监督技术就是聚类技术，即通过对原始数据的分析自动将数据划分至若干簇（子集），使得每一簇内的数据具有最大的相似度，而不同簇内的数据具有最小的相似度，在聚类结束后，可以利用每个簇的中心作为代表性元素构建数据的表示方法。

诊断性分析是指通过分析回答特定问题，以揭示某种现象背后可能的原因。一般而言，诊断性分析需要依赖复杂的数学模型以有监督学习的技术实现，因而要求数据有完整的标签信息。根据问题的深入程度，诊断性分析可以分为初等分析和高级分析。初等分析解决事物的分类、对象的检测、身份的识别等问题，常采用回归分析等技术。回归分析可以发现变量之间的关联关系，然而难以直接揭示导致关联关系的深层次的因果关系。高级分析则融合不同来源数据深入提取语义信息，在此基础上进行一定的因果推理，从而帮助我们找出原因。典型的诊断性分析技术包括自然语言处理、多模态融合分析，相关应用包括视觉问答、细粒度的对象描述等。

预测性分析利用从数据中习得的规律和知识，对未来的趋势进行预测。规范性分析是在此基础上结合人的经验进行决策。预测性分析常常基于合理假设提出一些数学模型，利用已有数据求解这些数学模型，并把模型推广应用在新数据上。常见的数学模型有用于预测数值的逻辑回归、用于预测轨迹的基于神经网络的自回归。由于需要保证模型具有良好的泛化性能，预测性分析也需要数据集有完整和高质量的标签信息，数学模型也采用有监督的方式进行学习。

（五）数据的可视化

数据可视化阶段使用数据可视化技术和工具，通过图形表示分析结果。可视化技术使得数据分析的结果不仅仅能被数据分析人员理解，还能被用户直观地了解，从而能让用户提出有效反馈意见，参与数据分析过程。在已有数据分析结果的前提下，数据可视化要进行视觉编码和可视化生成，其中视觉编码是关键环节。视觉编码是指将数据映射为位置、尺寸等视觉感知维度，从而进行最终的显示。

根据数据的复杂程度，可以将数据可视化方法分为三类，即单变量可视化、多变量可视化和复杂数据可视化。

单变量可视化是指用图形化手段显示单个属性或单个变量分布情况。有代表性的单变量可视化编码技术包括直方图、四分位图（箱型图）和分布图。直方图是了解某个数值出现频率的最基本的可视化编码技术之一，它通过绘制某一范围区间出现的数值的频率来显示数据的分布状况。根据不同客户的需求，直方图可以采用柱状图、饼图等具体形式进行可视化生成。箱型图显示连续变量分布的四分位数、中位数和异常值等信息，由均值和标准差叠加。箱型图采用 Q1、Q2 和 Q3 三个基本指标进行变量值的可视化，其中 Q1 表示变量可能取值的前 25% 处的值，Q2 表示变量取值的中位数，Q3 表示变量可能取值的前 75% 处的值。这三个值通常显示在一个竖直的矩形框内，Q1 和 Q3 由矩形框的上下边缘表示，Q2 由矩形框中的短横线段表示。另外，箱型图还会显示变量分布的均值、标准差和异常值，分别用位于矩形内的实心点、短线和位于矩形外的空心圆圈表示。分布图显示连续随机变量的正态分布函数，函数的形状由均值和标准差决定。

多变量可视化在同一可视化视图中考虑多个属性之间的相互关系。常用的多变量可视化技术有散点图、散布矩阵、气泡图和密度图。散点图是最简单实用的可视化工具，数据通常由笛卡儿坐标系中的点表示，不同的坐标轴则表示数据的不同属性。可以通过分析散点图中的数据得出属性之间的关系。多变量散点图是简单散点图的增强形式，是在图表中同时表示两个以上维度之间的相互关系。有时需要考虑所有属性之间的相互关系，这时可以通过散布矩阵将所有属性组合并将相应的反映属性关系的散点图排列在矩阵中。气泡图是散点图的增强，可以描述数据点的大小，数据点的尺寸反映了除坐标轴外的某种其他属性值。密度图也类似于散点图，但增加了背景颜色和数据点颜色属性。通常，背景颜色反映数据集的某种属性，数据点的颜色反映数据点的类别信息。

除了单变量和多变量可视化，还可能需要对具有复杂结构特点的复杂数据进行可视化。复杂数据包括具有大量属性的高维数据（图像特征），彼此之间具有复杂关联关系的网络数据（社交媒体网站中的好友关系）和层次化数据（服务器文件组织结构目录），具有时空依赖关系的时空数据（交通领域中的对象轨迹数据），包含高级语义信息的文本数据（广泛存在于网页、社交媒体中）等类型。高维数据通常需要进行维度约减，保留主要语义不变的同时将属性减少到可以用已有手段方便进行可视化的程度。网络数据和层次化数据通常采用图模型进行可视化。时空数据的可视化可以采用位置动画、路径可视化、时空立方体、时间轴可视化等方法。针对文本数据，通常需要利用聚类、主题模型等挖掘手段进行编码，再用已有技术进行可视化。

（六）分析结果的应用

大数据分析结果可以用来为商业使用者提供商业决策支持，分析结果可以应用于业务流程的各个层次。例如，可以为高层管理人员提供战略决策支持，可以针对某一个具体问题进行专案分析和相关决策支持，可以为中层管理者提供关于具体功能问题的解答，可以致力于提高企业整个业务流程效率，可以发现新的知识，也可以为针对最终消费者细分产品提供决策支持。

尽管模型在数据分析与可视化的过程中已经经过了评估，但仍然需要在分析结果的应用过程中，对数据分析模型进行进一步评估，从而进一步确定分析结果的意义和作用，发现潜在问题并对数据分析模型作出适当的调整。有时，数据分析功能可以和商业应用程序结合，以便创建能持续更新的应用程序，以及为每个用户或使用场景定制的应用程序。有时，数据分析所发现的模式和知识相对比较稳定，但在大多数情况下，模式的变化是频繁的。例如，在电子商务中，经常会有新的商品和新的规则，这意味着关于数据分析得到的知识是有时效性的。当这些知识不再有效时，需要用新的数据来重新训练分析模型，以实现模型更新。在个别情况下，为适应市场的变化，业务需求也可能会发生变化，这时就需要调整数据分析的目标，并最终根据业务需要更新模型。

在部署应用大数据分析结果时，应遵循相应的法律法规和伦理原则。第一，遵循无害性原则，即大数据技术应用应以人为本，服务于人类社会发展和人民生活质量提高。第二，遵循权责统一原则，即坚持诚信，承诺维护和保护个人的权利与利益。第三，遵循隐私自主原则，即数据的存储、删除、使用、知情等权利应充分赋予数据的生产者。

现实应用中，除了遵循这些原则，还要采取必要措施，消除大数据异化引起的伦理风险。其主要措施包括：①通过技术进步消除大数据分析应用的负面效应，从技术层面提高数据安全管理水平。②加强数据保护激励机制，实现激励式监督。企业或政府在收集信息过程中可能涉及个人隐私和商业利益或公共利益权衡的问题。需要对企业或政府的行为进行一定的限制，企业间的数据共享和政府与企业间的数据共享应该做到知情和授权，只有这样才能更好地实现公私共同监管和保护个人信息。③宣传公正、开放、共享理念。隐私信息涉及人们生活的安宁、自由和人格尊严，个人数据涉及个人身份和相关资料信息。除此之外，对个人数据和隐私信息的收集、分析所产生的结果也属于个人数据和隐私信息范畴。应适时调整对于传统隐私观念和隐私领域的认知，培育开放共享的大数据时代精神，使人们的价值观理念更契合大数据技术发展的文化环境，实现更加有效的隐私保护。

第二节　人工智能技术

大数据技术的关键要素是大数据分析，而大数据分析的核心任务是从数据中寻找隐藏的规律和知识，并指导人们进行科学的推断与决策。从历史角度看，数据挖掘、统计分析等技术都是实现数据分析的有效工具。但当前数字经济时代，数据量和数据类型迅速增加，为传统数据分析技术带来了崭新的挑战。大数据分析不仅需要传统的数据挖掘技术，如关联分析、回归、分类、聚类，更需要近年来崛起的机器学习技术。机器学习有高层次的理论分析和高效的训练方法，同时也有很多数据挖掘没有的东西，比如深度学习和强化学习。从广义上讲，回归、分类、聚类和机器学习、深度学习均属于人工智能范畴，它们共同构成了数字经济背景下数据分析的核心方法与技术。本节从评估指标开始，沿着传统数据挖掘、机器学习、前沿技术的思路展开介绍人工智能相关技术。

一、评估指标

评估指标是评判人工智能算法性能的衡量标准，它是人工智能中非常重要的部分。不同的分析任务采用不同的评价指标，对于同一种任务在不同场景下也会采用不同的评价指标。下文中我们讲解一些常用的评价指标。

首先介绍真值表。真值表是衡量分类性能的常用工具。通常真值表是一个 2 行 2 列的矩阵，矩阵的每一行代表预测值，每一列代表真实值，如表 7-1 所示。

表 7-1　真值表

真值表	实际为真	实际为假
预测为真	TP	FP
预测为假	FN	TN

表 7-1 中涉及四种分类结果，即 true positive（TP）：真阳性，即预测为真，实际上也是真；false positive（FP）：假阳性，即预测为真，实际上为假；false negative（FN）：假阴性，即预测为假，实际上为真；true negative（TN）：真阴性，即预测为假，实际上为假。

围绕这四种情况，有下列指标帮助我们评估分类器的性能。

（1）召回率（recall）：是针对原始样本而言的指标，它表示原始样本中所有的真样本有多少被预测正确，所以召回率又叫查全率。原始样本中的真样本有两种分类情况，一种是把原来的真样本预测成真，另一种就是把原来的真样本预测为假，这两种情况组成了原始样本所有的分类情况。召回率的计算公式为：recall=TP/（TP+FN）。

（2）特异度（specificity）：是指实际为阴性的样本中，判断为阴性的比例。其计算方式是真阴性样本数量除以真阴性和假阳性样本数量的比值：specificity=TN/（FP+TN）。

（3）准确率：是指预测正确的样本占总样本的比例，即模型找到的真阳性类与真阴性类与整体预测样本的比例。用公式表示为：accuracy=（TP+TN）/（TP+TN+FP+FN）。一般情况下其取值越大，代表模型预测能力越好。

（4）精确率（precision）：是针对预测结果而言的指标，它表示预测为阳性类的样本中有多少是对的。预测结果为阳性样本有两种情况，一种就是把真的阳性样本预测为阳性类，另一种就是把真的阴性样本预测为阳性类。所以精确率的计算公式为：precision=TP/（TP+FP）。

（5）ROC（receiver operator characteristic，接受者操作特性）曲线：准确率和精确率提供了分类器的平均性能。分类器可以在某个数据集上有较高准确率，但会存在较低的类召回率和精确率。所以查看不同衡量指标以确定是否要进行权衡是很重要的。ROC曲线可以满足这一要求。通过绘制TP率和FP率创建ROC曲线，横轴表示FP率（或者特异度），纵轴表示TP率（或者召回率）。

（6）AUC（area under curve，曲线下面积）：当比较分类器时，一个有用的指标是ROC曲线下的面积。随机分类器的ROC曲线下的面积基本上是直角三角形（底边长为1，高为1）的面积，即0.5。理想分类器的AUC是1.0。所以分类器的性能也可以通过AUC来量化。

（7）评估回归模型。对于回归模型的评估，通常是用验证集上的错误率来衡量的。有两个流行的指标。

均方根误差（RMSE）：

$$\mathrm{RMSE}(\hat{y}) = \sqrt{\sum_{i=1}^{N} \frac{(y_i - \hat{y}_i)^2}{N}},$$

其中，N是样本的数量；y_i是第i个实际样本值；$\hat{y}_i$是i个预测样本值。

平均绝对误差（MAE）：

$$\mathrm{MAE}(\hat{y}) = \sum_{i=1}^{N} \frac{|y_i - \hat{y}_i|}{N}.$$

（8）交叉验证：在评估预测模型时通常使用交叉验证方法来确保估计的准确度是可靠的。交叉验证是一种常见形式，基本做法是把训练数据集随机分成K份，然后分别用除第i份以外的其他数据训练模型，用第i份数据评估模型的性能，最后用K次测试的平均值作为性能度量方式。

二、维数约减

大数据的显著特征之一是多样性。随着技术的发展，数据越来越呈现多模态特性，即数据来自不同采集设备、具有不同格式和结构特性。其中的图像、视频、基因数据等非结构化数据具有极高的数据维度。而随着维数的增加，对数据分析的计算量将呈指数倍增长。这种现象科学界一般称为"维数灾难"，在机器学习、数据挖掘等领域均有涉及。学术界研究发现，任意低维数据空间可简单地通过增加空余或随机维将其转换至更高维空间中。相反，许多高维空间中的数据集也可降维至低维空间数据，而不必丢失重要信息。这为我们进行维数约减提供了理论依据。

在大数据分析领域，预处理后甚至提取特征后的数据依然具有很高维度，常见的例子有神经网络所提取的特征、Gabor 图像特征等。针对该问题，学术界提出了一系列的维数约简算法，其中有些算法的效果已在多年的实践中得到了很好的印证，而有些算法则在前沿的机器学习研究中发挥着重要作用。根据方法的性质和任务的差异，本书将常用的降维方法分为无监督的线性映射、无监督的非线性映射、有监督的线性映射、特征选择、基于神经网络的特征映射五种方法。

（一）无监督的线性映射

现实世界中的数据可以分成两种，一种是有标注的数据，一种是无标注的数据。有标注的数据是指每个数据样本具有明确的反映其真实语义的标签。这种语义可以是样本的类别、样本的位置、样本的大小和形状等属性。标签可能是反映这些语义的一些量化值，也可能是反映语义的文字描述。无标注的数据则是指那些没有语义标签的数据。有标注的数据对于诊断分析、预测分析和规范分析具有重要意义。然而，有价值的数据标签往往需要利用人工的方式生成，这将产生巨大的人力成本。所以有标签的数据仅仅是所有数据中的一小部分，大部分数据都缺乏这种数据标签，属于无标注的数据。基于有标注的数据组织数据分析的方法属于有监督的方法，而基于无标注的数据组织数据分析的方法则属于无监督的方法。

无监督的线性映射是指利用线性运算，把原始数据或特征投影到一些有代表性的维度向量上获得数据在线性空间中的坐标，用这些坐标代替原始数据或特征进行后续运算的一类方法。这类方法的代表是主成分分析。PCA 寻找一组反映数据集主要的内在特性的基向量，用每一个数据样本和这组基向量做内积，从而得到一组样本在这组基下的坐标值，最终的目标是使得所有样本的坐标值具有最大的方差。由于基向量的个数可以很少，所以每个数据在线性空间中的坐标也具有很低的维度，这样就起到了维数约减的作用。

（二）无监督的非线性映射

PCA 只能处理线性数据的降维，本质上是线性变换，并且它仅是筛选方差最大的特征，去除特征之间的线性相关性，对于线性不可分的数据常常效果很差。现实世界中的数据分布错综复杂，往往很难用一个简单的线性模型准确刻画。这种情况下，数据降维常常依赖于非线性的映射技术。

（1）核主成分分析（kernel PCA，KPCA）。核主成分分析是 PCA 方法的自然扩展。它认为既然数据在低维度空间不是线性可分的，那么可以试图把低维空间中的数据映射至高维空间中，寄希望于数据在高维度空间中变得线性可分。KPCA 将原始数据通过核函数（kernel function）映射到高维空间，再利用 PCA 算法进行降维，所以叫作 KPCA 降维。常见的核函数有线性核、多项式核、高斯核、指数核和拉普拉斯核。

（2）等距特征映射（ISOMAP）。在提取数据特征和学习数据中隐含的规律时，往往需要度量数据样本之间的相似度。距离是反映相似度的一种自然度量方法。ISOMAP 方法认为样本之间的测地线（Geodesic）距离更能反映这种真实的沟通代价。ISOMAP 的思想是把原始数据集看作一个流形（反映数据真实分布状况的某个拓扑空间），把每个样本映射成一些低维数据点，希望在映射过程中保持流形上两点间的测地线距离不变。

（3）局部线性嵌入（LLE）。LLE 的基本思想是：一个流形在很小的局部邻域上可以近似看成是欧氏的，即局部线性的。那么，在小的局部邻域中，一个点就可以用它周围的点在最小二乘意义下的最优线性组合来表示。LLE 方法即把这种线性组合的系数当成这个流形的局部几何性质的描述。

（4）拉普拉斯特征映射（LE）。LE 使用一个无向有权图来描述一个流形，通过图的嵌入来找低维空间中的特征。其实就是保持图的局部邻接关系的前提下，把流形数据形成的图从高维空间映射在一个低维空间中。在这个思路的指引下，LE 的目标是为每个高维样本寻找一个低维的表示，使得在高维空间中欧氏距离接近的点在低维空间中仍然相近。

（三）有监督的线性映射

因为数据具有明确的标签，有监督的降维方法能针对特定任务起到更好的作用。这类方法有不少，其中最经典的是有监督的线性映射，代表性方法是线性判别分析（linear discriminant analysis，LDA）。

LDA 方法的目标是分类，即数据样本有反映类别信息的语义标签。LDA 的思想是：利用线性变换把高维数据映射到低维空间，使得在这个空间中类间方差最大化，同时类内方差最小化，即通过映射减少同类样本内部之间的差异，而扩大不同类别样本之间的差异。如图 7-1 所示，有黑灰两种颜色标注的两个类，按照 LDA 的思想，对于二分类问题来说，是要找一条直线，使得数据在线上的投影尽可能地满足上述的描述。可以比较数据点分别在横坐标轴和纵坐标轴上的投影，在横轴上的投影两个类间距较大，而在纵轴的投影间距很小，几乎快要重合。同时我们也可以发现，在横轴上的投影密度也较在纵轴上的投影密度更大，所以在横轴上的投影就满足了最大化类间方差和最小化类内方差。LDA 的目标函数是要找一些向量，用这些向量和数据进行内积运算，使得运算结果（数据在向量上的投影）满足上述条件。经过推导，可以发现 LDA 方法是有解析最优解的，所以这种方法是已被广泛采用的、经典的、有监督的降维方法。

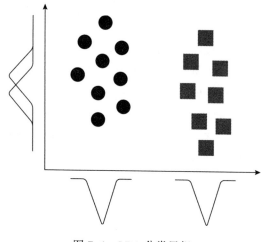

图 7-1　LDA 分类思想

（四）特征选择

和特征映射方法的不同之处在于，特征选择是从原始的高维特征中抽取少量有代表性的数值构成一个低维的数据表示，利用这个低维的表示作为数据样本的特征。特征选择是从原数据中挑选数值，它并不改变这些数值，但需要有合适的方法以便挑选最有代表性的那些数值。根据数据是否带有语义标签，特征选择方法可以被分为两类，即无监督的特征选择和有监督的特征选择。

（1）无监督的特征选择。无监督的特征选择按照和学习算法的关系可分为过滤式（filter）和包裹式（wrapper）两大类。过滤式特征选择方法独立于具体的学习算法，它主要按照统计特性对特征的重要性进行排序，把重要性小的特征过滤掉，选择重要性大的特征作为原始数据的表示。在过滤式特征选择的基础上，又涌现出多变量过滤式方法，即允许成批进行特征选择。与过滤式特征选择方法相比，包裹式特征选择方法的思想是使用聚类算法评估特征子集，可以基于特定准则选择质量最好的特征子集，使用合适的搜索策略来生成特征子集，使用聚类算法对每个特征子集进行聚类，并通过特定准则测量聚类质量来评价特征子集的好坏。

（2）有监督的特征选择。由于使用了数据的语义标注信息，有监督的特征选择方法一般比无监督的方法更适用于具体的任务。有监督的方法不仅包括过滤式和包裹式，还包括嵌入式（embedded）。过滤式方法单独衡量每一个特征的目标函数值，然后挑选那些具有最优目标函数值的特征组成特征子集。包裹式方法基于某种搜索策略来生成一系列特征子集，然后用这些子集分别训练机器学习模型，并选择使目标函数值达到最优的特征子集。嵌入式特征选择方法把特征子集的搜索过程融入分类器的构造过程，使二者有相同的目标，部分解决了包裹式方法面临的问题，所以一般来说比包裹式方法具有更好的性能。

（五）基于神经网络的特征映射

人工智能领域中的人工神经网络是由一系列的非线性和线性变换叠加在一起构成的一种多层处理模型，能对原始数据或者高维特征进行复杂变换，从而产生一些具有较强表示能力的低维特征。由于神经网络通常具有比较多的中间层，可以用神经网络来拟合未知的函数变换。神经网络的结构是多样化的，建模时一般选用经过广泛证实有效的几种经典网络框架。根据数据和特征是否有语义标签，基于神经网络的学习同样可分为无监督的神经网络降维和有监督的神经网络降维两种类型。

（1）无监督的神经网络降维。无监督的神经网络学习的典型代表是自编码器（Auto-Encoder）。自编码器是一个包含两个中间层（隐含层）的浅层神经网络。我们将神经网络的一个隐含层看成一个编码器，将另外一个隐含层看成一个解码器。自编码器学习的目标是使输入数据经过隐含层的编码和解码到达输出层时，确保输出的结果与输入数据一致。也就是说，隐含层是尽量保证输出数据等于输入数据的。我们用编码器的输出作为数据的低维特征表示。

（2）有监督的神经网络降维。如果利用神经网络的若干中间层进行数据的变换，在最后一层使用损失函数减少变换结果和数据语义标签之间的距离，这种学习方式就是有监督的神经网络学习。损失层前面最后一个变换层的输出结果就是利用有监督神经网络降维得到的低维特征。有监督的神经网络是目前大热的深度学习的主要形式。随着网络越做越深，神经网络模型越来越像一个黑箱，只要喂给它数据，模型就能够根据损失层定义的目标，自动学习抽取对于某个任务最有利的特征，从而实现了著名的"端到端"模型。最有代表性的神经网络降维工具是用于提取图像特征的卷积神经网络（CNN）和用于提取文本等序列特征的长短期记忆神经网络（LSTM）。

三、关联分析

关联分析是一种简单、实用的分析技术，就是发现存在于大量数据集中的关联性或相关性，从而描述一个事物中某些属性同时出现的规律和模式。关联分析的一个典型例子是购物篮分析。该过程通过了解哪些商品频繁地被顾客同时购买，发现顾客放入其购物篮中的不同商品之间的联系，分析顾客的购买习惯。这种关联的发现可以帮助零售商制定营销策略。可从数据库中关联分析出形如"由于某些事件的发生而引起另外一些事件的发生"之类的规则。如"77%的顾客在购买啤酒的同时也会购买尿布"，因此通过合理的啤酒和尿布的货架摆放或捆绑销售可提高超市的服务质量和效益。关联规则分析相对于其他数据挖掘算法、挖掘模型更加简单，易于业务理解和应用。除了购物篮分析，关联分析还会应用于捆绑销售、库存管理、商品促销设计、页面促销设计、货架设计、商品陈列设计、页面内容排版、推荐系统、商品价格策略和基于购买的用户特征分析等问题。

（一）基本概念

为了解释关联规则的相关概念，我们用一张数据库表格来描述一个购物篮中的内容。表 7-2 记录的是顾客的每一次交易所涉及的商品类目。

表 7-2　购物篮内容

交易序号	商品类目
1	面包、牛奶
2	面包、尿布、啤酒、口香糖
3	牛奶、尿布、啤酒、巧克力
4	面包、牛奶、尿布、啤酒
5	面包、牛奶、尿布、巧克力

首先来看几个基本概念。

（1）事务：表格中的每一条记录被称为一笔事务。在表 7-2 的购物篮事务中，每一笔事务都表示一次购物行为或者一次交易。

（2）项集：在表 7-2 中，每一样商品就是一个项。一次购买行为包含了多个项，我们称这多个项的集合为项集。

（3）支持度计数：项集在交易中出现的次数。例如，｛面包，牛奶｝这个项集在表 7-2 中一共出现了 3 次，那么它的支持度计数就是 3。

（4）支持度：包含项集的交易在所有交易中所占的比例。上面的例子中｛面包，牛奶｝这个项集的支持度计数是 3，表 7-2 中一共有 5 笔交易，那么｛面包，牛奶｝这个项集的支持度就是 0.6。

（5）频繁项集：对项集的支持度设定一个最小阈值，那么所有支持度大于这个阈值的项集就称为频繁项集。

在了解了上述基本概念之后，就可以引入关联分析中的关联规则了。关联规则反映一个事物与其他事物之间的相互依存性和关联性，是数据挖掘的一个重要技术，用于从大量数据中挖掘出有价值的数据项之间的相关关系。

关联规则指的是两个项集之间的蕴含表达式。例如｛面包，牛奶｝→｛尿布｝。其中，｛面包，牛奶｝和｛尿布｝分别称为关联规则的先导（antecedent 或 left-hand-side，LHS）和后继（consequent 或 right-hand-side，RHS）。项集和项集之间组合可以产生很多规则，但不是每个规则都是有用的，我们需要一些限定条件来帮助找到强度高的规则。使用下列概念来描述关联规则。

（1）关联规则的支持度：也就是同时包含先导和后继这两个项集的事务占所有事务的比例。｛面包，牛奶｝→｛尿布｝这个例子，同时包含｛面包，牛奶，尿布｝

这个项集的事务一共有 2 项，因此这个规则的支持度是 0.4。

（2）关联规则的置信度：衡量包含规则先导的所有事务中规则的后继发生的可能性。还是看｛面包，牛奶｝→｛尿布｝这个例子，包含｛面包，牛奶｝项集的交易出现了 3 次，包含｛面包，牛奶，尿布｝的交易出现了 2 次，那么这个规则的置信度就是 0.67。对于这样一个规则，置信度度量回答的问题是：如果事务同时包含面包和牛奶，那么包含尿布的可能性有多少？所以，置信度提供了规则的可靠性度量，置信度越大，说明这个规则越可靠。

（3）关联规则的提升度：提升度反映在规则先导发生的前提下，后继发生的可能性与后继总体发生的概率之间的比值。在｛面包，牛奶｝→｛尿布｝这个例子中，同时包含面包和牛奶的事务中也包含尿布的可能性是 2/3，尿布在所有事务中出现的概率是 4/5，因此提升度为 0.83。

（二）规则生成

从数据集生成有意义的关联规则的过程包含两个基本任务。

（1）查找所有的频繁项集。对于 n 个项的关联分析，可以找到除空项集之外的 $2^n - 1$ 个项集。随着项数量的增加，项集的数量呈指数增长。因此，设置最小支持度阈值以过滤事务域中不常发生的项集是至关重要的。排除项集以便关联分析集中在最重要的相关项子集上的策略是常用的。在超市示例中，可以从分析中排除诸如食品袋之类的一些填充物。项集树有助于演示轻松查找频繁项集的方法。

（2）从频繁项集中提取规则。对于具有 n 个项的数据集，可以找到 $3^n - 2^{n+1} + 1$ 个规则。这个步骤以高于最小置信度阈值的置信度提取所有规则。即使对于具有数十个项的小型数据集，这两个过程也会生成数百条规则。所以设置合适的支持度和置信度阈值以过滤搜索空间中不太频繁且不太相关的规则是非常重要的。生成的规则也可以通过支持度、置信度、提升度来评估。就计算要求而言，找到高于支持度阈值的所有频繁项集比提取规则代价更昂贵。幸运的是，有一些算法可以有效找到频繁项集。Apriori 和频繁模式增长算法是两种最流行的关联规则算法。

（三）关联规则算法

（1）Apriori 算法是第一个关联规则的挖掘算法，它开创性地使用了基于支持度的剪枝技术来控制候选项集的指数级增长。Apriori 算法产生频繁项集的过程有两步：第一，逐层找出当前候选项集中的所有频繁项集；第二，用当前长度的频繁项集产生长度加 1 的新的候选项集。

生成频繁项集后，下一步是生成有用的规则，这些规则具有明确的先导和后继，具有如下形式：｛项 A｝→｛项 B｝。规则的有用性可以通过客观的度量（如置信度、确信度或提升度）来近似。规则的置信度通过相关项的支持度得分来计算。

（2）频繁模式增长算法。Apriori 算法需要不断地进行从频繁项集中产生候选集的过程，这个过程效率是很低的。如果能够避免生成大量的候选集，挖掘性能就能稳步提升。FP-growth 是目前比较成熟的一种算法，它从以下三个方面解决了这个问题：首先，构造一个新颖的压缩的数据结构，称为频繁模式树，或者简称 FP 树。频繁模式树存储了有关频繁模式的关键和量化的信息。其次，提出一个基于 FP 树的模式分段增长的挖掘方法。最后，用在挖掘中的搜索技术是基于划分的、分而治之的方法，而不是像 Apriori 的自底向上合并频繁项集。

（四）关联规则的运营分析场景

（1）网站页面浏览关联分析。网站页面浏览关联分析可以帮助我们找到不同页面之间的频繁访问关系，以分析用户特定的页面浏览模式。这种频繁模式可用于了解不同页面之间的分流和引流关系，尤其是大型落地页的分析；也可以用来做不同页面之间的页面浏览推荐，利于提升用户体验和转换率。

（2）广告流量关联分析。广告流量关联分析是针对站外广告投放渠道用户浏览和点击的行为分析，该分析主要用于了解用户的浏览和点击广告的模式。

（3）用户关键字搜索关联分析。通过对用户搜索关键字的关联分析，可以发现类似于搜索了苹果之后又搜索了 iPhone，搜索了三星之后又搜索了 HTC 的情况，这种模型可用于搜索推荐、搜索联想等场景，有利于提升搜索体验，提高客户目标转换率。

四、回归

在进行数据分析时，我们常常想了解数据之间的定量关联关系。在数学上，这种关系常常被定义为函数，即通过自变量得到因变量的某种处理或者变换。我们可以把实际观测到的一些数据或其特征看作自变量，把另外一些相关联的数据或者特征看作因变量，探索它们之间的这种函数变换就叫作函数拟合的过程。在统计学中，函数拟合也称为回归。回归仍然是当今数据分析人员最常使用的分析工具之一。

因为不知道自变量和因变量之间存在怎样的关联，回归需要利用特定的数学模型来进行函数拟合。数学模型的复杂度千差万别，利用怎样的数学模型来模拟能取得最佳效果？这个问题目前没有确切的最优解。但经过多年的研究，学术界发现了一些函数拟合的经验，利用这些经验通常能够获得较好的结果。对于数据分布情况比较简单的数据集，可以用一些比较简单的模型进行函数拟合。相反，对于数据分布比较复杂的数据集，通常需要一些比较复杂的模型。线性模型是最常使用的简单回归模型，而对于复杂数据则需要使用非线性模型。我们把基于线性模型的回归称为线性回归，把基于非线性模型的回归称为逻辑回归。下面我们将分别展开介绍。

（一）线性回归

线性回归的含义是求取一些组合系数，这些组合系数可以将因变量表示成自变量的线性组合。这是一种最古老也最容易解释的方法。对于单变量线性回归，回归的目标是找到一条直线（或曲线）能对变量的分布趋势进行最佳解释。对于两变量线性回归，目标是找到一个表面，能对变量的分布趋势进行解释。对于更多变量的回归，可视化将变得困难。图 7-2 是一个单变量线性回归的例子，灰色三角形表示一些房屋价格数据样本，黑色虚线揭示了房屋面积（自变量）和房屋价格（因变量）之间的关系。

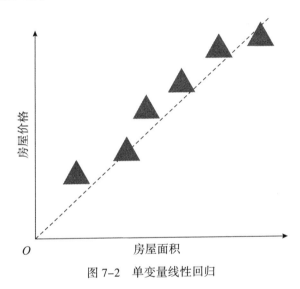

图 7-2　单变量线性回归

假设 $x_1, x_2, \cdots, x_N$ 是一组独立自变量，y 是因变量，线性回归需要找到一组系数 $b_0, b_1, b_2, \cdots, b_N$，得到 $\hat{y} = b_1 x_1 + b_2 x_2 + \cdots + b_N x_N + b_0$，使得预测值 $\hat{y}$ 和真实值 y 之间的误差 $e = \hat{y} - y$ 最小化。为了计算的方便，我们习惯上利用误差的方差 $\in = \sum_{i=1}^{D} (y_i - \hat{y}_i)^2 / D$ 来表示预测值和真实值之间的差异，其中 D 是变量的维数。线性回归问题可以利用梯度下降方法求解。首先，计算 $\in$ 关于未知量的偏导数并令偏导数为零，可以得到一系列解满足的条件。然后，通过这些条件导出关于未知系数的解。

（二）逻辑回归

线性回归可以很方便地拟合连续分布的自变量和因变量。例如图 7-2 中，随着房屋面积的不断增长，房屋价格也会相应增加，它们之间的变化符合线性规律。然而，如果我们需要拟合不连续的自变量和因变量，线性回归就会无能为力。比如，预测给定的医学影像是否属于患病的情况。在这种情况下，因变量是离散的，所以不能用一条直线来对影像图片作出合理解释 [图 7-3（a）]。使用线性的函数来拟合规律行不通的原因在于拟合的函数太直，离散值（也叫异常值）对结果的影响过大，但是函数拟合的整体思路是没有错的，错的是用了太"直"的拟合函数。如果我们用来拟合的函数是非线性的，是不是就能很容易地解决问题？逻辑回归就是基于这样一个思路产生的。

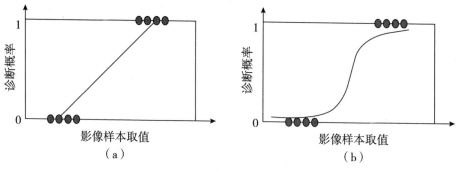

图 7-3　利用回归拟合非连续分布变量

（a）线性回归；（b）逻辑回归

逻辑回归使用 Sigmoid 函数来拟合自变量和因变量之间的关系。Sigmoid 函数表达式为

$$g(\hat{y}) = \frac{1}{1 + e^{-\hat{y}}},$$

其中，e 是自然常数；$\hat{y}$ 是通过对自变量线性组合产生的预测值。Sigmoid 函数具有很强的稳定性，并且将函数的输入区间（$-\infty$，$+\infty$）映射到了输出区间（0，1），其具有概率意义：将一个样本输入 $g(\hat{y})$ 中，如果输出 0.7，就意味着样本有 70% 的概率是正例，有 30% 的概率为负例。所以，得到一个回归函数，它不再像线性回归一样受离散值影响，输出结果是样本预测为正例的概率（0 到 1 之间的小数）。用 Sigmoid 函数进行患病概率预测的情况如图 7-3（b）所示。

逻辑回归的求解目标是找到一组系数 $b_0, b_1, b_2, \cdots, b_N$，对输入样本进行线性组合以后再输入 Sigmoid 函数产生一组输出，使得这组输出能产生最大的正确预测概率。根据最大似然估计，若想让预测出的结果全部正确的概率最大，就要让所有样本预测正确的概率相乘达到最大。由此得到的损失函数就是著名的交叉熵损失函数。我们同样使用梯度下降法来求解组合系数。

五、聚类

聚类是在数据中发现有意义组的过程。聚类的目标不是去预测目标的类别信息，而是简单地发现数据中可能存在的自然分组情况。所谓"物以类聚，人以群分"，聚类算法就是通过直接考察数据之间的相似度来判断哪些数据可能属于同一组。一般而言，聚类算法只需要数据本身，而不需要数据带有明确的语义标签。从这个意义上讲，聚类算法属于无监督学习算法。按照应用目标的不同，聚类可以分为两种，一种是用于描述分析的聚类，一种是用于数据预处理的聚类。

（一）用于描述分析的聚类

聚类最常见的应用是探索数据，在数据中寻找所有可能有意义的组。比如将公司的客户记录聚在一起产生几个组，同一个组的客户将比不同组的客户彼此之间更为相似，我们就可以对同组的客户推荐相似的产品或提供相同的服务。组的数量可以预先定义，也可以由聚类算法自动确定。

（二）用于数据预处理的聚类

聚类会将相似的数据简化为一个组，所以聚类可以被用于数据压缩。聚类输出每个记录的组的 ID（身份识别号），这个 ID 可以被用作其他数据科学任务的输入变量。因此，聚类可以作为其他数据科学过程的预处理技术。基于聚类的预处理可以降低数据的维数，把高维数据转换为一个组的 ID。尽管这会造成信息损失，但数据和计算的复杂度大大下降。另外，聚类可用于减少对象。如果数据样本的数量是 100 万，组的数量是 100，可以用每一组中的典型数据来代表同组中的所有数据，这样仅需 100 个数据样本即可表示所有数据。典型数据的选取有多种方法，比较常见的方法是使用与组内平均值最为接近的数据。

（三）聚类技术的类型

不论聚类技术的应用是什么，聚类的过程都是在数据中寻找分组。分组时，衡量相似性的常用方法是在高维空间中进行欧几里得度量。在介绍聚类的不同方法之前，需要定义不同类型的组，根据数据之间的关系，组可以分为以下几种。

（1）互斥或者严格区分的组：每个数据对象属于且仅属于一个组，这是最常见的组类型。

（2）重叠组：组之间是不互斥的，每个数据对象可能属于多个组，称之为多视图组。

（3）层次组：每个组又分为若干子组，这些子组也可以被合并为一个父组。

（4）模糊组：每个数据以不同的概率属于所有的分组，概率的取值范围是 0 到 1 之间。模糊组不是将一个数据点和一个组确定关联，而是以概率的形式表达数据与所有组的隶属关系。

聚类技术可以按照在数据集中寻找组的方法来进行分类。根据聚类算法利用的数据对象之间的关系，聚类分为如下几种。

（1）基于原型的聚类：每个组用一个中心数据对象来表示，这个中心数据对象就是这个组的原型，所以这种方法也称为质心聚类或者基于中心的聚类。

（2）密度聚类：把数据投影到二维平面上，不难发现每一个组代表平面上数据点较多的区域，这些组被稀疏空间分割开来。所以组还可以定义为一个密集区域，该区域内的数据对象被稀疏的低密度区域包围。每个密集区域可以被指定为一个组，低密度区域则被认为是噪声而丢弃。在这种聚类中，并非所有对象都属于某一个组，噪声对象没有被分配在任何一个组中。

（3）层次聚类：这是根据数据点之间的距离建立组的层次结构的过程。层次聚类输出一个树状图。层次聚类的方法包括自底向上的聚类和自顶向下的聚类。自底向上的聚类把每个数据点看作一个组，通过将相似组进行合并以生成较大的组。自顶向下的聚类把整个数据集看作一个组，通过递归模式将其划分为不同的子组。

（4）基于模型的聚类：这种聚类是基于统计和概率的分布模型，所以也称为基于分布的聚类。组由具有相同概率分布的数据点组成。所以每个组可以用适当的概率分布模型来表示，分布参数可以在组数据和模型之间迭代优化。整个数据集可以由混合的分布模型表示。

（四）K-means 聚类算法

K-means 最早是 1957 年由 Stuart Lloyd 在贝尔实验室提出的。其最初是为了解决连续的图区域划分问题，在 1982 年正式发表。在此之前，James MacQueen 在 1977 年也独立提出了这个算法，并将其命名为 K-means 算法。K-means 算法是一种基于中心的聚类方法，它的思路是为每一组数据设定一个中心，在分组数据时，只需看其离哪个中心的距离最近，就把数据划分至这一组。

K-means 算法的优点是速度快、计算简便，缺点是我们必须预先知道数据有多少组。正确地预估数据分组的数量对于 K-means 算法的性能将产生很大影响，但这通常是比较困难的。K-medians 是 K-means 的一种变体，是用数据集的中位数而不是均值来计算数据的中心点。K-medians 的优势是使用中位数来计算中心点不受异常值的影响；缺点是计算中位数时需要对数据集中的数据进行排序，速度相对于 K-means 较慢。在 K-means 算法之后，还陆续出现了 K-means++、X-means 等扩展 K-means 的聚类方法。

（五）密度聚类算法

K-means 的缺点之一是需要事先指定数据组的数量，我们试图回避这个问题。基于这种情况，学术界提出根据数据分布的密度来实施聚类。DBSCAN（基于密度的含噪声应用空间聚类）是最常用的密度聚类算法之一。为了解算法的工作原理，需要定义数据空间中密度的概念。

密度是单位区域内数据点的数量。在多维空间中，一个区域可以定义为以一个数据点为中心，以 r 为半径的圆形或球（超球）形范围。半径的数值可以用到中心的欧几里得距离表示，而密度可以定义为半径范围内所包含的数据点的个数。在聚类算法实施过程中，根据特定阈值（MinPoints），可以把区域定义为高密度区域或者低密度区域。当区域内所含数据点的个数大于 MinPoints 时，这个区域被认为是高密度区域；相反，当区域内所含数据点的个数小于 MinPoints 时，这个区域被认为是低密度区域。

DBSCAN 算法是通过识别数据集中的高密度区域和低密度区域来创建组。DBSCAN 比其他聚类算法有一些优势。首先，它不需要一个预设的组数量。它还将异常值识别为噪声。此外，它还能很好地找到任意大小和任意形状的组。DBSCAN 的主要缺点是，当聚类具有不同的密度时，它的性能不像其他聚类算法那样好。这是因为当密度变化时，半径 r 和最少点数量 MinPoints 实际上会随着聚类的过程而变化。这种缺点也会出现在非常高维的数据中，因为半径变得难以估计。

（六）基于混合高斯模型的聚类

K-means 的一个缺点是完全基于数据点之间的欧氏距离决定组的归属问题，它不考虑数据集的分布情况。事实上，数据的分布总是符合一定的规律，如果能找到这种描述数据分布的规律就能大大改善聚类的效果。大量的理论研究和实验证实统计量在大数据样本时近似于高斯分布，所以学术界认为用多种具有不同参数的高斯分布进行混合能对任意数据分布情况进行拟合，这就催生出基于混合高斯模型（GMM）的聚类方法。

使用混合高斯模型做聚类首先假设数据是呈高斯分布的，而高斯分布能描述更复杂的分布情况。我们用两个参数来描述组的形状：均值和标准差。通过调整均值和标准差，每个组都能用特定形状的高斯分布来拟合。所以要做聚类首先应该找到数据集的均值和标准差，最大期望（EM）算法是估算均值和标准差的常用方法。

六、分类

前面介绍的聚类是在数据标签未知的情况下，根据数据之间的相似度对数据进行分组的过程。聚类属于无监督的学习方法，通常用来进行描述性数据分析。一旦样本集中的数据有了明确的标签，就可以对数据进行更加复杂的建模，从而获取数据到标签之间的映射关系。根据我们已经掌握的知识，这种学习方式可以称为回归。如果这种明确的标签表示的是类别语义，那么这种从原始数据到类别属性的回归就是分类。分类需要利用到类别标签，因而属于有监督的学习方法。接下来介绍分类的相关概念和代表性方法。

（一）相关概念

（1）分类模型：分类模型是用于描述从数据到标签之间映射关系的数学模型。模型是多种多样的，通常不同种类的模型具有不同的参数，分类模型的性能受这些参数的影响。

（2）模型优化：模型优化是指求取模型参数的过程。我们一般用分类模型描述一些已有的数据和标签信息之间的关系，数据和标签可以看作已知条件，我们需要利用优化技术找到模型的特定参数，使得模型对数据的变换结果尽可能接近于类别标签。模型优化的过程也可以理解为对模型进行训练的过程。

（3）训练数据集：在模型优化中，用于估算模型参数的那些数据和相应的标签，我们称之为训练数据集。

（4）验证数据集：在训练结束后，还需要一些有标签的数据对训练得到的模型进行正确性的检验，这些数据和相应的标签称为验证数据集。通过验证数据集的检验，可以了解在不同的模型参数配置下分类模型的性能，从而选择更好的参数配置进行测试。

（5）测试数据集：在模型的真实部署环境中，需要对未知标签的数据进行类别的预测，这些未知标签的数据就是测试数据。

（二）决策树分类

决策树分类是一种以树形的结构进行分类的方法。这种方法依靠逻辑判断来进行分类，比较符合人类的思考过程。决策树算法采用树形结构，使用层层推理来实现最终的分类。决策树由下面几种元素构成。

（1）根节点：在根节点上要选择一个特征对全体数据样本集合进行分类。

（2）内部节点：选择相应特征对数据的子集进行细分。

（3）叶节点：给出决策的结果。

决策树根据特征的取值情况对数据集进行预测，使得预测结果与数据的真实类别标签尽可能吻合。所以决策树的建立是一个有监督学习的过程。决策树根据特征取值进行判断的规则是通过训练得到的，而不是人为制定的。一旦决策树训练好，在实际部署应用时，在树的内部节点处用训练时确定的属性值进行判断，根据判断结果决定进入哪个分支节点，直到到达叶节点处，得到分类结果。

决策树的优点包括：易于理解和解释，可以同时处理非数值型和数值型数据，适合处理有缺失属性的样本，能够处理不相关的特征，训练的时间复杂度比较理想。决策树的缺点包括：容易发生过拟合，容易忽略数据集中属性的相互关联。

（三）kNN 分类

kNN（k 最近邻）分类算法的核心思想是：如果一个数据最相似的 k 个数据中的大多数属于某一个类别，则该样本也属于这个类别。通俗地说，对于给定的测试样本和基于某种度量相似度的方式，通过最相似的 k 个训练样本来预测当前样本的分类结果。因为需要利用到训练数据的标签信息，所以 kNN 分类算法是一种有监督的分类方法。

（四）朴素贝叶斯分类器

朴素贝叶斯算法起源于概率论和数理统计。这是一种基于贝叶斯定理和特征条件独立假设的分类方法，属于有监督学习方法，被广泛应用于自然语言处理，并在机器学习领域中占据重要的地位。贝叶斯定理是关于随机事件 X 和 Y 的条件概率的定理，公式如下：

$$P(Y|X) = \frac{P(Y)P(X|Y)}{P(X)}$$

其中，$P(Y)$ 表示先验概率，是在没有任何前提条件下事件 Y 发生的概率，是对 Y 事件概率的一个主观判断；$P(Y|X)$ 是在事件 X 发生的前提下出现事件 Y 的概率，称为后验概率；$P(X|Y)$ 表示似然性，反映了假设事件 Y 发生时，X 是真实的可能性；$P(X)$ 是在所有情况下 X 发生的概率。

朴素贝叶斯模型在贝叶斯定理的基础上进行了简化，主要思想是假定目标的特征属性之间相互独立，从而简化似然函数的计算复杂度。这就是它被形容为"朴素"的原因。在实际情况中如果属性之间存在关联，那么分类准确率会降低，不过对于解决绝大部分的复杂问题非常有效。设在样本数据集上，训练数据的特征集为 $X = \{x_1, x_2, \cdots, x_D\}$，类标签信息为 $Y = \{y_1, y_2, \cdots, y_C\}$，即训练数据集可以被分为 y_C 个类别。我们假设 $x_1, x_2, \cdots, x_D$ 相互独立，那么由贝叶斯定理可得

$$P(y_i|x_1, x_2, \cdots, x_D) = \frac{P(y_i)P(x_1, x_2, \cdots, x_D|y_i)}{P(x_1, x_2, \cdots, x_D)} =$$

$$\frac{P(y_i)P(x_1|y_i)P(x_2|y_i)\cdots P(x_D|y_i)}{P(x_1, x_2, \cdots, x_D)} = \frac{\prod_{i=1}^{D} P(x_j|y_i)P(y_i)}{\prod_{j=1}^{D} P(x_j)}$$

其中，$\prod_{i=1}^{D} P(x_j|y_i)P(y_i)$ 根据训练数据很容易计算。

朴素贝叶斯分类器的训练过程就是基于训练集来估计类先验概率 $P(y_i)$，并为每个属性估计条件概率 $P(x_j|y_i)$。这里就需要使用极大似然估计（maximum likelihood estimation，MLE）来估计相应的概率。当分类器训练好、进行后续的部署应用时，将给定的测试数据输入分类器，用分类器计算数据对象属于某个类别的概率，通过比较不同类别概率的大小预测数据的类别。

（五）支持向量机

支持向量机（support vector machines， SVM）是一种二分类模型（图7-4），它的基本思想是认为存在一个平面或超平面，能将两种不同的数据样本尽可能分开，它的目标是找到一个这样的超平面，满足这样的约束：每类样本中距离另一类数据样本最近的那些点到超平面的间隔最大。也就是说SVM要求解能够正确划分训练数据集并且让两类数据几何间隔最大的分离超平面。我们把每类数据中那些距离另一类数据最近的点叫作支持向量，所以这种分类器被称为支持向量机。

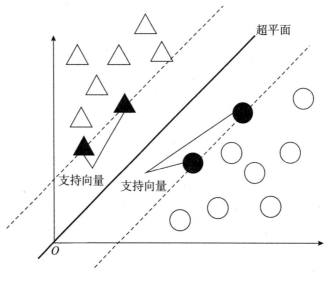

图7-4　支持向量机

SVM的数学模型经过推导，最终可以转化为一个凸二次规划问题来求解。当训练样本线性可分时，通过硬间隔最大化，学习一个线性可分支持向量机；当训练样本近似线性可分时，通过软间隔最大化，学习一个线性支持向量机；当训练样本线性不可分时，通过核技巧和软间隔最大化，学习一个非线性支持向量机。

（六）基于神经网络的分类

神经网络是由一系列的非线性和线性变换叠加在一起构成的一种多层处理模型，能对原始数据或者高维特征进行复杂变换，从而产生一些具有较强表示能力的低维特征。神经网络的各层的变换参数是未知的，它们需要在训练的过程中利用梯度下降法自主学习到。所以，神经网络的训练过程依赖于梯度的变化，而梯度的产生是因为根据数据预测到的信息和真实标签信息之间存在误差，模型的估算总是以误差最小化为目标的。当数据的标签为类别信息时，神经网络就是预测测试数据的类别，因而神经网络就可以看作一种分类器，如图7-5所示。

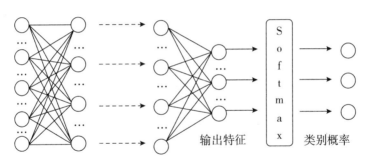

图 7-5　神经网络分类器示意图

　　流行的神经网络结构是多种多样的，有前馈全连接网络，有卷积网络，有长短期记忆网络，所有的这些网络结构都可以用来提取特征。如果要产生误差，则需要在这些网络后面添加一个损失层，在损失层中使用特定的损失函数来计算和衡量预测值与真实类别标签之间的误差。交叉熵是常用于分类的损失函数。

　　交叉熵是信息论中的概念，它刻画了两个概率分布之间的距离。给定两个概率分布 a 和 b，用 b 来表示 a 的交叉熵为

$$H(a,b) = -\sum p(x)\log q(x)$$

　　需要注意的是交叉熵刻画的是两个概率分布之间的距离，然而神经网络的输出却不一定是一个概率分布。概率分布刻画了不同事件发生的可能性，所以任意事件发生的概率总是在区间 [0，1] 内。我们需要找到一种方法，把神经网络的输出变换到区间 [0，1] 内。Softmax 函数就是最常用的一种变换函数，定义为

$$\mathrm{Softmax}(y_i) = \frac{e^{y_i}}{\sum_{j=1}^{N} e^{y_j}}$$

其中，y_i 是神经网络针对类别 i 的输出，$y_j (j=1,\cdots,N)$ 是网络针对所有类别的输出信息。Softmax 函数实际上将神经网络的输出转换为一个 N 维向量，N 是所有可能的类别的数量，而且这个向量中每个元素的值都在 0 和 1 之间，它们的代数和是 1。通过这种方式，Softmax 根据输出特征变换出一个标识样本属于每个类别的概率。网络的训练目标就是用交叉熵来求取这个概率和真实标签间的距离，令此距离最小化以获取网络参数。

七、深度学习

　　深度学习是机器学习的分支，泛指具有深层结构的、能够从海量数据中学习蕴含语义信息的特征表示的数学模型。由于神经网络技术的发扬光大，深度学习目前主要是利用深层神经网络来实现的。具体说来，深度学习使用包含复杂结构或由多重非线性变换构成的多个处理层对数据进行高层抽象的算法，这是一种基于对数据进行表征

学习的算法，至今已有数种深度学习框架，如卷积神经网络、深度置信网络和递归神经网络等已被应用在计算机视觉、语音识别、自然语言处理、音频识别与生物信息学等领域并获取了极好的效果。

深度学习是任务导向的。根据学习任务的不同，深度学习可分为有监督的深度学习和无监督的深度学习。有监督的深度学习的常见类型包含模式分类、对象检测、实例分割、图像/视频标注等。无监督的深度学习的常见类型包含聚类、自编码、词向量（word vector）提取等。有监督的深度学习应用面更广。

随着深度学习的高速发展，涌现出一些深度学习架构，主要包括自编码器、卷积神经网络、循环神经网络（Recurrent Neural Network）和生成神经网络（Generative Neural Network）。自编码器是一种能够通过无监督学习学到输入数据高效表示的人工神经网络。自编码器包含编码和解码两个部分，根据输入数据的获取特征表示的部分称为编码，解码部分则根据特征表示尽可能恢复原始数据。所以，特征表示的维度一般远小于输入数据，使得自编码器可用于降维。更重要的是，自编码器通过重建数据能够提取具有语义信息的数据特征。在深度学习中，往往把许多自编码器堆叠在一起构成一个深度自编码器。

卷积神经网络使用一系列的卷积层、池化层和全连接层对数据进行特征提取，并结合任务层实现特定目标。与全连接网络相比，卷积层的优秀特性在于参数共享，即下一层只和上一层的部分神经元产生连接，同一个卷积核可以在输入特征图上重复使用，所以可以在特征图上重复检测某种局部特征模式。参数共享机制大大减少了两层间参数的数量。有代表性的卷积神经网络包括 AlexNet、VggNet 和 ResNet。卷积神经网络在图像分类、目标检测、语义分割、超分辨率等任务上具有优异性能。

循环神经网络是指随着时间的推移重复发生的结构，它和其他网络最大的不同就在于循环神经网络能够实现某种"记忆功能"，是进行时间序列分析时最好的选择。所以循环神经网络可以处理诸如文本、音频和视频等序列数据。长短期记忆神经网络是一种特殊的循环神经网络。LSTM 利用一系列门控机制实现信息的长期保存和短时记忆，可以很好地处理长序列问题。

深度生成神经网络可以通过生成全新的样本来演示其对于数据的理解。这些生成的样本非常类似于那些训练样本，但和训练样本又是不同的数据。生成模型和自编码器的思想有关，即利用一个编码器将数据映射到特征，利用一个解码器（生成器）将该特征映射到原始数据空间。此外，一些生成模型也应用到了对抗生成的思想，即通过判别器与生成器之间的对抗促使生成器生成非常真实的图像。

八、文本挖掘

文本挖掘指的是从文本数据中获取有价值的信息和知识，它是数据挖掘中的一种方法。文本挖掘中最重要、最基本的应用是实现文本的表示、文本的分类和聚类。文本的表示常常指无监督的词向量表示。文本的聚类和分类则是在表示的基础上进行的无监督和有监督挖掘。文本挖掘是一个多学科混杂的领域，涵盖了多种技术，包括数据挖掘技术、信息抽取、信息检索、机器学习、自然语言处理、计算语言学、统计数据分析、线性几何、概率理论甚至还有图论。

文本挖掘的典型应用包含如下几个方面。

（1）文本表示。文本表示主要是指词向量。词向量是一个用来表达一个词的意思的向量。传统的自然语言处理方法没有捕获词的意思或语义环境。这就意味着词与词之间潜在的关系并不能被获知。而词向量使用多维连续数值来表示词汇，相近词汇在几何空间中也被映射到相近的位置。简单来讲，词向量是一行有实际值的数字，其中每个值都捕获了词汇一个维度的语义，表示了这个词在这个维度的权重。这就是词汇的语义被编码成多维向量的方式。

（2）文本分类。文本分类是一种典型的机器学习方法，一般分为训练和分类两个阶段。文本分类一般采用统计方法或机器学习来实现，其中机器学习方法是主流方法。而机器学习方法又具体包括传统的文本分类和基于深度学习的文本分类。基于深度学习的文本分类算法是目前的主流方法。

（3）文本聚类。文本聚类主要是依据著名的聚类假设：同类的文档相似度较大，而不同类的文档相似度较小。作为一种无监督的机器学习方法，聚类由于不需要训练过程，以及不需要预先对文档手工标注类别，因此具有一定的灵活性和较高的自动化处理能力，已经成为对文本信息进行有效的组织、摘要和导航的重要手段，为越来越多的研究人员所关注。

文本聚类所采用的方法主要包括质心法、层次法、基于密度的方法和基于模型的方法。关于这几类方法，本章前面的聚类部分中已有专门解释。

（1）信息检索。信息检索是信息按一定的方式进行加工、整理、组织并存储起来，再根据信息用户特定的需要将相关信息准确地查找出来的过程，又称信息的存储与检索。信息检索的主要应用方式是根据给定的文本关键词查找相关文档。而相关性的评估依赖于关键词和文档之间的匹配程度或者相似度。为此，信息检索算法首先要对文本进行编码和表示，然后进行关键的相似性匹配。

（2）自动文摘。自动文摘能够生成简短的关于文档内容的指示性信息，将文档的主要内容呈现给用户，以决定是否要阅读文档的原文，这样能够节省大量的浏览时间。简单地说自动文摘就是利用计算机算法自动地从原始文档中提取全面准确地反映该文档中心内容的简单连贯的短文。

（3）自动问答。自动问答是指对于用户提出的问题，计算机可以自动地从相关资料中求解答案并作出相应的回答。自动问答综合运用了知识表示、信息检索、自然语言处理等技术。自动问答系统能够使用户以自然语言提问的形式而不是关键词的组合，提出信息查询需求，系统对问题进行分析，从各种数据资源中自动找出准确的答案。自动问答的核心环节是分类器的构建，目前主流的方法依然是深度学习方法。

（4）机器翻译。机器翻译又称为自动翻译，是利用计算机将一种自然语言（源语言）转换为另一种自然语言（目标语言）的过程。它是计算语言学的一个分支，是人工智能的终极目标之一，具有重要的科学研究价值。

九、时序信息预测

时序数据是与时间先后有关的数据，通常按照产生的时间顺序进行排列。时序分析是从时序数据中提取有意义的规律和模式的过程。时序信息预测是在时序分析的基础上，根据过去的观测数据和其他输入来预测时间序列数据的未来值的过程。时序分析是特点鲜明的研究领域，这个领域始于金融业，如进行股市趋势预测、投资风险评估，后来又渗透到其他领域，在对未来市场预测、动态定价、用电量预测以及生物医药领域也有较多应用。时序分析与其他有监督预测模型相比的重要特点是时序数据存在时间依赖关系。从研究方法上，时间序列预测方面的研究大致可分为四类：基于时间序列分解的预测、基于平滑的方法、基于回归的方法和机器学习方法。

（一）基于时间序列分解的预测

时间序列分解是将时间序列分解为很多构成要素的过程，每个构成要素代表潜在的现象。分解将时间序列分为趋势要素、周期性要素和噪声要素。趋势要素和周期性要素是可预测的，而噪声要素是随机的。在预测时间序列之前，了解和描述构成时间序列的要素非常重要。可以使用回归或与之类似的技术更好地预测这些单独要素，并将它们组合在一起作为聚合的预测时间序列。这种技术称为预测与分解。

（二）基于平滑的方法

在基于平滑的方法中，某一次观测的数据是过去几次观测数据的函数，即用过去若干次的观测数据计算一个平滑数据作为预测的依据。简单的预测方法包括以下几种。

（1）朴素方法和周期性的朴素方法：利用序列中最后一个数据点的值或以一定周期间隔的最后一个数据点的值作为下一个周期的预测。

（2）平均法：计算数据点的平均值作为下一个数据点的预测值。

（3）移动平滑平均：计算某个窗口范围内数据点的平均值作为下一个数据点的预测值。

（4）加权移动平均平滑：对于某些情况，最近的值可能比某些早期的值具有更大的参考意义，因此在计算移动平滑平均值时给窗口内每个数据点指定一个系数，最近的值有更大的系数。

（5）指数平滑：计算过去数据的加权平均值，最近的数据点比早期数据点更重要，具有更大的权重。权重以指数方式向较早的数据点衰减。

（三）基于回归的方法

在基于回归的方法中，时间变量是自变量，时间序列值是因变量。当时间序列看起来具有全局模式时，基于回归的方法往往能起到很大作用。我们利用回归的参数捕捉时序序列蕴含的模式，从而利用这些模式对未来数据进行预测。如果在时间维度上，模式是多变的，则需要指定模式变化的时间点以及变化趋势，而这往往是困难的。对于这类模式多变的时间序列预测问题，平滑方法是比较有效的。基于回归的方法包括线性回归、周期性回归、集成移动平均的自回归模型和周期性移动平均自回归。

（四）机器学习方法

机器学习方法使用标准机器学习技术基于时间自变量和预测值之间的关系来建立预测模型。为了使用通用机器学习技术，使用窗口将时序序列转换为离散数据。该技术将连续时间序列数据定义为窗口，利用窗口对连续数据采样生成离散数据，从而基于过去的离散数据对将来的数据进行预测。在建模过程中可以利用过去的若干数据点帮助预测时间序列上的下一个数据点，这与自回归的思想是相似的；也可以使用时间序列最后一个窗口来预测未来的时间序列数据点。机器学习方法包含两个步骤，即窗口化和建立预测模型。

1. 窗口化

窗口化的作用是把时间序列数据转换为通用机器学习的输入数据格式。窗口的参数和采样方法需要提前指定。窗口的参数包括窗口大小、采样的步长、预测的范围、忽略数等。一旦完成窗口化，机器学习算法即可发挥作用。

2. 建立预测模型

目前比较流行的预测模型是深层的神经网络模型。本节曾经介绍过的循环神经网络是预测时序数据的典型方法。循环神经网络是一类以时序数据为输入，在序列的演进方向进行递归且所有节点按链式连接的递归神经网络，具有记忆性、参数共享并且图灵完备。但循环神经网络的问题是会出现梯度消失现象，同时无法解决长时依赖的问题。在此情况下，出现了长短期记忆神经网络。LSTM 通过门开关实现时间上的记忆功能，并防止梯度消失。

目前以神经网络为代表的深度学习在图像处理、自然语言理解等领域取得了突破性进展，是人工智能的一个热点。深度学习由于强大的非线性特征表征能力使得其在时间序列预测方面具有强大的生命力。随着深度学习的发展，还将陆续涌现其他基于神经网络的时间序列预测方法。

第三节 云计算

云计算是一种建立在分布式存储、分布式计算和互联网技术之上的新型计算与服务模式。在数字经济背景下，云计算为大数据的汇聚和分析提供了计算基础设施，客观上促成了数据资源的集中和对数据的存储、管理与分析能力的提升。云计算需借助特定的软硬件系统来实现，这种软硬件系统我们称为大数据平台。大数据平台集数据采集、数据存储与管理、数据分析与计算、数据可视化以及数据安全与隐私保护等功能于一体，为人们通过大数据分析处理的手段解决问题提供技术和平台支撑。数据分析是大数据平台的核心功能，主要通过分布式存储与计算框架来实现。针对批量大数据和流式大数据，还需要有专用的计算方法。在大数据平台的物理基础上，利用互联网技术和高效的资源分配与调度机制为用户提供按需分配的计算资源，这就是云计算的基本实现模式。本节从大数据平台、分布式系统、批量数据处理、流式数据处理、云计算服务等几个方面对云计算技术进行介绍。

一、云计算的基础——大数据平台

（一）大数据平台技术架构

从技术角度，大数据平台可划分为四个层次：数据采集层、数据存储层、数据处理层和服务封装层。

数据采集层主要负责从不同的数据源采集数据。常见的数据源包括业务数据、互联网数据、物联网数据等。不同的数据需要不同的采集方法。对于业务数据，通常采用批量采集方法，一次性导入大数据存储系统中。对于互联网数据，一般利用网络爬虫抓取。对于物联网产生的实时数据，一般采用流式采集方法，动态添加到大数据存储系统中。

数据存储层负责大数据的存储和管理。原始数据通常存放在分布式文件系统或云存储系统中。同时，为了方便数据的访问和管理，大数据平台会采用一些非关系型数据库。针对不同的数据形式，有不同类型的非关系型数据库可供选择，如键值对数据库（如 Redis）、列族数据库（HBase）、文档数据库（MongoDB）和图数据库（Neo4J）。

数据处理层主要负责大数据的分析和处理。针对不同类型的数据，需要不同的处理引擎。对于批量数据，一般采用批处理引擎（如 MapReduce）。对于流式数据，一般采用流式引擎（如 Storm）。大数据平台基于数据处理引擎提供各种基础性的计算功能，数据处理引擎中提供了用于数据处理的工具，如数据挖掘工具、机器学习工具等。

服务封装层主要根据不同的用户需求对各种大数据处理和分析功能进行封装并对外提供服务。常见的大数据相关服务包括数据可视化、数据查询分析、数据统计分析等。

（二）大数据开源平台

目前已经有一些开源工具可以帮助我们实现大数据分析平台。

1. 数据采集系统

用于数据采集的开源系统有 Sqoop、Scrapy 和 Flume 等。Sqoop 是一个用于在大数据平台和传统关系型数据库间进行数据转移的开源工具。Scrapy 是一个基于 Python 语言开发的开源 Web 并行抓取框架，能快速抓取 Web 站点并从页面中提取自定义的结构化数据。Flume 是一个高效的分布式的海量日志采集、聚合和传输系统，能进行数据的采集和传输并支持多种格式的输入和输出。

2. 数据存储系统

主要的数据存储系统有 HDFS（Hadoop Distributed File System）、Swift 系统和 Kafka 系统。HDFS 是一个分布式开源文件系统，是开源大数据处理框架 Hadoop 中的一个核心模块，具有高容错性、高吞吐量的特点。Swift 是开源云计算项目 OpenStack 的一个子项目，是 OpenStack 云存储服务的组件。Swift 能在低成本的标准硬件存储设备上提供高效的分布式的大文件对象存储服务。Kafka 是一种分布式的基于发布 / 订阅的消息系统。

3. 计算引擎

MapReduce 是开源大数据处理框架 Hadoop 的核心计算引擎，主要用于对批量数据的处理。Storm 是一个分布式、开源、实时的大数据流式计算引擎，具备良好的容错机制。Giraph 是一个采用整体同步并行计算模型的开源图处理系统。Spark 是一个为大规模数据处理设计的通用计算引擎，是 Hadoop、MapReduce 的通用并行框架。Spark 扩展了 MapReduce 计算模型，支持流式计算。

4. 数据分析工具

Hive 是基于 Hadoop 的数据仓库工具。Hive 的数据存储在 Hadoop 兼容的文件系统中。Hive 提供了一些工具可以进行数据提取、转化、加载和通过 HiveQL 语言进行分析和查询。Hive 将 SQL（结构化查询语言）语句转化为 MapReduce 任务运行。Spark SQL 是基于 Spark 的一个数据仓库工具，将低层的 MapReduce 替换为 Spark，将分析查询工作转化为 Spark 任务运行。Spark Streaming 是 Spark 的一个实时流式计算工具，能处理流式数据。它支持多种数据来源。MLib 是一个基于 Spark 的机器学习函数库，专门为在分布式系统上并行机器学习算法而设计。

二、云计算的精髓——分布式系统

大数据平台需要存储和处理海量的多样化数据，数据的存储和计算几乎不可能在一台独立的服务器上实现，所以需要分布式系统的支持。分布式系统是由一组通过网络进行通信、为了完成共同的任务而协调工作的计算机节点组成的系统。分布式系统的出现是为了用廉价的、普通的机器完成单个计算机无法完成的计算、存储任务。其目的是利用更多的机器，处理更多的数据。分布式系统是实现云计算服务可扩展性和按需分配资源的关键技术。从大数据分析处理的角度出发，可以从两个方面来介绍分布式系统，即分布式存储和分布式计算。

（一）分布式存储

大数据的多样性决定了大数据中包含为数众多的非结构化数据，这些数据很难用关系数据库来存储。对于这些数据，目前常用的存储方法是使用文件系统存储原始数据，采用数据库系统存储数据的描述性信息。这些非结构化数据的体量和数量都十分巨大，导致单台服务器无法有效存储和处理。分布式文件系统就是为解决这个问题而产生的。几种主流的分布式文件系统包括 Hadoop、Ceph 和 GlusterFS。

1. Hadoop

Hadoop 起源于谷歌公司自行研制的文件系统。2004 年，开源项目 Lucene 和 Nutch 仿照谷歌的大规模数据处理技术设计了 Hadoop 并行存储与计算框架，获得了全球学术界和工业界的普遍关注，进而得到推广应用。Hadoop 采用的分布式文件系统简称为 HDFS。HDFS 的功能为数据的存储、管理和出错处理，具有如下特点：适合大文件存储和处理；集群规模可动态扩展，新的存储和计算节点可在运行状态下加入集群中；对文件的访问方式进行了简化，保证了数据的一致性；采用流式数据读写，增加了系统的吞吐量。

（1）HDFS 架构：一个 HDFS 存储集群通常由一台主服务器和若干台数据服务器组成。主服务器是 HDFS 的控制中心，用于文件的管理和读写流程的控制。在 HDFS 中，数据文件被划分为多个文件块，这些块被分散存储在集群中的节点计算机上。文件的元数据描述了文件块的存储位置以及如何由文件块组成原始数据文件。数据服务器是 HDFS 的存储中心。在集群中，属于同一个子网的存储节点称为一个机架，机架和机架之间通过网络设备进行数据的传输。数据服务器负责存储数据块并为用户和其他存储节点提供对数据块的访问服务。为了保证数据完整性，数据服务器还会对数据块进行校验。

（2）HDFS 的操作：用户对文件进行访问时，首先从主服务器上获取文件的元数据，根据元数据定位文件块在数据服务器上的存储信息，然后再进行读写操作。具体而言，当操作涉及某一个具体文件块时，与存储文件块的数据服务器直接进行通信，通信的过程由主服务器监督和协调。当多个用户同时对文件进行操作时，为了避免破坏数据的一致性原则，主服务器要对被修改的文件加锁并对用户分配权限。获得相应权限的用户可以进行写操作。写操作完成后，其他用户才能进行操作。

（3）HDFS 副本管理：为了提高文件存储的可靠性，HDFS 提供了副本机制。每个文件块都有三个相同的拷贝，这些拷贝称为副本。这些副本会存放在不同的数据服务器上。当一个副本丢失或被破坏后，用户可以访问其余的两个副本。系统甚至还可以利用其余两个副本来恢复丢失或破坏的文件块，从而确保了数据的可靠性和系统的稳定性。

2. Ceph

Ceph 项目起源于 Sage Weil 的博士研究课题。Ceph 在同一个系统中同时提供了对象、块和文件的存储。无论用户是希望在虚拟机中使用文件块，还是将非结构化数据存储在对象中，Ceph 都可以在一个平台上提供所有功能。具体实现时，不管原始的数据类型是什么，Ceph 中的 RADOS（reliable autonomic distributed object store）机制会把所有内容都以对象的形式存储。RADOS 层确保数据的一致性和可靠性。具体而言，Ceph 通过数据复制、故障检测和恢复以及跨群集节点进行数据迁移和重新平衡来实现数据一致性。Ceph 提供了特定的网络文件系统，实现了高性能的大数据存储以及与传统应用程序的最大兼容。Ceph 可以通过各种编程语言实现无缝的访问对象存储。

3. GlusterFS

GlusterFS 系统是一个可扩展的网络文件系统，相比其他分布式文件系统，GlusterFS 具有高扩展性、高可用性、高性能、可横向扩展等特点，并且其没有元数据服务器的设计，让整个服务没有单点故障的隐患。传统分布式文件系统大都会用元数据服务器管理文件块与硬件存储单元的存储位置关系。GlusterFS 并没有使用元数据，而是采用弹性哈希算法。集群中的任何节点和用户都可以利用哈希算法、路径和文件名对数据进行定位和执行读写操作。这种设计带来的好处是极大地提高了扩展性，同时也提高了系统的性能和可靠性。另外，在文件名已知的情况下，文件的检索会非常快。

（二）分布式计算

主要的分布式计算框架包括 MapReduce、Storm 和 Spark。

1. MapReduce

Hadoop 的数据分析运算主要是通过 MapReduce 完成的，该技术最早源自谷歌发表于 2004 年 12 月的论文。Hadoop 的 MapReduce 框架是谷歌 MapReduce 的一个开源实现。MapReduce 优点在于可以将海量的数据进行离线处理，并且 MapReduce 也易于开发，因为 MapReduce 框架已经封装好了分布式计算的开发，而且对硬件设施要求不高。MapReduce 也有缺点，它最主要的缺点就是无法完成实时流式计算，只能离线处理。

MapReduce 的基本思想包括三个层面。首先，对大数据采取分而治之的思想。把相互间不具有依赖关系的数据分配到多个集群节点进行并行处理。其次，把分而治之的思想上升到抽象模型。为了克服传统并行计算方法缺少高层并行编程模型这一缺陷，MapReduce 借鉴了函数式语言中的思想，用 map（映射）和 reduce（归约）这两个函数提供了高层的并行编程抽象模型。最后，把分而治之的思想上升到架构层面，为程序员隐藏系统层的实现细节。

MapReduce 从名称上看包含两个独立的部分，即 Map 过程和 Reduce 过程。一个 Map 函数的作用是对一些独立元素组成的列表的每一个元素进行指定的操作。对于不存在依赖关系的数据，Map 函数的操作是可以高度并行的，即数据可以被拆分成若干子集并分配到不同集群节点同时计算。例如，我们需要把所有产品的价格上调 10%，因为这一操作中产品价格是相互独立的，所以可以把所有产品分成几组，每一组价格增长的操作分配到一个计算节点上，这些组的操作即可同时进行。Reduce 函数的操作指的是对一个列表的元素进行适当的合并。例如要计算所有产品的平均价格，就可以通过一个递归的过程把所有产品价格相加，最后再除以产品的数量。递归相加的过程就可以定义为一个 Reduce 的过程。Reduce 函数总是有一个简单的答案，并且大规模的运算相对独立，所以 Reduce 函数在高度并行环境下也很有用。

2. Storm

Storm 是 Twitter 支持开发的一款分布式的、开源的、实时的、主从式大数据计算系统。一个 Storm 计算系统由一个主节点、一群工作节点和分布式协调器组成。主节点负责计算任务的提交、分配、运行、监控和管理，并不参与实际的计算。工作节点负责接收主节点的任务，运行计算进程和管理本机上的各个工作进程。

流是 Storm 中数据处理的核心概念。Storm 中的数据处理从输入到输出可以被看作一个流，每个流构成了一个拓扑。Storm 的拓扑中产生源数据流的组件称为 Spout，在 Storm 的拓扑中接收数据和处理数据的组件称为 Bolt。Spout 和 Bolt，以及 Bolt 和 Bolt 之间的一次消息传递的基本单元称为一个 Tuple。

Storm 中运行的一个应用就是一个拓扑，拓扑中的每一步（Spout 和 Bolt）是一个任务。系统通过拓扑实现对数据的处理，消息通过多个 Bolt 实现分布式处理。Storm 通过消息分组进行消息的分发。Storm 常用的消息分组方法有随机分组、字段分组、全部分组、全局分组和直接分组等方法。Storm 的主要应用包括数据流处理、持续计算和分布式源程程序调用。

3. Spark

Spark 起源于 2009 年 Berkeley 大学 AMPLab 实验室开发的一个分布式、内存式、流式计算引擎。与 Hadoop 相比，Spark 有三个特点。首先，Spark 的计算是一直在内存中进行，而 Hadoop 在运行过程中会将中间的数据不断写入磁盘和从磁盘读出。众所周知，系统 I/O 操作是十分耗时的操作，导致 Hadoop 的时间效率相对低下。而 Spark 省去了这些麻烦，只在数据完全处理完毕后一次性输出。其次，从两者任务的执行机制来看，Spark 是将任务做成了有向无环图的模式，而 Hadoop 是用映射和归约的模式。有向无环图模式本身是比映射和归约的模式在处理效率上更高，因为有向无环图可以有效减少映射和归约带来的传递数据过程。最后，Spark 本身在需要大量迭代的运算上非常有优势，而神经网络、深度学习等算法恰恰是会涉及许多迭代操作的，因此在 Spark 系统上运行机器学习算法具有很高的效率。

三、批量数据处理

批量计算面向离线计算场景，计算的数据是静态数据，在计算前已经获取并保存，在计算过程中不会发生变化。批量数据处理的实时性要求不高，这种数据计算系统通常由计算输入接口、计算控制节点和计算执行节点共同组成。用户通过计算输入接口提交计算请求并指定结果输出位置。用户的一个计算请求在批量计算中通常称为一个作业。批量计算的作业在提交到计算系统后，会被分解为一组有相互依赖关系的任务，由计算控制节点负责任务的分配，分配到具体的计算执行节点进行运算。每个任务在计算执行节点上可以有一个或多个执行实例。实例是批量计算执行和管控的最小单元。

典型的批量计算系统有 MapReduce。本章在介绍分布式计算时已经对 MapReduce 进行过简介。事实上，MapReduce 不仅是分布式计算系统，也是批量计算系统。批量计算的典型例子是微博用户群体年度热词统计。

四、流式数据处理

流式计算主要面向在线计算场景，计算的数据是动态数据，数据在计算过程中不断地到来，计算前无法预知数据的到来时刻和到来顺序，也无法预先将数据进行存储。流式计算是数据边到来边计算，计算的实时性要求高。

流式大数据处理系统通常是一个数据处理拓扑或管道，类似自来水或煤气的管道系统。该系统包括数据源节点、数据处理节点和数据分发逻辑。数据源节点是数据流的产生节点，不断产生新的数据流传递到整个拓扑中。数据处理节点是计算逻辑的执行单元。数据分发逻辑定义节点间的数据流向关系。

常见的数据分发逻辑有以下几种。

（1）随机分发：流经某一节点的数据分别依次发给该节点的后续节点。

（2）按特定逻辑分发：流经某一节点的数据按照特定逻辑发给该节点的后续节点。

（3）广播分发：流经某一节点的数据会分发给该节点的各个后续节点。

相对于批量计算，流式计算有如下特点。

（1）实时性：流式大数据是实时产生、实时计算，结果反馈也需要保证及时性。流式大数据价值的有效期往往很短，大部分数据到来后直接在内存中进行计算并丢弃，只有少量数据会被长久保存。这需要系统有足够的低延迟计算能力。

（2）易失性：在流式计算环境中，数据流到达后立即被计算和使用，只有极少数数据被持久保存。数据的使用是一次性的、易失的。这就需要系统有一定的容错能力，充分利用好计算机会，尽可能全面准确地从数据流中得到有用的信息。

（3）突发性：在流式计算环境中，数据的产生完全由数据源决定，由于不同的数据源在不同时空范围内的状态不统一且发生动态变化，数据流的速率也呈现出突发性特点，即前一时刻和后一时刻的数据速率可能存在巨大差异。这需要系统具有良好的可伸缩性，既能保证系统在高速率时不丢弃数据，也能保证在低速率情况下不会长久占用系统资源。

（4）无序性：在流式计算环境中，各数据流之间、同一数据流内部各数据元素之间是无序的。一方面，由于各个数据源之间相互独立，无法保证数据流间各个数据元素的相对顺序；另一方面，即使同一个数据流，由于时间和环境的动态变化，也无法保证其中数据元素间的顺序。

（5）无限性：在流式计算环境中，数据是实时产生、动态增加的，只要数据源处于活动状态，数据就会一直产生和持续下去。数据量可能是无限的，但系统无法保存全部数据。所以系统需要具有稳定性，能保证长期正确运行。

典型的流式计算系统有 Twitter 的 Storm 系统、Yahoo 的 S4 系统、Facebook 的 Data Freeway and Puma 系统、Microsoft 的 Timestream 系统、Hadoop 上的 HStreaming、IBM 的商业流式计算系统 StreamBase、Berkley 的交互式实时计算系统 Spark Streaming 等。流式计算的典型实例是微博用户群体实时热门话题分析。

五、云计算服务

云计算是建立在前面所述大数据平台和分布式系统基础上的一种服务模式。云计算为大数据分析提供了计算基础设施，后者通过各种数据挖掘和机器学习算法挖掘数据中隐含的规律和知识，继而支撑对历史和现实的感知以及对未来的预测。云计算是一种基于互联网的、用户随时随地获取计算软硬件资源和算力进行计算的新型分布式计算模式。它通过将大规模计算节点的存储与计算资源组织起来，形成共享资源，并通过互联网为企业和个人用户提供快速灵活的计算服务。云计算将计算资源变为公用设施，用户可以不必维护自己的服务器，而将自己的业务部署在租用的云端服务器上，并可以根据自己的业务需求动态调整租用的云服务器的性能，从而降低企业的运营成本。作为云服务的供应商，可以通过规模化资源池的运维，按需配置计算资源，提高资源利用率和降低成本。

（一）云计算服务的特点

云计算服务的特点在于高灵活性、可扩展性和高性价比等，与传统的网络应用模式相比，其具有如下优势与特点。

（1）虚拟化：虚拟化是云计算的基础。简单地说，虚拟化就是在一台物理服务器上运行多台虚拟服务器或者说虚拟机。从用户角度看，这些虚拟机都是独立的服务器，但实际上它们共享物理服务器的 CPU、内存、显卡、网卡等硬件资源。

（2）动态可扩展：添加、删除、修改云计算环境的任一资源节点，都不会导致云环境中的各类业务的中断，也不会导致用户数据的丢失。这里的资源节点可以是计算节点、存储节点和网络节点。而资源动态分配，则意味着资源可以流转到任何需要的地方。如在系统业务整体升高情况下，可以启动闲置资源，纳入系统中，提高整个云平台的承载能力。

（3）按需部署：云计算平台通过虚拟分拆技术，可以实现计算资源的同构化和可度量化，可以提供小到一台计算机、多到千台计算机的计算能力。按量计费起源于效用计算，在云计算平台实现按需分配后，按量计费也成为云计算平台向外提供服务时的有效收费形式。

（4）灵活性高：目前市场上大多数 IT 资源，软、硬件都支持虚拟化，如存储网络，操作系统和开发软、硬件等。虚拟化要素统一放在云系统资源虚拟池当中进行管理，可见云计算的兼容性非常强，不仅可以兼容低配置机器、不同厂商的硬件产品，还能够依靠外设获得更高性能计算。

（5）即使服务器故障也不影响计算与应用的正常运行：因为单点服务器出现故障可以通过虚拟化技术将分布在不同物理服务器上面的应用进行恢复或利用动态扩展功能部署新的服务器进行计算。

（6）性价比高：将资源放在虚拟资源池中统一管理在一定程度上优化了物理资源，用户不再需要昂贵、存储空间大的主机，可以选择相对廉价的 PC 组成云，一方面减少费用，另一方面计算性能不逊于大型主机。

（二）云计算服务类型

云计算的服务类型分为三类：基础设施即服务（IaaS）、平台即服务（PaaS）和软件即服务（SaaS）。

（1）基础设施即服务：基础设施即服务是主要的服务类别之一，它向云计算提供商的个人或组织提供虚拟化计算资源，如虚拟机、存储、网络和操作系统。

（2）平台即服务：平台即服务是一种服务类别，为开发人员提供通过全球互联网构建应用程序和服务的平台。PaaS 为开发、测试和管理软件应用程序提供按需开发环境。

（3）软件即服务：软件即服务也是其服务的一类，通过互联网提供按需软件付费应用程序，云计算提供商托管和管理软件应用程序，允许其用户连接到应用程序并通过全球互联网访问应用程序。

（三）云计算关键技术

（1）体系结构：第一，系统必须智能化，具有自治能力，实现自动化处理平台响应要求，因此云系统应内嵌有自动化技术；第二，面对变化的需求，云系统要有敏捷的反应能力，所以对云计算的架构有一定的敏捷要求。与此同时，服务级别和增长速度的快速变化使云计算面临巨大挑战。内嵌集群化技术与虚拟化技术能够应付此类变化。云计算平台的体系结构由用户界面、服务目录、管理系统、部署工具、监控和服务器集群组成。

（2）资源监控：云计算平台上的资源数据十分庞大，资源信息更新速度快，想要精准、可靠的动态信息就需要有效途径确保信息的快捷性。而云系统能够对动态信息进行有效部署，同时兼备资源监控功能，有利于对资源的负载、使用情况进行管理。资源监控对整体系统性能起关键作用，一旦系统资源监管不到位，信息就会缺乏可靠性，其他子系统引用了错误的信息，必然对系统资源的分配造成不利影响。资源监控过程一般在各个云服务器上部署代理程序以实现资源的配置与监管。

（3）自动化部署：云计算的一个核心思想是通过自动化的方式尽可能地简化任务，使得用户可以通过自助服务方式快捷地获取所需的资源和能力。部署是基础设施管理中十分重要且需要花费很大工作量的一部分，包括操作系统、中间件和应用等不同层次的部署。自动化部署可提供简化流程，用户提出申请后由自动化部署平台根据调度和预约自动完成相应的部署，因此用户只需花十几分钟，甚至几分钟就可以得到一个完整的环境，极大地提高了工作效率。

（4）分布式文件系统：分布式存储的目标是利用云环境中多台服务器的存储资源来满足单台服务器所不能满足的存储需求。其特征是，存储资源能够被抽象表示和统一管理，并且能够保证数据读写与操作的安全性、可靠性等各方面的要求。最典型的云平台分布式文件系统是 Google 的 GFS（Google file system）和开源的 Hadoop。这两种可伸缩的分布式文件系统利用容错和故障恢复机制，有效地克服了单节点故障导致的系统故障，实现了大规模海量级的文件存储。

（5）分布式数据库与分布式计算：分布式存储系统可将非结构化数据（如网页等）存储为分布式的、多维的、有序的图。HBase 是有代表性的分布式数据库，是一个分布式的、面向列的开源数据库，不同于一般的关系数据库，它是一个适合于非结构化数据存储的数据库。基于云平台的最典型的分布式计算模式是 MapReduce 编程模型。MapReduce 将大型任务分成很多细粒度的子任务，这些子任务分布式在多个计算节点上进行调度和计算，从而在云平台上获得对海量数据的处理能力。关于 MapReduce，前文已有介绍，这里不再赘述。

（四）云计算实现形式

（1）软件即服务：这种类型的云计算通过浏览器把程序传给成千上万的用户。在用户看来，这样会省去在服务器和软件授权上的开支；从供应商角度来看，这样只需要维持一个程序就够了，从而减少了成本。Salesforce.com 是迄今为止这类服务最为出名的公司。

（2）网络服务：同"软件即服务"关系密切，网络服务提供者们能够提供 API 让开发者开发更多基于互联网的应用，而不是提供单机程序。

（3）平台服务：这种形式的云计算把开发环境作为一种服务来提供，可以让用户使用中间商的设备来开发自己的程序并通过互联网和其服务器传到用户手中。

（4）互联网整合：将互联网上提供类似服务的公司整合起来，以便用户能够更方便地比较和选择自己的服务供应商。

（5）商业服务平台：构建商业服务平台的目的是给用户和提供商提供一个沟通平台，从而需要管理服务和软件即服务搭配应用。

（6）管理服务提供商：最古老的云计算运用之一。这种应用更多的是面向 IT 行业而不是终端用户，常用于邮件病毒扫描、程序监控等。

（五）云计算安全性威胁

云计算服务除了提供计算服务外，还提供了存储服务。但是云计算服务当前垄断在私人机构（企业）手中，而它们仅仅能够提供商业信用。政府机构、银行对于选择云计算服务应保持足够的警惕。一旦商业用户大规模使用私人机构提供的云计算服务，无论其技术优势有多强，都不可避免地受这些私人机构的制约。另外，云计算中的数据对于数据所有者以外的其他用户云计算用户是保密的，但是对于提供云计算的商业机构而言却是毫无秘密可言。这些潜在的危险，是商业机构和政府机构选择云计算服务特别是国外机构提供的云计算服务时，不得不考虑的一个重要的前提。

（六）云计算服务的应用

（1）云存储：是在云计算技术上发展起来的一个新的存储技术。云存储是一个以数据存储和管理为核心的云计算系统。用户可以将本地的资源上传至云端，可以在任何地方连入互联网来获取云上的资源。大家所熟知的谷歌、微软等大型网络公司均有云存储的服务，在国内，百度云和微云则是市场占有量最大的存储云。存储云向用户提供了存储容器服务、备份服务、归档服务和记录管理服务等，大大方便了使用者对资源的管理。

（2）医疗云：是指在云计算、移动技术、多媒体、4G 通信、大数据以及物联网等新技术基础上，结合医疗技术，使用云计算来创建医疗健康服务云平台，实现了医疗资源的共享和医疗范围的扩大。现在医院的预约挂号、电子病历、医保等都是云计算与医疗领域结合的产物，医疗云还具有数据安全、信息共享、动态扩展、布局全国的优势。

（3）金融云：是指利用云计算的模型，将信息、金融和服务等功能分散到庞大分支机构构成的互联网"云"中，旨在为银行、保险和基金等金融机构提供互联网处理和运行服务，同时共享互联网资源，从而解决现有问题并且达到高效、低成本的目标。

（4）教育云：是教育信息化的发展。教育云可以将所需要的任何教育硬件资源虚拟化，然后将其传入互联网中，以向教育机构和学生老师提供一个方便快捷的平台。现在流行的慕课就是教育云的一种应用。

第四节　物联网

一、发展历程

物联网这一概念源自美国麻省理工学院，当时研究人员想将探测识别设备与互联网相结合，从而实现对安装有探测识别设备的物品进行远程控制与管理。随后这一概念开始受到人们的广泛关注，到了 2005 年，国际电信联盟在《ITU 互联网报告2005：物联网》中正式提出了物联网的概念，报告中描绘了物联网时代的场景：当司机出现操作失误时汽车会自动报警；公文包会提醒主人忘带了什么东西；衣服会"告诉"洗衣机对颜色和水温的要求等。

2009 年 IBM 提出了"智慧地球"的概念，所谓"智慧地球"，就是把具备联网功能的感应器嵌入铁路、桥梁、公路、海运、供水系统、供电系统、天然气设备、自动驾驶汽车等各种物体中，然后将这些设备通过网络与大型计算机、云计算中心等设施互联，形成一个硕大无比的"物联网"，从而实现人类社会与物理系统的整合。

同年，欧盟制定了《欧洲物联网行动计划》，成为世界上第一个系统地提出物联网发展和管理计划的机构，该计划从硬件、软件、通信技术、识别技术、发现技术、网络管理技术、安全与隐私、物联网系统架构等方方面面进行了标准化的定制，为物联网的发展给出了宏观的设计图和明确的技术路线。

除了欧盟，日本对物联网的发展也很重视。2005 年，日本便提出了"U-Japan"的战略计划，意思是"无处不在的日本"，其目的是实现一个可以将日本社会各个层面都涵盖进来的系统。该计划的本质就是在日本实现物联网系统，通过这个系统可以预防自然灾害、减少犯罪、减少交通拥堵情况、实现远程医疗、提高日本的综合国力等。到了 2009 年，日本又进一步提出了"i-Japan"的战略，i-Japan 主要聚焦在"政府治理""教育"和"医疗健康"三大领域的数字化建设上。在 i-Japan 战略中，日本提出了重点对交通自动化（汽车自动控制）、远程医疗和环境检测与管理三大领域的应用。

我国对物联网的发展也非常重视，1999 年便由中科院带头对传感器相关技术展开研究，并且取得了不错的成绩。2004 年启动了物联网中关键技术——无线电射频识别技术的行业应用试点工作。目前我国已经成为传感器网络国际标准制定的主导国之一，同时拥有了完整的产业链。相对于 IBM 提出的"智慧地球"，我国在 2009 年提出了"感知中国"的概念，时任总理温家宝在无锡视察时发表了重要的讲话，提出中国要抓住机遇，大力发展物联网，2012 年至今，在政府高层的讲话中不断强调物联网的重要性，科学技术部、工业和信息化部、住房和城乡建设部等国家管理部门均加大了对物联网的支持力度。物联网的研发与产业化正在我国快马加鞭地进行。

从 ITU 对物联网美好未来的描述到世界各国对物联网发展展开的实质性规划很容易看出，物联网必将使人们的日常生活发生翻天覆地的变化，物联网将引领信息产业革命的又一次浪潮，成为未来经济发展、社会进步和科技创新的最重要的基础设施。

二、物联网的概念

由于物联网依然是一个处于探索中的新兴领域，政府、学术界和产业界都在不断地探索物联网的内涵与标准，因此针对物联网的定义也在不断地变化和完善，目前依然没有形成一个权威统一的定义。简单地来讲，物联网是一个基于互联网、传统电信网等信息承载体，让所有能够被独立寻址的普通物理对象实现互联互通的网络。

2008 年，欧委会的 CERP-IoT 给出的物联网定义是：物联网是物理和数字世界融合的网络，每个物理实体都有一个数字身份；物体具有上下文感知能力——它们可以感知、沟通与互动。它们对物理事件进行即时反映，对物理实体的信息进行即时传送，使得实时作出决定成为可能。

我国在 2010 年的政府工作报告中对物联网给出的定义是：通过信息传感设备，按照约定的协议，把任何物品与互联网连接起来，进行信息交换和通信，以实现智能化识别、定位、跟踪、监控和管理的一种网络。它是在互联网基础上延伸和扩展的网络。

从技术的角度来说，物联网是通过条码与二维码、射频标签、全球定位系统、激光扫描器、红外感应器、传感器网络等自动标识与信息传感设备及系统，按照约定的通信协议，通过各种局域网、接入网、互联网等将物与物、人与物、人与人连接起来，进行信息交换与通信，以实现智能化识别、定位、跟踪、监控和管理的一种信息网络。构成物联网的核心技术包括且不限于图 7-6 所示的内容。

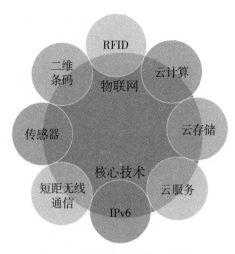

图 7-6　物联网的技术概念模型

通过这些定义我们可以看出，物联网中每一件物体均可寻址，每一件物体均可通信，每一件物体均可控制。物联网具有的三个明显特征如下。

（1）互联网特征：联网的物品能够实现互联互通，每个物品都是一个自治的终端。

（2）识别与通信特征：物体具有自动识别与物物通信功能，物体设备化。

（3）智能化特征：网络系统具有自动化、自我反馈与智能控制的特点。

三、物联网应用举例

物联网可以广泛应用于人类经济社会的各个领域，无论哪个领域，物联网都必然引发生产方式和生活方式的深刻变革，极大地提高生产力，成为经济社会智能化和可持续发展的关键基础与重要引擎。下面将通过物联网在几个不同领域中的应用来展现物联网所带来的革命性变革。

（一）物联网在现代智能农业中应用的例子

如图 7-7 所示，在应用了物联网技术的智能农场中，蔬菜被种植在可以移动的种植床上，而种植床的土壤里安装有湿度传感器，同时湿度传感器通过 Wi-Fi 网络连接到物联网大数据处理服务平台上，大数据处理平台将传感器发送来的数据进行处理后递交给该农场的自动化管理平台。如果土壤中的水分过少，管理平台根据大数据平台反馈的数据，作出打开浇灌滴管的决定。农场中埋藏于土壤中的浇灌滴管也是通过 Wi-Fi 与管理平台相连接的，这样管理平台便可控制浇灌滴管进行浇水，整个过程自动化进行，整个农场中的主要设备均通过网络与管理平台进行连接。再比如当传感器检测到某区域光照不足时，管理平台便可控制移动种植床，调整农作物的光照情况。显而易见这种应用了物联网技术的农场可以种植出质量非常高的农作物。

图 7-7　应用物联网的智能农场

（二）通过物联网实现智能物流

物流在电子商务中是至关重要的一环，提高物流的可靠性和及时性对于电子商务 / 数字贸易而言是至关重要的一环，是基础保障，也是提升服务质量的有效途径之一。对传统的物流进行升级，在物流的过程中，采用 GPS 卫星定位技术、二维码、条形码标签扫描技术、自动化识别技术等对运送的货物进行自动化的跟踪与监管。同时建立完全自动化的配送中心，这些配送中心通过传感器技术、自动识别技术、各种类型的网络覆盖、接入云平台，实现对物流货物的自动识别、自动跟踪、智能化自动分配，达到整个物流作业与生产制造的自动化、智能化。

物联网在物流业中的应用本质是对物流信息进行整合，将信息技术的单点应用逐步整合成一个体系，整体推进物流系统的自动化、可视化、可控化、智能化、系统化、网络化的发展，最终形成智能物流系统。在其他各行各业中均是如此，物联网必然会给所有行业带来革命性的变革。

四、物联网基本体系框架及基础技术

通过上面的例子我们可以看出物联网形式多样、技术复杂、牵涉面广。那么根据信息生成、传输、处理和应用的原则，可以把物联网由下向上分为四层：感知识别层、网络构建层、管理服务层和综合应用层，如图 7-8 所示。这就是物联网的一般体系架构。

感知识别层：实现对外界的感知，识别或定位物体，采集外界信息等。其主要包括二维码标签、RFID 标签、读写器、摄像头、各种终端、GPS 等定位装置、各种传感器或局部传感器网络等。

网络构建层：负责感知信息或控制信息的传输，物联网通过信息在物体间的传输可以虚拟成为一个更大的"物体"，或者通过网络，将感知信息传输到更远的地方。

综合应用层

农业管理　　交通管理　　医疗监控　　物流监控

服务管理层

数据中心　　管理目录　　Web服务　　信息管理

网络构建层

Internet　　无线局域网　　无线城域网　　以太网

感知识别层

传感器　　智能设备　　RFID　　GPS

图 7-8　物联网体系架构图

服务管理层：对感知层通过网络构建层传输的信息进行动态汇集、存储、分解、合并、数据分析、数据挖掘等智能处理，并为综合应用层提供物理世界所对应的动态呈现等。

综合应用层：综合应用层实现物联网的各种具体的应用并提供服务，物联网具有广泛的与行业结合的特点，根据某一种具体的行业应用，综合应用层实际上依赖感知识别层、网络构建层和服务管理层共同完成其所需要的具体服务。

在这四层中，最上层的综合应用层所涉及的技术主要是与具体某行业紧密结合的应用程序的开发，属于软件系统开发层面；服务管理层主要包括数据库技术、云计算技术、智能信息处理技术、智能软件技术、语义网技术等；网络构建层负责数据的传输，具体便是利用现有的网络技术来实现物物互联，互联网依然是物联网的核心和基础，由于物联网接入设备量相当庞大，5G和IPv6自然成为物联网必不可少的关键技术；最底层感知识别层则需要一些新的物理特性的设备进行支持，对环境进行感知和物件的身份识别。下面我们便介绍一下在这一层中关键的射频识别技术和传感器技术。

射频识别是一种非接触的自动识别技术，利用射频信号及其空间耦合传输特性，实现对静态或移动物体的自动识别。射频技术是利用无线电波对记录媒体进行读写。射频识别的距离可达几十厘米至几米，且根据读写的方式，可以输入数千字节的信息，同时，还具有极高的保密性。射频识别技术适用的领域：物料跟踪、运载工具和货架识别等要求非接触数据采集与交换的场合，在要求频繁改变数据内容的场合尤为适用。RFID 技术市场应用已经非常成熟，标签成本低廉，目前在身份证、电子收费系统和物流管理等领域已被广泛应用。

传感器技术是一门涉及物理学、材料科学、光学、化学、生物学、电子学、通信技术等多学科交叉的高新科技。传感器便是应用了复杂的传感器技术进行探测、感受外界各种物理量（如光、热、湿度等）、化学量（某种元素含量、气体含量等）、生物量等自然参量的物理设备。

传感器对物联网而言尤为重要，它工作在物联网的底层，负责数据和信息的采集，是物联网的基础。业界对传感器的要求很高，传感器一般要能在恶劣的环境下稳定、精确地工作；同时我们还希望传感器体积越小越好，便于安置；功耗越低越好，便于长时间工作；网络传输能力越强越好。传感器技术的发展在某种程度上决定了物联网能走多远。

除了 RFID 和传感器技术外，用于感知与身份识别的常用技术还有二维码技术、红外线感应技术和 GPS 定位技术等，出于篇幅所限，这里不再一一介绍。

第五节　区块链

一、区块链的来历及全球发展

2008 年 11 月 1 日，一个自称是中本聪的人在密码学网站 metzdowd.com 的邮件列表中发表了一篇名为"比特币：一种点对点的电子现金系统"的论文，完整地陈述了一种全新的去中心化的电子货币系统的设计思路，也就是区块链工作原理的雏形。2009 年 1 月 3 日，基于该电子货币系统的设计思路，中本聪开发了第一个比特币程序，并进行"挖矿"，获得了第一批的 50 个比特币，比特币电子货币系统由此正式开始运作。

比特币诞生不久后，大量其他的加密货币如雨后春笋般出现，如 2011 年出现了莱特币（LTC），2013 年出现了瑞波币（XRP），2015 年出现以太坊（ETH），2016 年的零币（Zcash）等。短短十多年时间，上百种加密货币横空出世，它们的设计理念和模式均与比特币高度相似，即区块链机制。其差别只是在应用性的细节上进行了适当的调整，比如零币在比特币的基础之上更进一步加强了对用户隐私的保护，零币可裁量选择是否向其他人提供查看密钥，只有拥有密钥的人才能看到交易记录，降低了比特币中通过多次的交易记录从而锁定交易人信息的可能性。

时至今日，比特币及其衍生的加密货币系统已经连续运作了超过 10 年，越来越多的人开始尝试使用加密货币，加入加密货币的运算节点中来，说明区块链的设计是成功的。然而，以比特币为代表的加密货币因为是一种去中心化、不受任何国家政府监管的匿名电子货币，其发展历程也不断受到阻碍。目前加密货币本身成为一种争议性很高的存在，有人认为它们最终将是人类未来的终极货币；也有人认为这些加密货币由于其匿名性是赤裸裸的犯罪工具。放下这些加密货币本身不说，它们的底层技术——区块链却实实在在地受到了各国政府、产业界和学术界的高度关注。因为根据区块链技术，我们不仅仅可以开发出货币系统，事实上任何一种需要公正、公平、诚实的地方，都可以使用区块链技术进行开发。

为了对区块链技术展开研究和利用，2016 年 1 月，英国政府发布了《分布式账本技术：超越区块链》白皮书，对区块链进行讨论研究，尝试发掘区块链在降低交易成本和减少金融诈骗方面的可能性。2017 年，日本承认了比特币的合法地位；美国政府积极展开对区块链应用探索，尝试利用区块链技术提高政府的工作透明度和效率。2018 年，欧洲议会呼吁加大对区块链在贸易和商业中的应用。2019 年韩国政府将区块链技术纳入了"研究与开发税收减免领域"，鼓励社会各界加大对区块链技术的创新与应用。2019 年，美国通过了《区块链促进法案》，进一步引导各个行业加大对区块链技术的应用；德国政府审议并发布了《国家区块链战略》，提出了五大领域中44 项行动措施。2020 年，新加坡、日本等国家均再次加大对区块链技术应用的倡议。印度最高法院推翻了原来央行设定的"加密货币交易禁令"。

在世界各国都加紧开发利用区块链技术的同时，我国也高度重视并积极布局区块链的技术研发与应用。2016 年，国务院发布《"十三五"国家信息化规划》，提出了加强区块链等新技术基础研发，构筑新赛场的先发优势。2017 年，在国务院发布的《新一代人工智能发展规划》《国务院关于深化"互联网 + 先进制造业"发展工业互联网的指导意见》等多份文件中均有提及区块链技术，要求各行各业加紧开展区块链与人工智能的融合，展开相关的试点应用，研究利用区块链构建信用评价机制，加大区块链在注入物联网等新前沿技术中的融合与应用等。2018 年，北京、上海、浙江、江苏、贵州等 30 多个省、直辖市、市级别的政府陆续出台与扶持区块链相关的政策措施，对区块链的技术的关注已经铺开到全国各地。2019 年，国家互联网信息办公室发布《区块链信息服务管理规定》，规定要求区块链信息服务提供者必须要通过国家互联网信息办公室进行备案。同年 10 月，习近平在中央政治局第十八次集体学习会议上强调了区块链技术的重要性，要求把区块链作为技术自主创新的重要突破口，明确主攻方向，加大投入力度，着力攻克一批关键核心技术，加快区块链技术和产业创新发展的融合，将区块链技术上升到了国家战略的高度。2019 年 12 月 31 日，国务院办公厅发布了《国务院办公厅关于支持国家级新区深化改革创新加快推动高质量发展的指导意见》，进一步指出要促进区块链和实体经济的融合，探索"区块链 +"模式，推动区块链技术和产业创新的发展。到目前，我国已经实现了法定数字货币的研发、对农业区块链核心技术的突破，展开了基于区块链在金融、在线教育等方面的应用研究。

二、区块链的整体架构原理

概括地来讲，区块链是一种按时间顺序将数据区块以顺序相连的方式组合成的链式数据结构，并以密码学的方式保证不可篡改和不可伪造的分布式记账本。区块链技术作为一种多项技术的集成创新，包含的核心技术有分布式数据存储、P2P 网络（点对点对传）、共识机制、加密算法等计算机技术。这里所谓的共识机制是指在区块链系统中实现不同节点之间建立信任、获取权益的数学算法。

区块链的整体技术架构如图 7-9 所示。我们可以看出为了实现应用层中的记账簿的功能，区块链需要额外的三层作为基础，其中最底层的数据层是在技术层面上最为核心和基础的部分，利用计算机加密学中的哈希函数、非对称加密、数字签名等技术实现对区块的构建，区块中保存了转账信息，即每进行一次转账，就会生成一个区块，最后将这些区块按生成的先后次序依次相连，形成一个链式结构，这个链式结构就是区块链了。

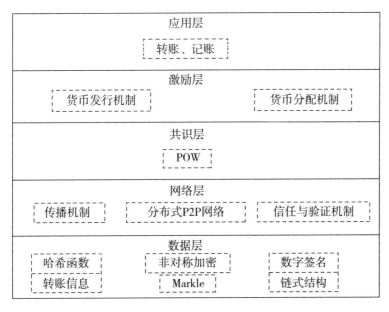

图 7-9　区块链的整体技术架构

为了保证区块链的开放性，在网络层采用了 P2P 的网络机制，以一种点对点对传的网络模式实现了分布式、去中心化的设计。任何人都可以通过安装区块链客户端程序加入这个 P2P 网络中来，成为一个区块链的维护节点。完整的区块链需要在所有节点上同步，也就是说每一个节点都有一个完整区块链的副本，这便形成了一个庞大的分布式数据库系统，同时对防止个别恶意节点对交易记录进行篡改提供了物理层面上的硬件机构。

区块链上的每一个区块归根结底还是由 P2P 网络中的一个个互相独立分散的节

点计算出来的，那么如何确认哪一个节点上计算出来的区块是正确的，可以挂到区块链上，同时同步到所有节点上去呢？这就涉及了共识机制。区块链可以使用不同的共识机制来适应不同的应用场景，从而在效率和安全之间取得平衡。如工作量证明机制（PoW）、权益证明机制（PoS）、委任权益证明机制（DPoS）等，比特币就采用了工作量证明机制。

保证了区块链的正常运转后，还有一个关键的问题就是如何发行货币，如何让区块链上的节点心甘情愿地去计算区块。激励层的存在就是为了解决这一问题，当有交易发生时，P2P网络中的节点都会开足马力去计算一个合法有效的区块，当某一个节点所计算出来的区块被整个系统接受并加入总链后，那么该节点可以得到一定的数字货币，计入公共账本中。由于计算合法有效的区块并不容易，耗时耗力，业界俗称为"挖矿"，维护节点的人则被称为"矿工"，挖矿成功，矿工就会有收益，这样的激励机制十分成功，确保了整个系统的运转。

三、区块链的底层技术原理简介

区块链的整体架构确保了区块链上的交易记录很难被篡改、不易伪造并且可追溯。区块链记录交易发生的所有信息一旦被写进了区块链，即使是内部人员（维护节点的矿工）也无法做任何的修改。这种不可逆的特点不是由规章制度或系统权限进行保护而实现的，而是区块链系统的运作机制本身决定的，正因如此，区块链可以被应用到任何一种真正需要公正、公平、诚实的地方。接下来我们来了解一下实现这种机制的技术细节，首先来看一下区块的结构。

一个区块由两个部分组成：区块头和区块体，如图7-10所示。区块头用于记录当前区块的特征值，如该区块的生成时间、区块体中实际数据的哈希值和区块链中前一个区块的哈希值等。区块体则具体记录了交易的情况，如张三向李四转移了5个比特币。

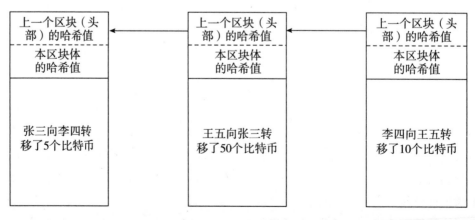

图 7-10　区块结构图

这里有一个关键的设计就是对哈希函数的应用，我们知道任意信息经过哈希函数处理后都会生成一个特定长度且唯一的哈希值。那么每个区块中的信息不一样，它们的哈希值就必然不同。这样我们就可以通过哈希值来标识一个区块。在比特币中，首先对某个块中区块体内的信息进行哈希运算，得到一个唯一的哈希值，并放入该块的区块头中，然后再对"头部"中的所有信息进行哈希运算，从而得到该区块的哈希值。

当又有新的交易发生时，新生成区块的"头部"内会记录之前区块的哈希值，从而通过哈希值形成链。如若有人篡改了某个区块体中的交易记录，该区块"头部"中保存的"身体"的哈希值必然发生变化，那么也必然导致整个"头部"的哈希值发生变化，也就是说这个区块的哈希值变了，如此一来便与后方区块"头部"中所记录的本区块的哈希值冲突，链就断了。因此，该篡改者必须对后面所有的区块都依次进行改写（重新计算）。然而这样的操作是极为困难的，以比特币为例，其采用了工作量证明机制，中本聪在设计区块链的时候刻意加大了计算难度，使得对哈希的计算非常耗时。而且由于区块链是开放式系统，在整个系统中有数量庞大的区块链维护者，所有节点在不停地进行新区块的计算，单个某个节点的维护人员几乎是不可能依靠自己的算力去修改整条区块链的。这也就是区块链交易记录很难被篡改和伪造的运作机制。当然，很难并不代表绝对不可能，如果要想对记录进行篡改的人掌控整条区块链上超过 51% 的算力，那么对区块链的修改就变成了可能。

维护区块链的人（矿工）需要不停地为网络上的每一笔交易去计算一个新的区块，然后将该区块挂在链的末尾。这样问题便来了，每一个矿工在自己的矿机上都有维护一条完整的链，那么每位矿工的算力不同，有的快，有的慢。较慢的矿工在计算区块的时候，如果已经有较快的矿工计算出了某笔交易的区块并加入了链，那么他便会收到同步区块链的通知。此刻，较慢的矿工必须放弃当前的计算，因为每笔交易对应的区块在加入链时都必须是最后一位，较慢的矿工需要转向下一个区块的计算。如此一来，为了保证算力较慢的矿工也有机会向链中加入区块，中本聪给链可以接收的区块的哈希值设定了苛刻的特殊条件，只有算出的哈希值满足这个条件的区块才能被加入链上。而满足这个苛刻条件的途径便是在"头部"中加入一个随机数 nonce，然后进行哈希值计算，看计算出的哈希值是否可以满足条件，如果满足则挂入链，否则重新计算。这个随机数无法事先判断出来，因此矿工只能通过枚举法，一个数一个数去尝试，导致计算区块的速度大大降低（大致 10 分钟才能算出一个区块），这造成了区块链对新交易的认可速度偏慢，使挖矿非常耗时，消耗大量电力进行无用计算，产生严重的资源浪费。

四、区块链的特征

通过前面对区块链原理的学习，我们可以总结出区块链共有五大特征：去中心化、开放性、自治性、不可篡改性和匿名性。

去中心化：区块链是由众多节点共同组成的一个 P2P 网络，不存在中心化的设备和管理机构。区块链数据的验证、记账、存储、维护和传输都不是基于中心机构，而是利用数学算法实现的。去中心化使网络中的各个节点之间能够自由连接，进行数据、资产、信息等的交换。

开放性：区块链中的所有数据信息是公开的，每一笔交易都会通过广播的方式，让所有节点可见。由区块链衍生出来应用的客户端源代码是开放的，任何人都可以对区块链真实的工作模式、规则、共识机制进行验证。同时任何人也都可以自由不受控地加入公开链上。

自治性：任何加入区块链上的节点都会获得一份完整的区块链拷贝。节点之间基于一套共识机制，通过竞争计算来共同维护整个区块链。区块链技术采用协商一致的规范和协议，使得整个系统中的所有节点能够在信任的环境中自由安全地交换数据，人为的干预非常难以实现。

不可篡改性：不可篡改性是指区块链网络中单个节点或多个节点对整体区块链的修改近乎不可能，即使某节点维护人员对自己维护节点的数据库进行了修改，也无法影响其他节点上的数据库，除非想要实施篡改的人实际控制了超过 51% 的节点，并同时进行修改。区块链的核心技术包括密码学中的哈希函数、非对称加密机制和 P2P 网络，确保了区块链上的信息不被篡改。区块和区块是通过密码学证明的方式链接在一起的，当对其中一个区块进行篡改，则该区块后的所有区块都需要重新进行计算生成。所有这些机制都有效地实现了区块链的不可篡改性。

匿名性：任何人都可以下载区块链客户端自由地加入区块链中，区块链的自身算法规则会自动判断每个节点的活动是否有效，节点和节点之间无须交互认证信息，因此，加入节点的人无须通过公开身份的方式来让其他节点信任自己，从而实现了匿名性。

五、区块链的应用

区块链作为一个开放式系统，利用维护区块链数量庞大的矿工和特殊的耗时设计实现了一种去中心化、分布式、具有自治性的数据库系统，从现实层面上做到了对已记录内容的永久保存，防篡改，防欺骗。区块链的这些特性可以被应用到各行各业当中去，比如在金融服务领域可以降低交易成本和减少跨组织交易；在征信和权属管理领域可以建立个人物权和诚信数据库；结合物联网与供应链，可以实现对物品的追踪等。

　　然而区块链自身的特殊性也很高，并不是所有领域均适用，美国国土安全部给出了一个有价值的区块链实用性分析流程，如图7-11所示，借助此流程图可以帮助从业人员判断是否需要区块链技术。

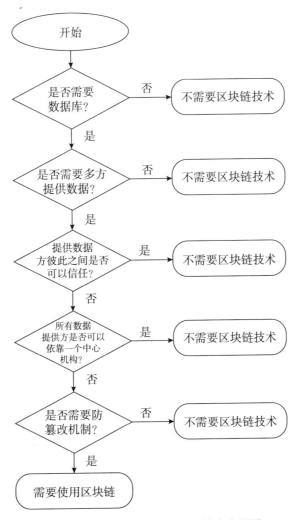

图 7-11　判断是否需要区块链技术流程图

第六节　数字技术在数字贸易中的应用

一、电商中的商品推荐

　　在电商的购物活动中，虽然用户可以通过搜索引擎查找自己感兴趣的信息，但是在用户没有明确需求的情况下，搜索引擎也难以帮助用户有效筛选信息。为了让用户从海量信息中高效获取自己需要的信息，商品推荐系统应运而生。推荐系统是大数据技术在互联网领域的典型应用，可以通过分析用户的历史记录来了解用户的喜好，从而主动为用户推荐感兴趣的信息，满足用户的个性化购物需求。

推荐系统有 3 个重要的模块：用户建模模块、推荐对象建模模块、推荐算法模块。推荐系统首先对用户进行建模，根据用户行为数据和属性数据来分析用户的兴趣和需求，同时也对推荐对象进行建模。系统基于用户特征和对象特征，把用户模型中兴趣需求信息和推荐对象模型中的特征信息匹配，同时使用相应的推荐算法进行计算筛选，找到用户可能感兴趣的推荐对象，然后推荐给用户。

主要的推荐方法有如下几种。

（一）基于内容的推荐

基于内容的推荐是在对象的内容信息上作出的推荐，而不需要依据用户对对象的评价意见，需要用机器学习的方法从关于内容的特征描述的事例中得到用户的兴趣资料。在基于内容的推荐系统中，对象是通过相关的特征的属性来定义，系统学习用户的兴趣，考察用户资料与待预测对象的匹配程度。用户模型取决于所用学习方法，常用的有决策树、神经网络、深度学习和基于向量的表示方法等。这个过程需要的用户资料主要有用户的历史数据，用户资料模型可能随着用户的偏好改变而发生变化。

基于内容推荐方法的优点是：不需要其他用户的数据；能为具有特殊兴趣爱好的用户进行推荐；能推荐新的或不是很流行的对象；通过列出推荐项目的内容特征，可以解释为什么推荐那些项目；目前已有比较好的技术，分类学习技术已相当成熟。其缺点是要求内容能容易抽取成有意义的特征，要求特征内容有良好的结构性，并且用户的口味必须能够用内容特征形式来表达，不能显式地得到其他用户的判断情况。

（二）协同过滤推荐

协同过滤推荐是推荐系统中应用最早和最成功的技术之一。它一般采用最近邻技术，利用用户的历史喜好信息计算用户之间的距离，然后利用目标用户的最近邻用户对商品评价的加权评价值来预测目标用户对特定商品的喜好程度，系统根据这一喜好程度来对目标用户进行推荐。协同过滤最大优点是对推荐对象没有特殊的要求，能处理非结构化的复杂对象，如音乐、电影。

协同过滤基于如下假设：为一用户找到他真正感兴趣的内容的好方法是首先找到与此用户有相似兴趣的其他用户，然后将他们感兴趣的内容推荐给此用户。基于协同过滤的推荐系统是从用户的角度来进行相应推荐的。系统从用户购买模式或浏览行为中等获得用户的喜好信息，不需要用户努力地找到适合自己兴趣的推荐信息，如填写一些调查表格等。

和基于内容的推荐方法相比，协同过滤推荐具有如下的优点。

（1）能够过滤难以进行机器自动内容分析的信息，如艺术品、音乐等。

（2）共享其他人的经验，避免了内容分析的不完全和不精确，并且能够基于一些复杂的、难以表述的概念进行过滤。

（3）有推荐新信息的能力。可以发现内容上完全不相似的信息，用户对推荐信息的内容事先是预料不到的。这也是协同过滤推荐和基于内容的推荐一个较大的差别，基于内容的推荐很多都是用户本来就熟悉的内容，而协同过滤可以发现用户潜在的但自己尚未发现的兴趣偏好。

（4）能够有效地使用其他相似用户的反馈信息，减少用户的反馈量，加快个性化学习的速度。

（三）基于关联规则的推荐

基于关联规则的推荐是以关联规则为基础，把已购商品作为规则前驱，规则体为推荐对象。关联规则挖掘可以发现不同商品在销售过程中的相关性，在零售业中已经得到了成功的应用。

（四）专家推荐

专家推荐是传统的推荐方式，本质上是一种人工推荐，由资深的专业人士来进行物品的筛选和推荐，需要较多的人力成本。现在专家推荐结果主要是作为其他推荐算法的结果的补充。

（五）基于知识的推荐

基于知识的推荐在某种程度可以看成是一种推理技术，它不是建立在用户需要和偏好基础上的推荐。基于知识的推荐因所涉及的知识的不同而有明显区别。

（六）混合推荐

由于各种推荐方法都有优缺点，所以在实际中，混合推荐经常被采用。研究和应用最多的是基于内容的推荐和协同过滤推荐的组合。最简单的做法就是分别用基于内容的推荐方法和协同过滤推荐方法产生一个推荐预测结果，然后用某方法组合其结果。尽管从理论上有很多种推荐组合方法，但在某一具体问题中并不见得都有效，组合推荐一个最重要原则就是通过组合后要能避免或弥补各自推荐技术的弱点。

二、零售业大数据分析

大数据在零售行业中的应用主要包括发现关联购买行为、客户群体细分和供应链管理。

（一）发现关联购买行为

在零售行业中有一个经典的营销案例，即啤酒与尿布的案例。在美国的不少超市，啤酒与尿布经常放在一起出售，而且啤酒和尿布的销量都有了提高。这种现象与美国大众在家庭生活中的分工是有关的。在美国家庭中，留在家里照顾孩子的一般是女性，而外出采购的往往是男性。在男性购买尿布时，买几瓶啤酒也是情理之中的事情。因此商家把啤酒和尿布放在一起销售，男性在购买尿布时看到啤酒，自然激发了他的购买欲，啤酒的销量也就有了增长。

这种关联购买行为正是利用大数据分析技术发现的。全球最大的零售商之一——美国沃尔玛有全球最大的数据仓库系统，保存了海量的原始交易数据。其利用关联规则挖掘方法对这些交易数据集进行分析、整合、挖掘，就不难了解顾客的购物习惯。沃尔玛通过数据分析和实地调研发现，有相当一部分买尿布的顾客是刚做父亲的年轻男性，他们之中有接近半数的人有购买啤酒的习惯。既然购买尿布的顾客很有可能同时购买啤酒，把这两种商品放在一起，毫无疑问会有利于销量的增长。

（二）客户群体细分

客户群体细分是 20 世纪 50 年代中期由美国学者温德尔·史密斯提出的，其理论依据在于顾客需求的异质性和商家需要在有限资源的基础上进行有效的市场竞争。商家在明确的战略业务模式和特定的市场中，根据客户的属性、行为、需求、偏好以及价值等因素对客户进行分类，并提供有针对性的产品、服务和销售模式。

一般来说，客户群体细分可以根据三个方面的考虑来进行。

（1）外在属性：如客户的地域分布，客户的产品拥有，客户的组织归属——企业用户、个人用户、政府用户等。通常这种分类最简单、直观，数据也很容易得到。但这种分类比较粗放，我们依然不知道在每一个客户层面，谁是优质客户，谁是不那么理想的客户。我们能知道的只是某一类客户较之另一类客户可能消费能力更强。

（2）内在属性：内在属性是客户的内在因素所决定的属性，比如客户的性别、年龄、信仰、爱好、收入、家庭成员数、信用度、性格、价值取向等。这是一种细粒度的静态属性。通过分析客户的内在属性，可以获得每一个客户的个性化特征，从而为实现精准的广告投放与产品推荐做好准备。

（3）消费行为分类：在零售行业对消费行为的分析主要从三个方面考虑，即最近消费、消费频率与消费额度。这些指标都需要在交易数据中得到。按照消费行为来分类通常只适用于现有客户，对于潜在客户，由于消费行为还没有开始，当然分类无从谈起。

客户群体细分的典型案例是美国第二大零售超市 Target 推销孕妇用品的方法。孕妇对于零售商来说是优质的客户群体，因为从怀孕到生产的全过程都会产生稳定而旺盛的购物需求。如果零售商能提前获得孕妇信息，在怀孕初期就有针对性地进行宣传和引导，无疑会给商家带来巨大的收益。在美国出生记录是公开的，等孩子出生了，新生儿母亲就会被铺天盖地的产品优惠广告包围，因此必须赶在孕妇妊娠期行动起来。Target 的数据分析部门利用顾客购物的交易数据、填写的调查问卷、客服回访、访问官网等信息，结合第三方机构提供的顾客内在属性特征建立数学模型，比较准确地从大量客户中精准定位怀孕的客户。同时，为了不让客户觉得商家侵犯了自己的隐私，Target 把孕妇用品的优惠广告夹杂在其他与怀孕不相关的商品优惠广告当中进行投放。根据大数据模型，Target 制订了全新的广告营销方案，结果 Target 的孕期用品销售呈现了爆炸性的增长。

（三）供应链管理

供应链作为企业的核心业务环节，将改变企业市场边界、业务组合、商业模式和运作模式等。大数据可以用于供应链从需求产生、产品设计到采购、制造、订单、物流以及协同的各个环节，通过大数据的使用对供应链进行掌控，更清晰地把握库存量、订单完成率、物料及产品配送情况等，通过预先进行数据分析来调节供求，利用新的策略来优化供应链，推动供应链成为企业发展的核心竞争力。

具体而言，大数据技术从以下三个方面优化供应链管理。

（1）数据提取。数据分析过程和数据预测模型需要企业从生产销售的全过程中提取更多的数据。例如在制造业中，整个生产流水线的监控、产品质量的检测结果等，都可以提供更多的实时数据来帮助企业实现数据采集。通过大数据技术的应用，可以对企业整体的运营情况进行判断，同时还可以预测出具体的设备使用过程和生产过程。

（2）库存管理。通过对下游客户的需求和购买行为进行分析，大数据分析帮助企业更好地运营和发展业务。通过大数据分析，可以对市场的实际需求情况、出库、入库的具体数据、销售情况进行预测，也可以帮助企业掌控季节性或者销售周期等因素，最终帮助企业将库存成本降到最低并提高供应链的反应速度。

（3）提高协同效率。大数据技术通过特定数据模型，实现供应商与制造商之间库存与需求信息的交互，消除供应商与制造商间的不信任，建立良好的双方关系。采购订单与生产订单通过大数据渠道培养快速、准确的反应能力，这在当前集团化、全球化、多组织运作的环境下尤为重要。协同效率的提高是企业供应链运作效率提升的关键。

北美以及欧洲的零售业以及食品、医药等相关行业通过各种形式，积极建立基于云计算的供应链解决方案。目前的供应链云框架大都建立在 Map/Reduce 分布式并行编程模型和 Hadoop 的大数据集群应用策略之上。

───────── **本章即测即练** ─────────

参 考 文 献

[1] BILL B. Digital marketing begins with strategic planning[J]. Marketing magazine，1995，（24）：15.

[2] ROYLE J，LAING A. The digital marketing skills gap：developing a digital marketer model for the communication industries[J]. International journal of information management，2014，（34）2：65–73.

[3] 阳翼. 数字营销 [M]. 北京：中国人民大学出版社，2019.

[4] 周茂君. 数字营销概论[M]. 北京：科学出版社，2019.

[5] 艾瑞咨询. 营销趋势解读：AI+营销的发展及落地[R]. 2018.

[6] KOTLER P，KARTAJAYA H，SETIAWAN I. Marketing 5.0：technology for humanity [M]. Hoboken：Wiley，2021.

[7] 王赛，曹虎，乔林，等. 数字时代的营销战略[M]. 北京：机械工业出版社，2017.

[8] 包·恩，巴图. 消费者洞察：认识——消费者洞察：让我们做得更好[J]. 销售与市场，2006（4）：18–21.

[9] 麦肯锡咨询. 2019年中国数字消费者趋势报告[R]. 2019.

[10] 阿里妈妈. 下沉市场洞察报告——时空脱域中的小镇青年[R]. 2019.

[11] 卢泰宏. 消费者行为学50年：演化与颠覆[J]. 外国经济与管理，2017，39（6）：23–37.

[12] 陈慧菱. 数字时代消费者决策路径3.0[J]. 哈佛商业评论（中文版），2019，（4）.

[13] 赵小凡. 新公共外交视角下城市数字品牌建设——以日本熊本县为例[D]. 北京：外交学院，2019.

[14] 余晓莉. 数字品牌营销[M]. 北京：科学出版社，2019.

[15] 谷虹. 智慧的品牌[M]. 广州：暨南大学出版社，2019.

[16] 艾瑞咨询. 中国内容营销策略研究报告[R]. 2020.

[17] 廖秉宜. 数字内容营销[M]. 北京：科学出版社，2019.

[18] 冯英健. 网络营销基础与实践[M]. 北京：清华大学出版社，2016.

[19] 刘曦环. 中国程序化交易广告产业链价值分配研究[D]. 北京：北京邮电大学出版社，2019.

[20] 梁丽丽. 程序化广告个性化精准投放实用手册[M]. 北京：人民邮电出版社，2017.

[21] KANTAR. 2019年中国社会化媒体生态概览白皮书[R]. 2019.

[22] 赢联新媒体研究院，易观. 2020中国社会化媒体营销市场分析报告[R]. 2020.

[23] 中国互联网络信息中心. 中国互联网络发展状况统计报告：第47次[R]. 2021.

[24] 蒋加伏，沈岳. 大学计算机[M]. 北京：北京邮电大学出版社，2013.

[25] 李建刚. 电子商务技术实操[M]. 北京：对外经济贸易大学出版社，2010.

[26]　张福德. 电子商务概论[M]. 北京：清华大学出版社，2004.

[27]　邓顺国. 电子商务概论[M]. 北京：清华大学出版社，2005.

[28]　刘云浩. 物联网导论[M]. 2版. 北京：科学出版社，2013.

[29]　罗汉江，王亚东. 物联网导论[M]. 大连：东软电子出版社，2013.

[30]　中国互联网金融协会. 中国区块链金融应用与发展研究报告[R]. 2020.

[31]　清华大学人工智能研究院. 区块链发展研究报告[R]. 2020.

[32]　阮一峰. 区块链入门教程：2017[EB/OL]. https：//www.ruanyifeng.com/blog/2017/12/blockchain-
        tutorial.html.

[33]　郁莲，邓恩艳. 区块链技术[J]. 中国计算机学会通信. 2017（5）：10-15.

[34]　李向文. 数字物流与电子物流[M]. 北京：中国物资出版社，2011.

[35]　王先庆. 智慧物流[M]. 北京：电子工业出版社，2019.

[36]　中国电子信息产业发展研究院. 中国数字经济发展指数[R]. 2019.

[37]　李忠民，周维颖. 美国数字贸易发展态势及我国的对策思考[J]. 全球化，2014（11）：60-72.

[38]　浙江大学中国跨境电子商务研究院. 世界与中国数字贸易发展蓝皮书[R]. 2018.

[39]　中国信息通信研究院. 数字贸易发展与影响白皮书[R]. 2019.

[40]　张先锋. 数字贸易[M]. 合肥：合肥工业大学出版社，2021.

[41]　杨新臣. 数字经济[M]. 北京：电子工业出版社，2021.

[42]　徐晨. 数字经济[M]. 北京：经济日报出版社，2017.

[43]　李海舰. 中国数字经济前沿[M]. 北京：社会科学文献出版社，2021.

[44]　杨筱敏，石立娜. 数字贸易的国际规则[M]. 北京：法律出版社，2019.

[45]　国际贸易投资新规则与自贸试验区建设团队. 全球数字贸易促进指数报告（2019）[R]. 上海：立
        信会计出版社，2019.

[46]　李俊. 全球服务贸易发展指数报告（2018）[R]. 北京：社会科学文献出版社，2018.

[47]　沈玉良，李默丝，李海英，等. 全球数字贸易规则研究[M]. 上海：复旦大学出版社，2019.

教学支持说明

▶▶ 课件申请

尊敬的老师：

您好！感谢您选用清华大学出版社的教材！为更好地服务教学，我们为采用本书作为教材的老师提供教学辅助资源。该部分资源仅提供给授课教师使用，请您直接用手机扫描下方二维码完成认证及申请。

任课教师扫描二维码
可获取教学辅助资源

▶▶ 样书申请

为方便教师选用教材，我们为您提供免费赠送样书服务。授课教师扫描下方二维码即可获取清华大学出版社教材电子书目。在线填写个人信息，经审核认证后即可获取所选教材。我们会第一时间为您寄送样书。

任课教师扫描二维码
可获取教材电子书目

 清华大学出版社

E-mail: tupfuwu@163.com	网址：http://www.tup.com.cn/
电话：010-83470332/83470142	传真：8610-83470107
地址：北京市海淀区双清路学研大厦B座509室	邮编：100084